U1016400

国家社会科学基金项目“资源环境约束下的全要素生产率增长研究（批准号：14BTJ012）、中南财经政法大学科研项目“‘人工智能+’学科融合建设及人才培养模式探索和文化传承与学科深度融合创新研究”资助出版

# 中国资源环境约束下的全要素生产率增长研究

李占风 著

WUHAN UNIVERSITY PRESS
武汉大学出版社

**图书在版编目(CIP)数据**

中国资源环境约束下的全要素生产率增长研究/李占风著.—武汉：武汉大学出版社,2021.12

ISBN 978-7-307-22500-8

Ⅰ.中… Ⅱ.李… Ⅲ.全要素生产率—劳动生产率增长速度—研究—中国 Ⅳ.F249.22

中国版本图书馆 CIP 数据核字(2021)第 156600 号

责任编辑:韩秋婷　　责任校对:李孟潇　　版式设计:马　佳

出版发行：**武汉大学出版社**　(430072　武昌　珞珈山)

(电子邮箱：cbs22@ whu.edu.cn　网址：www.wdp. com.cn)

印刷:武汉邮科印务有限公司

开本:720×1000　1/16　印张:15.25　字数:219 千字　插页:1

版次:2021 年 12 月第 1 版　2021 年 12 月第 1 次印刷

ISBN 978-7-307-22500-8　定价:56.00 元

# 目　　录

# 第一章　导　论

## 一、研究背景和意义

### （一）研究背景

改革开放至今40多年，我国一直以经济建设为中心，锐意推进改革，全力扩大开放，经济发展步入快车道。从1978年到2017年，我国不变价国内生产总值增长了33.5倍，平均每年增长9.5%，约每8年翻一番，2018年国内生产总值首破90亿元，在全球主要经济体中名列前茅。1978—2016年我国GDP年均增长率为9.7%，远超美国（2.7%）、英国（2.3%）、日本（2.2%）等同一时期其他主要经济大国的增长率，GDP的世界占比由2.7%迅速提高到目前的15%。① 随着世界经济发展，我国传统人口红利逐渐减少，资源环境约束正在加强，市场需求结构升级加快等内外多种条件的影响，中国经济已经由高速增长阶段转向高质量发展阶段。

2012—2017年我国GDP年均增长率下降为7.2%。我国经济发展逐渐进入以“三期叠加”为主要特征的新常态，经济增速逐渐放缓。分析经济下

---

① 数据来源于国家统计局，http：//www.stats.gov.cn/tjgz/tjdt/201311/t20131106_456188.html，2013-11-06。

行的原因，一个重要因素就是在能源资源等要素驱动力减弱、环境容量制约的双重作用下，传统的高耗能、高污染、高排放的粗放发展方式面临严峻的挑战。在中国经济快速增长的背后，是一种过度依赖资源、资本和劳动力的经济增长模式，一些高污染、高能耗的产业成为经济发展的重要动力，造成一些地区环境污染严重，生态系统退化。世界三大酸雨区之一，其中一个位于中国长江以南，全国酸雨区占全国陆地面积的30%；国际能源署数据显示，十八大之前我国二氧化碳排放量长期居世界第一，2012年中国为全球排放量的增加“贡献”了3亿吨，并且这已经是过去10年我国的最低数值；京津冀等地区空气污染持续加剧，雾霾天气逐渐增多，环境承载能力接近上限。

面对形势的倒逼，我国经济发展开始逐渐摆脱“速度情结”，不再一味地单纯追求发展速度，而是更多地将着力点放在提升发展质量和效益方面。在这种理念的主导下，一方面，党中央将推动绿色发展摆上重要位置，继2012年11月生态文明的有关要求被写入党章，成为全党行动纲领之后，2018年3月11日通过的《中华人民共和国宪法修正案》又将其写入宪法，使其上升为国家意志，环境保护已经上升到了前所未有的高度；另一方面，着眼于“三期叠加”的实际，我国开始大力实施以“三去一降一补”为主要内容的供给侧结构性改革。这两个重大决策部署对我国“十三五”期间的经济发展产生了重要影响，且目的都指向“提升全要素生产率”这一最终目标。探索出一条不以牺牲环境和过度使用能源为代价的可持续发展之路，成为中国经济持续增长的关键。

全要素生产率(Total Factor Productivity，TFP)增长也经常表述为技术进步率，它是指投入的全部生产要素(资本、劳动、土地等)数量不变时，产量仍然增加的部分。不仅包含采用新设备、新技术带来的技术水平的提高，还包含管理方式的改善和规模效率的提升。因此，技术进步和效率改善是全要素生产率增长的重要来源。它对新常态下提升中国经济发展质量具有十分重大的意义。然而，忽视资源环境对生产效率的影响以及以GDP为导向的经济增长效率的评估是有偏见的。基于此来准确衡量相关经济体的可持续发展水平是不可能的。如何将资源和环境因素纳入全要素生产率研究框架已成为一个重点研究领域。为此，在经济新常态下，深入研究资源环境约束下全要素生产率的内涵及测算、增长动力、演变趋势、区域差异及影响机理等问题，对促进全要素生产率增长，加快推动国内产业绿色转型，推动中国经济的高质量发展，最终实现绿色发展目标，具有重大的理论意义和现实意义。

### （二）研究意义

中国改革开放以来，大规模生产要素的重新配置和对外开放的加快促进了中国的技术进步，大大提高了生产效率。然而，经济的快速增长伴随着诸如自然资源利用效率低和环境质量持续下降等问题。随着可持续发展思想的深入，中国政府提出了“和谐社会”和“科学发展观”的理念，将建设资源节约型和环境友好型社会作为一项基本国策。从国家“十一五”规划首次设立节能减排约束性指标，到党的十九大、中央经济工作会议明确了“推动高质量发展”的精神，十八届五中全会的《中共中央关于制定国民经济和社会发展第十三个五年规划的建议》也把“创新发展”与“协调发展”“绿色发展”等作为必须坚持的新的发展理念，资源环境不仅成为经济发展的内生变量，也成为经济发展规模和速度的刚性约束。

基于此，本书对资源环境约束下的 TFP 增长进行系统研究，试图关注以下几个方面的问题：①资源环境约束下全要素生产率的内涵及经济理论依据是什么？②如何准确测算资源环境约束下的全要素生产率水平？③中国与国际经济体（如 OECD 国家）之间的全要素生产率增长有何差距？④我国区域全要素生产率呈现怎样的演变趋势，有何区域差异，是否具有收敛趋势，影响机理如何？⑤行业全要素生产率又呈现怎样的特征？为弄清上述问题，本书基于经济增长理论，从中国实际出发，较为系统地探讨资源环境约束下全要素生产率的内涵及测算、增长动力、演变趋势、区域差异及影响机理等问题，对实现经济可持续增长具有重要的理论和现实意义。

1. 理论意义

(1)本书将资源环境约束条件如何纳入全要素生产率增长模型中，并探讨资源环境约束对全要素生产率增长问题的实质影响，保证社会福利变化和经济绩效的评价偏差的修正。

(2)本书将环境污染从非期望产出角度纳入研究框架，用非径向、非角度的SBM方向性距离函数，对资源环境约束下国家、区域和行业全要素生产率重新进行准确测算，并对我国全要素生产率增长进行多角度和分层次研究，对于我国实现经济高质量发展具有重要意义。

(3)在研究内容上，本书丰富了全要素生产率增长方面的研究文献，基于国家、区域和行业层面的数据，较为系统地探讨了资源环境约束下全要素生产率的内涵及测算、增长动力、演变趋势、区域差异及影响机理等问题，具有重要的学术研究价值。

2. 现实意义

本书结合经济增长理论、可持续增长理论及环境经济学相关理论，试图将资源环境因素纳入传统的全要素生产率研究框架中，在借鉴现有研究成果的基础上，较为系统地探讨了资源环境约束下全要素生产率的内涵及测算、增长动力、演变趋势、区域差异及影响机理等问题，对于新常态下实现经济发展方式转变，进一步提高经济技术效率和要素配置效率，从而实现我国经济的健康可持续发展，具有重要的现实意义。

## 二、全要素生产率相关理论及内涵界定

### (一)全要素生产率发展理论

经济增长是宏观经济学研究中的重要概念，纵观经济增长理论的发展，所有的经济增长理论都在探索一个核心问题：经济增长的决定因素是什么，或者说经济增长的源泉是什么。而全要素生产率(TFP)是分析经济

增长源泉的重要工具，它植根于新古典经济增长理论，是一种从经济增长效率的角度来研究经济增长的方法。

1. 古典经济增长理论

事实上，关于生产率的思想源远流长，其中，亚当·斯密最早论述了经济增长问题，他在其经典著作《国民财富的性质和原因的研究》中提出了增加生产性劳动者的数目、提高劳动者的生产率是促进人均国民收入增长的两个基本因素。

大卫·李嘉图则认为，资本积累是发展经济、增加财富的基本原因，利润额决定了资本积累的规模，因此他将利润视为经济增长和社会进步的动力。但是，他又注意到，技术进步可以提高劳动生产率，进而提高利润，给经济增长带来影响，此外，他还把视野扩大到国际水平，注意到对外贸易的发展和促进国际分工可以提高国际劳动生产率，其经济发展思想基本上沿袭了亚当·斯密的思想。

约翰·斯图亚特·穆勒对当时各种经济理论知识进行了折中和综合，认为劳动、资本、自然所提供的材料和动力这三个因素是任何社会生产都必须具备的，这些必要条件在其《政治经济学原理》第一章中就被首先考虑。他的代表性观点有：工人的智力是影响劳动生产力的一个最重要的因素；生产的增加不仅取决于生产要素的增加，还依赖于生产要素的生产效率。穆勒还认为生产规模、就业人数和劳动效率由资本决定，而不是由劳动力决定。当资本确定时，生产规模是确定的。如果就业人数没有特别大的变化，那么产量的增加就取决于劳动生产率。与此同时，穆勒还在他的书中研究了资本主义的分布，并发展了里卡多的比较优势理论。他在系统阐述国际贸易和国际金融理论的基础上，论证了自由贸易原则的可行性。总的来说，穆勒的理论同时基于各种经济理论。这种整合标志着古典经济学的终结。

后来，马克思(1818—1883)在社会再生产理论以及资本积累理论基础上提出，要实现扩大再生产，除了通过资本积累之外，还可以通过增加生产要素的投入量和提高生产要素的使用效率这两条基本途径来实现，并论述了劳动生产率的提高对于科学的依赖程度。

2. 当代经济增长理论

1870年以后，由于经济主流关注的焦点不再是供给而是需求，主流经济学家不再关注经济增长研究。哈罗德(1948)在他的《动力学经济学导论》一书中介绍了时间因素，并使用动态分析方法来分析在连续时期维持长期经济增长的条件。这一理论模型开创了定量研究经济增长问题的先河。在同一时期，美国经济学家托马斯也采用了一种长期的、动态的分析方法，对均衡增长的条件和方式进行了类似的研究。后期各学者将二者的研究结合，构成了“哈罗德-多马”(Harold-Doma)经济增长模型。

该模型的基本假设有：

第一，全社会只生产一种产品。

第二，生产要素只有资本和劳动两种，并且不能互相替代，生产函数为：

$$Y = F(K,\ L) = \min\left(\frac{K}{\alpha},\ \frac{L}{\beta}\right) \tag{1.1}$$

第三，不存在技术进步、资本折旧，生产规模报酬不变。

第四，储蓄是国民收入的函数，即 $S = sY$。

第五，劳动供给增长率恒定。

第六，没有技术进步，也没有资本贬值，也就是说，每年的新投资转化为资本存量的增加。如果用 $I$ 代表投资金额，则 $K$ 代表增资。有：

$$I = \Delta K \tag{1.2}$$

第七，资本-产出比率恒定，即：

$$v = \frac{K}{Y} = \frac{\Delta K}{\Delta Y} \tag{1.3}$$

基于上述假设，根据凯恩斯主义经济理论，当经济达到均衡时，总供给量等于总需求量，即：

$$C + I = C + S \tag{1.4}$$

简化得到：

$$I = S \tag{1.5}$$

最后得到实际产出增长率为：

$$G_A = \frac{\Delta Y}{Y} = \frac{s}{v} \tag{1.6}$$

即实际产出的增长率是由实际储蓄率和实际资本产出比率来决定的。

以上述假设为基础推导出的结论表明，当经济处于均衡状态时，总供给量等于总需求量。结论是，当资本产出比率不变时，国民收入的增长率仅取决于储蓄率的水平。可以看出，Harold-Doma 模型强调了资本积累在经济增长中的重要作用。

根据这种模式，储蓄和投资是平等的。只需将投资增量与储蓄增量相匹配，就可以实现稳定的经济增长，这显然与现实相悖。实际上，经济危机对市场经济的稳定运行的威胁从未停止，因此经济出现周期性波动是难以避免的。这意味着 Harold-Doma 模型中提到的经济增长将上下波动，并且难以以恒定速度稳定下来。这种增长路径在经济学领域被称为刀锋式增长。即在此假设前提下，稳定状态的经济增长很难实现，只能是“刀锋上的均衡”。

模型中涉及了四个参数：资本-产出比、储蓄率、技术进步的速度和人口增长率，且均被视为外生的。以后经济增长理论模型的发展方向正是将这几个变量进行内生化，因此，Harold-Doma 模型也被公认为经济增长理论模型内生化进程的出发点。

Harold-Doma 模型是基于凯恩斯主义经济学的。最关键的假设是固定技术生产功能。生产函数固定的假设在短期内非常适用，但从长远来看，生产要素往往相互替代，例如资本和劳动力的替代。

美国经济学家索洛(Solow)首先质疑 Harold-Doma 模型。他的想法是，如果经济增长取决于资本因素，那么其收益递减的现象将与土地相同。为了保持一定的增长速度，有必要不断增加投资，但投资率不太可能继续增加，因此增长率必然会下降。工业化国家的实际发展表明，投资率没有上升，增长率没有下降。索洛认为，在这种现象背后，技术进步发挥了作用。于是，索洛(1956)和英国经济学家斯旺(Swan，1956)利用新古典生产函数修正了生产函数固定的假设，并独立提出了新古典经济增长理论，也称为 Solow-Swan 模型，即索洛模型。

索洛之前的假定值得怀疑，尤其是他没有考虑技术进步，以及劳动与资本无替代性。他通过引入外生技术进步建立了长期增长模型，其基本假定包括：第一，经济生产中只生产一种产品；第二，社会储蓄是国民收入的函数；第三，劳动供给增长率不变；第四，存在外生的且不变的技术进步率；第五，生产规模收益不变。

索洛模型的总产量生产函数一般写为：

$$Y_t = F(K_t,\ L_t,\ A_t) \tag{1.7}$$

式中，$Y$ 表示产出，$K$ 表示资本，$L$ 表示劳动，$A$ 为技术状况。

在增长理论中，生产函数常写为如下形式：

$$Y_t = F(K_t,\ A_tL_t) \tag{1.8}$$

式中，$AL$ 为劳动与技术状况的乘积，称为有效劳动。此种引入的技术进步称为哈罗德中性技术进步。

对于(1.8)式，由规模报酬不变的假定可得：

$$Y_t = A_tL_t \times F\left(\frac{K_t}{A_tL_t},\ 1\right) \Rightarrow \frac{Y_t}{A_tL_t} = F\left(\frac{K_t}{A_tL_t},\ 1\right) \Rightarrow y = f(k) \tag{1.9}$$

(1.9)式中，$y = \frac{Y}{AL}$ 被称为有效人均产出；$k = \frac{K}{AL}$ 被称为有效人均资本。

假设折旧率为 $\delta$，则有：

$$\Delta K_t = sY_t - \delta K_t \tag{1.10}$$

将(1.10)式两边同时除以 $K_t$，可得：

$$\frac{\Delta K_t}{K_t} = s\frac{Y_t}{K_t} - \delta \tag{1.11}$$

由于 $k = \frac{K}{AL}$，所以对此式两边取自然对数，并对时间求导，可得：

$$\frac{\Delta k}{k}=\frac{\Delta K}{K}-\frac{\Delta L}{L}-\frac{\Delta A}{A}=\frac{\Delta K}{K}-n-g \tag{1.12}$$

其中，$n=\frac{\Delta L}{L}$，$g=\frac{\Delta A}{A}$。

将(1.11)式带入(1.12)式，可得：

$$\Delta k_t = sy_t-(\delta+n+g)k_t \tag{1.13}$$

索洛模型放弃了劳动与资本这两种生产要素相互之间不能替代的假设，解决了经济刀锋式增长问题，但是，当特定的技术进步不是外生的时候，它并不能解释人均产出的长期增长；同时，它假设储蓄率是外生性的，而不是由个人通过动态优化行为内生性地决定。也就是说，把劳动和技术因素考虑进去的新古典增长模型认为长期的经济增长率也就是技术进步率，肯定了技术进步的作用，相对于之前的模型来说，这是一个很大的进步，但是技术的外生性假设却大大降低了该理论的解释力和政策含义。后来，许多经济学家在索洛模型的基础上研究了存在的问题，并相应地构建了一些更合理的描述实际经济增长的数学模型。

Ramsey(1928)使用数学模型来分析最佳消费者行为下应该满足国家储蓄的条件。随后，Cass(1965)和Koopmans(1965)将Ramsey(1928)的最优消费理论引入经济增长模型。几乎与此同时，戴蒙德(Diamond，1965)考虑到了经济系统中个体的差异性，将其划分成不同的群体并纳入分析框架，其分析更加贴近现实生活，更容易解释和研究不同年龄段人群的经济行为差异对宏观经济运行产生的影响，真正实现了宏观经济层面与微观个体行为的融合，这就是著名的“世代交叠模型”。阿罗(Arrow，1962)针对新古典经济增长理论的局限性，提出了“干中学”模型，试图用技术外部性解释经济增长。该模型认为，生产率的提高或技术进步是基于制造商在生产中获得的经验。制造商的投资不仅可以提高自身的生产力，还可以提高其他制造商的生产力，即制造商的行为是外部性的。

3. 新经济增长理论

1970年之后，索洛所代表的新古典经济增长理论停滞不前。根本原因是没有内生生产力因子(TFP)，这是公认的经济增长中最重要的因素。20世纪80年代中期以来，Romer(1986)、Lucas(1988)等经济学家，从“内生技术变化”的角度，基于新古典经济增长理论，研究经济长期增长的大致前景，代表作分别是罗默的《收益递增与长期经济增长》和卢卡斯的《论经济发展机制》，这些研究使得长期经济增长问题再一次成为经济学家的焦点。

新经济增长理论与新古典经济增长理论分析的基础方法相同，都采用一般均衡分析法，然而，将技术进步考虑在内是新经济增长理论的不同之处，其认为经济增长是经济体系的内部力量，重视知识技能、人力资本和研发，对增加收益、分工和专业化、开放经济和垄断等新问题的研究可以解释经济增长率与人均收入之间广泛的跨国差异，并为长期经济增长提供新的图景。这突破了新古典经济增长模型的局限，让长期经济增长背后的原因更加明晰，有利于指导经济实践活动，对于研究促进经济增长可以采取的经济政策有着积极意义。

它的理论贡献具体体现在以下三方面：

第一，将技术进步内生化，经济增长是由内生技术变化驱动的，而不是外部力量如外生技术变化的结果。

第二，在产出的影响方面加入了知识和人力资本变量，认为专业化的知识和人力资本的积累对产出存在收益递增性，从而导致整体规模的增加。这突破了先前经济理论的假设，即要素边际贡献正在减少或不变。它更有效地解释了可持续经济增长的来源和力量。

第三，强调了国与国之间发展对外贸易的重要性，因为参与国际贸易既能增加世界范围内的贸易总量，还可以加速先进科学技术、知识和人力资本在参加贸易的各国之间的传递，从而产生一种“外溢效应”。

由于新经济增长理论认为可以用规模收益递增和内生技术进步来解释一国长期经济增长以及各国经济增长率的差异，其主要的出发点是使经济增长的因素内生化，因此该理论也称为内生经济增长理论。内生经济增长理论认为技术进步是经济长期增长的主要源泉，并用技术(或人力资本)溢出来解释生产函数的凸性。罗默(Romer，1986)认为知识与物质相同，边际收益随着投资增长而递减。卢卡斯(Lucas，1988)将人力的溢出效应作为内生经济增长模型的解释变量。卢卡斯认为人力资本是技术进步的具体化，是经济增长的真正源泉。所谓人力资本，在生产中体现为一般知识和劳动者的劳动技能。此后，出现了很多以人力资源为核心的经济增长研究，研究的假设也从完全竞争转向了垄断竞争。

Barro 和 Sala-Martin(1995)的观点是将技术进步聚焦在研究与开发活动上，他们认为研究开发使企业获得某种程度的垄断利润，企业为了利润最大化而进行开发研究，因此推动了技术的进步。当研发的收益大于成本时，各企业将会加大在此方面的投入。但是，Schumpter(1934)认为，技术进步以后高质量产品会逐渐取代低质量产品，产品在此过程中不断更新，这就是“创造性破坏”。

上述是内生的经济增长模型从知识、人力资本和研发活动的角度探究技术进步对于长期经济增长的推进作用。此外，还将制度、分工、人口变化作为影响因素去分析经济的增长。Yang 和 Borland(1991)认为劳动分工和市场容量相互影响，已经完善的分工水平提高了劳动生产率。工人们相互依赖，形成内生的比较优势。市场容量则进一步促进了分工的完善，提高了劳动生产率，促进了长期的经济增长。

Becker 和 Murphy(1992)分析了专业性程度与经济增长的关系，发现人力资本的积累和专业化程度的提高互相具有正向作用，从长远来看，专业程度和经济增长也互相具有正向作用。Becker、Murphy、Tamura(1990)，Becker、Glasser、Murphy(1999)，以及 Morand(1999)还从生育率与人均资本的关系研究了经济增长的问题，其认为父母的工资情况与人力资本呈正向相关，因此为了追求效益最大化，父母会减少养育子女的数量，提升养育质量，所以生育率会降低，与此同时又促进了父母的人力领域资本的积累，进而促进经济发展。

North(1981，1990)论证了产权和制度变化对于经济增长的影响。其分析得出，在产权明确的情况下个体收入与社会福利的差距更小，对经济增长有促进作用。所以，国家可以将制度变革和产权制度作为经济增长的促进工具。关于新古典经济增长理论，中国经济学者潘世元和史金川(2002)也做了相关明确的论述。

### (二)全要素生产率的内涵界定

经济增长质量是衡量一个国家和地区经济增长状况的重要标准，而衡量经济增长质量的指标则是生产率。所谓生产率，就是产出与投入之比。生产率分为单要素和全要素两种类别。单要素研究主要是研究其中一种特定的因素，如资本、劳动、土地、技术等，这类研究相对单一、片面，通常来说是所有因素共同影响经济增长质量，因此我们需要研究多因素即全要素生产率。全要素生产率也叫作综合要素生产率，它衡量了总产出与全部影响要素投入的比例关系，反映出单位投入量能有多少产出的效率指标。全要素生产率是产出增长中除了投入要素的增加部分以外的部分，所以除了先进工艺、高端设备等技术要素外，还包括很多其他的非技术要素。在基于所有投入要素的基础上分析全要素生产率，可以清晰地呈现出经济系统对于投入和产出的转化效率。

## 三、文献综述

### (一)国外研究文献综述

1. 全要素生产率概念及测度的相关研究

所谓生产率，一开始指的就是劳动生产率。第一个提出“生产率”概念的人是法国学者 Quesnay，时间是 1758 年，之后这个概念随着发展不断完善。第二次世界大战结束以后，Hiram Davis 于 1954 年首次提出了“多要素生产率”的概念。多要素生产率将生产过程中涉及的所有生产要素都纳入关注范围，而不是只关注某几种生产要素。得益于柯布-道格拉斯函数的发现，全要素生产率研究才进入快速发展阶段。在 Tinberger 看来，时间、劳动以及资本与产出之间形成一种函数关系，他围绕全要素生产率展开了定量研究。索洛(1957)构建的总量生产函数以及增长方程是建立在规模报酬始终稳定的基础之上的，索洛余值代表的就是全要素生产率。在这一前提下，Dension(1962)对投入要素的分类越来越具体，使得索洛余值的计算办法获得了进一步的发展。Denison 等人对全要素生产率进行了更进一步的研究，从他们的角度来看，排除投入要素，剩下的一切要素的生产率就是全要素生产率。Grosskopf(1965)引进总产出指数以及总投入指数，在他看来，所谓全要素生产率，指的就是第一个量比上生产时消耗总投入指数得到的比值。

根据适用范围和样本数据的特点，国内外计算全要素生产率的办法主要有三种：其一是增长核算法，其二是指数法，其三是生产前沿面法。索洛是增长核算法的代表，基于规模报酬不变，他提出了总量生产函数，另外还提出了增长方程，梳理清楚了产出增长率和技术进步率等的联系。比较有影响的还包括 Kendrick(1961)、Denison(1962)、Jorgenson(1989)、Young(1995)、Precott(1998)、Krugman(1999)、Easterly 和 Levinne(2001)、Kogel(2005)和 E. Helpman(2007)等的研究。无论对于全要素生产率，还是测度方法，他们的贡献都很大，在他们看来，TFP 对跨国收入以及增长差别研究具有重要意义。

对经济变量产生的变化进行分析时一般采用指数法。从传统意义来说，TFP 测度方法有 Tornqvist 指数以及 Fischer 指数等。在对方向性距离函数进行介绍的时候，Chung 等人(1997)明确提出 ML 生产率指数，如果出现“坏”产出，就可以通过这个指数测量全要素生产率。在把 Global Malmquist 生产率与方向性距离函数联系在一起的基础上，Oh(2010)提出了 GML 指数，这样就能处理多输出或者多输入问题，还能应对环境污染问题，即便 ML 指数线性规划是无解的也不用担心。

生产前沿面法分两种，其一为随机性的前沿模型法，其二为确定性的生产前沿模型法。Lovell 和 Meeusen(1994)等人分别围绕随机前沿生产函数构建了模型，将随机性的误差可能给经济增长带来的影响纳入考虑范围，这样对经济发展情况的模拟就变得更科学合理。对于第二种模型法来说，数据包络分析法用得最多，它由 A. Charnes 等人(1978)提出，是以相对效率的概念为前提的，作为一种非参数评价法，它主要对类似的多产出多投入决策单位进行评价，评估他们使用的技术有没有效果。为积极应对传统 DEA 模型处理污染物时存在的不足，Tone(1995)率先推出了具有角度以及非径向的 SBM 模型，该模型把决策单元的投入与获得的产出纳入考虑范围，这样就能很好地应对松弛变量问题。Fare 等人(2001)在这个前提下，提出了 SBM 方向性距离函数。Mulwa 等人(2012)在环境条件一定的前提下，从理论和实际出发，分别探讨了农业与工业的 TFP。

2. 环境资源约束下全要素生产率测算相关研究

一开始，围绕全要素生产率进行的研究没有注意经济增长中伴随着的“非合意产出”(环境污染)会导致有偏生产率增长(Chung 等，1997)。随着人们对环境问题的日益重视，以及以方向性距离函数(Directionl Distance Function)为基础的 Malmquist-Luenberger 生产率指数的提出(Chung 等，1997)，“非合意产出”与环境问题被放到全要素生产率的研究体系之中。可以采取两种途径来衡量污染排放问题，其一是把环境污染看成要素投入之后再展开相应的处理工作，其二是建立在方向性距离函数的基础上，环境污染是超出预期的。后者更切合实际，所以受到了更多的欢迎。对资源环境约束下的全要素生产率研究主要集中在以下几个方面：

(1)关于资源环境约束下 TFP 的测算分解及比较研究。通过对威斯康星州造纸厂生产效率进行研究，Pittman(1983)顺利发现了多产出生产率的 CCD 指数，该指数是把污染治理投入的成本当作“坏”产出影子价格的代理指标，成为早期纳入“坏”产出对生产率进行的研究，而后 Fare(1994)通过 Malmquist 指数测算了不同国家间的生产效率，借助 Shephard 距离函数，将技术进步和技术效率的波动二者相乘，获得的结果就是全要素生产率的变化。Zofio 和 Prieto(2001)也使用 DEA 方法，进一步纳入了资源投入因素并考虑了二氧化碳等污染排放气体作为“坏”产出。Lindenberger(2004)纳入了资源投入并将污染排放气体扩展为二氧化碳、二氧化硫和碳氧化物。之后纳入资源环境约束的TFP测算得到了广泛应用，Zhou等人(2008)从国家和省级层面展开了研究。而后Flisishman等人(2009)研究美国燃煤发电厂，考虑了净发电量的“好”产出和污染气体的“坏”产出，以及煤、石油等资源投入，以构建环境生产和环境方向性距离函数。通过这两种办法获得的结果差异显著，方向性距离函数的优点也被凸显出来。

(2)关于资源环境约束下TFP的影响因素及分区域的TFP增长研究。就已有研究来看，对全要素生产率产生影响的各种因素，大体分两种，早期的研究大多基于要素投入和产出视角，从资本、劳动等投入要素的推动来分析全要素生产率增长的动力。随着研究的不断深入，开始基于经济学理论并构建计量模型，从回归结果来分析全要素生产率的影响因素。Young(1995)采用增长核算法对“亚洲四小龙”即中国香港、中国台湾、新加坡和韩国的全要素生产率进行测算并分解，认为这几个地区和国家的经济增长主要来源于要素投入而不是全要素生产率的作用。Hall和Jones(1999)则认为跨国劳动是造成全要素生产率差异的原因。Miller和Upadhyay(2000)通过测算1960—1989年83个国家的全要素生产率，认为人力资本的影响存在显著的差异性。Kumar和Russell(2002)通过对57个国家的经济增长进行研究，认为不同国家间差异的主要原因是资本深化。Kuamr(2006)比较了40多个国家，包括发达国家与发展中国家自1971年开始连续21年的传统，以及它们的环境全要素生产率，同时对可能对它们的环境全要素生产率增长产生影响的因素展开了研究。Chiu等人(2012)考虑了资源环境因素，将90个国家分成4组，基于全域方向性距离函数测算了其全要素生产率，认为这些国家的差距主要是由于技术差异形成的。

Miller等人(2000)通过对80多个国家的数据进行分析，重点探讨了人力资源以及贸易开放程度对不同国家的全要素生产率可能产生的影响。Susan Sunila Sharma则结合动态面板模型，探讨了各种类型的能源给60多个国家经济发展带来的影响。Chiu(2012)则结合方向性距离函数以及相关的前沿分析，将90个国家依据竞争力的高低划分成由高到低三个等级，计算并对比自2003开始连续五年的情况，受环境制约，竞争力不同的国家取得的环境效率也是不一样的。Kyunam Kim等人（2012）关注到了工业二氧化碳的排放情况，通过DEA办法，研究能源强度以及能源构成对OECD国家、非OECD国家技术效率可能带来的影响。

（3）关于分行业的TFP增长相关研究。李斌（2013）借助SBM模型，在资源和环境被限定的条件下，计算了我国的产业效率以及分行业的绿色全要素生产率。Muker（2012）结合DEA办法，计算美国规模较大的商业银行的全要素生产率，还将它分化为技术方面的进步、效率以及规模等的变化，并将它们从影响全要素生产率变化的因素中剥离。在他看来，和单纯的技术升级相比，劳动者培训会给美国的大型商业银行的全要素生产率带来更大的影响，这种影响一直在持续增长。Timmer（2012）进行了实证性研究，在他看来，结构的改变会带来欧洲制造业生产总量、生产率的提高。然而研究发现，生产率的提高一直在延续，这与技术革新的关联不是很大，所以很多发展中国家出现全要素生产率一直上升的状况也就不难理解。无论是工业还是制造业，在全要素生产率方面进行的研究都成绩显著。举例来说，Mullen（2001）等人从定量的角度，分析了美国的制造业、日本的制造业与韩国的制造业，研究了它们的全要素生产率。Bauer（1993）计算并研究了美国航空行业的全要素生产率。Mulwa借助ML指数，再结合方向性距离函数，计算了甘蔗业纳入污染物产出，得出了该行业调整后的全要素生产率。Eberhardt（2013）结合GM以及Fisher指数探究了物种约束下农业生产率研究中的空间异质性。

## （二）国内研究文献综述

### 1. 传统全要素生产率测算的相关研究

改革开放以来，随着制度的变迁，我国从1978年到2007年间，GDP增长了14倍（1978年不变价），年均增长率达到9.8%，这样的增长奇迹引发了对我国经济增长源泉的分析和大讨论。易纲、樊纲等人(2003)，以及郭庆旺等人(2005)的研究成果显示，中国经济的发展得益于要素投入的不断增多，这和全要素生产率的变化联系不是很紧；王小鲁等人(2009)计算了自1952年开始54年间我国的全要素生产率；于君博(2006)结合SFA模型，同时运用Malmquist指数法，计算了自1979年开始25年间我国的全要素生产率。在计算传统意义上的全要素生产率时所采取的办法已经发生了变化，之前是索洛余值法，后来更多地使用DEA法等，使用的方法更趋多元，准确度也慢慢提高。然而，由于只是对资本以及劳动进行计算，现实中面对越来越严重的资源短缺和环境危机，还要考虑经济发展具有的可持续性，这使得计算结果的可参考性不强。所以越来越多的学者在计算全要素生产率的时候会关注资源环境要素。

2. 关于环境资源约束下TFP的测算分解及比较研究

各国经济都在加速发展，生态环境问题不断出现，不能抛开环境要素去计算全要素生产率，近阶段的TFP研究都会考虑环境因素，即环境全要素生产率。所谓环境全要素生产率，指的是对全要素生产率进行计算的时候，将环境变量纳入考虑的范围，这和传统意义上的全要素生产率有很大的不同，因为对传统全要素生产率进行计算的时候从来不会注意环境变量，环境全要素生产率关注的一个焦点就是环境变量。由这一变化可以看出，在进行全要素生产率计算时选择的投入变量，其合理性不断提高，从这里也能看出，随着经济的增长，人们的环境意识不断提高，不断追求经济的可持续增长。围绕环境全要素生产率取得的研究成果有：李玲等人(2012)结合SBM方向性距离函数，对我国污染较为密集的产业进行了绿色(环境)全要素生产率计算；刘瑞翔等人(2013)利用SBM方向距离函数以及Luenberger指数，计算了自1995年开始持续15年我国的地区性环境全要素生产率；胡鞍钢等人(2008)结合建立在方向性距离函数基础上的全要素生产率模型，对以1999年为起点的6年间省级范围内的技术效率进行了名词排列；陈诗一(2010)则结合超越对数分行业生产函数，大体计算了以1980年为起点的28年间我国工业环境全要素生产率；董敏杰等人

(2012)将 Luenberger 生产率指数与松弛的效率损失测度法联系在一起，计算并解构了自 2001 年持续 7 年的我国工业环境全要素生产率。王兵等人(2010)结合 SBM 方向性距离函数，同时又利用 Luenberger 生产率指数，计算了以 1998 年为起点持续 9 年我国的环境全要素生产率，之后还对它进行了解构。方福前等人(2010)则结合 ML 指数，对中国农业的 TFP 进行了计算，不考虑环境要素对农业 TFP 进行计算，获得的结果要大于实际值；李胜文等人(2008)结合因子综合法把三类不同的污染物综合成一个环境污染指标，结果表明我国的环境效率不是很高。屈小娥等人(2012)专门就不同省份的 TFP 展开了计算，在他们看来，如果将环境限制起来，那么 TFP 增长的水平不是很高。李玲等人(2012)对我国的 20 多个制造业部门自 1999 年开始持续 10 年的环境规制的强度以及绿色全要素生产率进行了计算，围绕这二者进行了深入的检测。沈可挺等人(2011)同时利用了方向性距离函数以及非参数数据包络分析法，对我国自 1996 年起持续 13 年的高耗能产业进行了环境全要素生产率计算，此外还探究了可能性的影响因素。杨俊等人(2009)结合马姆奎斯特-卢恩伯格指数法，对我国自 1998 年开始持续 9 年的全要素生产率进行了计算，此外还进行了解构，在这一过程中注意到了环境因素。王兵等人(2010)的研究不仅利用了方向性距离函数，还使用了曼奎斯特-卢恩伯格指数的办法，计算了受环境因素的影响，我国从 1998 开始持续 9 年不同地区的工业技术的实际效率、全要素生产率的指数以及在环境制约下的成本投入等，此外还探究了可能对它们产生影响的因素。钟世川(2014)结合 CES 生产函数，同时还参照自 1978 年起持续 33 年的我国工业行业面板数据，计算出了我国工业行业的全要素生产率。庞瑞芝等人(2010)结合比较松弛的序列方向性距离函数，对自 1985 年起持续 24 年间我国省级工业相关部门在新型工业化方面的绩效增长情况进行了研究。涂正革等人参照我国近 30 个省或地区自 1998 年开始持续 7 年规模以上的企业在投入、产出以及污染物的排放等方面的数据，设计出了环境生产前沿函数模型，用来计算我国省或者地区工业环境全要素的生产率。李斌等人(2013)结合以 2001 年为起点持续 9 年我国近 40 个工业记录在行业面板上的数据，结合既非径向又非角度的 SBM 效率测度模型以及 ML 生产率指数，对工业的环境全要素生产率进行了计算。田银华等人结合序列 Malmquist-Luenberger 指数法，计算出了我国以 1998 年为起点持续 10 年的省域全要素生产率。汪锋等人(2015)先研究了以 1997 年为起点持续 15 年的升级行业面板统计数据，再结合超越对数形式生产函数，准确计算出我国省级绿色全要素的生产率情况。随着对环境全要素生产率计算的不断增加，以及与之相关的研究工作不断增多，表明现阶段学者们越来越关注资源环境问题，不断反思目前的粗放型经济增长形式，开始进行经济增长形式的变革，不断提高增长效率。了解研究界对环境全要素生产率进行的研究会发现，结合环境全要素生产率，不仅能够看出经济增长形式的好坏，还可以对经济增长绩效进行科学的判断。

3. 关于分区域的 TFP 增长相关研究

随着国家对于全要素生产率核算和分析的重视逐渐加深，国家层面和省级层面的测算和研究已经形成一定的体系，关于区域层面的测算和分析角度多元化，尚未形成系统性。国内学者近年来对中国的资源环境约束下的 TFP 也展开了实证研究，宫俊涛等汇总了以 1987 年为起点持续 18 年我国近 30 个省或地区制造业的相关数据，借助非参数 Malmquist 指数的办法，研究了省级的制造业全要素生产率变化的不同之处、变化情况等。在刘瑞翔等人(2013)看来，由于能源的消耗以及污染物被大量排放，使得我国环境发展很难取得效率，不同地区的环境效率从东部地区到西部地区为阶梯状布局。屈小娥和席瑶(2012)则认为我国整体 TFP 较低，TFP 增长的主要源泉在于技术利用效率的提高，忽略资源环境因素的冲击有可能导致经济增长效率被高估。刘瑞翔(2013)则基于省级层面数据测度了 1989—2010 年中国整体及各地区全要素生产率(TFP)，认为中国经济增长主要由要素投入驱动，经济增长源泉存在较大的区域性差异。韩海彬和赵丽芬(2013)、赵良仕和孙才志(2013)、李小胜(2014)分别从产业层面和省级层面实证了我国 TFP 增长趋势，并认为我国 TFP 增长主要来自于技术进步。刘华军和杨骞(2014)运用 DDF 模型和 ML 生产率指数，采用省份数据并使用Theil指数测算了地区差异，同时，构建空间面板数据模型对影响因素进行分析，得出2010年之前资源环境约束下中国全要素生产率增长的空间差异总体上呈下降态势，地区内差距是造成总体空间差异主要来源的结论。李谷成(2014)、潘丹(2014)、吴明娥等(2015)、刘战伟(2015)、黄永春和石秋平(2015)、汪锋和解晋(2015)、张永强等(2017)、李占风和赵琼(2017)、尹向飞和刘长石(2017)分别从国家、省份、产业和行业层面对TFP测算和影响因素展开分析，并得出存在异质性特征的结论。梅国平等人(2014)通过对我国29个省级地区资源环境约束下的全要素生产率的变动及其区域非均衡性的研究，表明无论是能源消耗的结构，还是各种要素的特点，都会对全要素生产率产生影响。

在城市全要素生产率的测算方面，马晓龙(2014)对58个城市的旅游业的Malmquist指数进行了测算。王凯风和吴超林(2017)运用ESDA方法，计算了中国近300个城市的绿色全要素生产率，同时围绕区域差异进行的研究也有了结论，即城市绿色全要素生产率的提高幅度自东向西递减，并且空间正相关不断增强。李平(2017)利用比较松弛的方向性距离函数，同时结合Luenberger生产率指数的办法，对珠三角和长三角25个城市的环境经济绩效进行了测算，认为技术规模变化和纯技术进步两个指标对生产率增长贡献显著。王凯风和吴超林(2018)利用Global Malmquist-Luenberger指数测算并分解中国285个城市的环境全要素生产率，在他们看来，不同城市的传统全要素生产率一般会比环境全要素生产率的累积增长率高，中国在进行城市建设的时候，付出了很大的环境与资源代价。

在城市全要素生产率的影响因素方面，程中华和张立柱(2015)基于中国285个城市的统计数据，运用空间计量模型从产业集聚角度研究了城市全要素生产率影响的空间溢出效应，如果以集聚外部性效应为出发点，无论是MAR还是Porter的外部性，都不会对城市全要素生产率产生积极作用，而Jacobs外部性可以促进城市全要素生产率的增长。吴建新和黄蒙蒙(2016)运用全局参比的Luenberger指数办法，在环境以及能源被限制的条件下，对我国近290个城市的环境全要素生产率以及环境效率进行了计算，并分析了造成无效率的原因，认为东部地区城市、大城市在绿色转型过程中发挥了很好的辐射带动效应，人力资本、政府科技投入、工业专业化和服务业专业化、外商直接投资等是推动城市实现绿色转型发展的重要因素。董旭和吴传清(2017)对中国城市全要素生产率的影响因素进行分析，认为信息基础设施、人力资本、制造业集聚等因素对提升全要素生产率有显著影响，并且不同区域存在异质性。王炜等人(2018)认为信息基础设施对城市全要素生产率有重要影响，并且存在空间正向溢出效应，区域差异明显。李琳和刘琛(2018)通过构建面板数据模型得出，禀赋结构对大城市群工业绿色 TFP 存在重要作用。

4. 关于分行业的 TFP 增长相关研究

现有研究不仅对宏观经济方面的 TFP 进行了研究，还将这一研究路径与农业生产、工业生产等结合起来展开研究。本部分主要回顾关于中国战略性新兴产业和工业全要素生产率的相关文献，以为相关产业的研究奠定基础。

李小平等人(2008)结合索洛余值法，对中国制造业下面的近 35 个具体行业进行了全要素生产率计算，研究结果表明，生产率的提高与经济的发展联系紧密，然而很多行业虽然实现了生产率的提高，但产出的增加却不是很明显。沈能(2006)结合 Malmquist 指数的计算办法，对中国制造业领域的全要素生产率进行了计算，研究结果表明，由 1985 年开始到 2003 年增长率的平均值不到 1.6%，之所以会获得增长，就是因为技术在不断革新；而且从东部、中部、西部地区对比的角度看，差异性十分显著，东部地区的技术革新速度要快于中部和西部地区，在技术效率问题上没有太大差别。李胜文等人(2008)结合 SFA 办法，计算出了中国工业的 TFP，经观察发现，自 1986 年开始持续 19 年，TFP 一开始走低，之后慢慢升高，经过一段时间的停滞，最后又缓缓上升。鲁晓东(2012)结合 1999 年起持续 8 年的工业相关统计数据，再通过固定效应等一系列办法，对我国主导性的工业及企业进行了全要素生产率的计算；原鹏飞等人(2005)结合数据包络分析技术以及随机性的前沿分析技术，以产业为切入点，深入探究了

1996年起7年间我国制造业中不同行业的实际生产效率，以及它们的发展变化。陈超凡(2016)在对全要素生产率进行研究的同时，还结合了资源以及环境等要素，所以他对我们国家的工业全要素生产率的探究也更为深入。

就战略性新兴产业而言，现有的研究大体可以分为两类。一类是使用宏观数据进行的研究，这些研究主要集中分析了各地区与行业在全要素生产率上表现出来的不同特性。举例来说，齐峰(2015)研究了战略性新兴产业中的近50个样本行业个案，采用Malmquist指数的方法测算了该产业的TFP，经分析发现其TFP一直在提高，这和技术的不断革新有很大的关系；除此以外，政府制定的政策、获利能力、对外开放的程度等，都会给TFP带来积极影响。而产业的集中程度以及国有产权在企业中所占的比重等则会给这一产业的全要素生产率带来消极影响。杨震宇(2016)对高新技术产业的5个主导性行业的数据进行了分析，并对全国范围内以及3个区域板块的TFP进行了研究。结果表明，对于战略性新兴产业来说，TFP正在慢慢下滑，与此同时还伴随着收敛性，在政府的优惠政策以及市场需求的双重作用下，全要素生产率的提高在一定程度上被抑制了。另一类则是结合微观数据展开的研究。借助微观数据来进行研究，通常研究关注的内容很多，研究也能取得不一样的成果。有些研究者借助微观数据对某一行业或者某一地区的全要素生产率的具体特征进行了研究，举例来说，任保全等人(2016)对上市公司中的投入数据以及产出数据进行分析，以长江三角洲的新兴产业为研究对象，经研究发现该地区的全要素生产率一直在不断降低，然而它在前后两个时期的特征差异显著，没有致力于技术创新，在前一个时期将发展重心放在了拓展规模上，所以无论是在技术还是规模上，都没有取得很好的效率，在后一个时期技术创新的短处日益凸显。

### (三)研究评述

现阶段，国内外相关学者都对TFP进行了大量的深入研究，理论成果极其丰富，有力地推动了全要素生产率的理论研究与实践发展。尽管如此，现有研究仍存在以下不足：

第一，国内外学术界对全要素生产率增长进行了大量的理论和实证研究，但从资源环境约束角度系统研究中国全要素生产率增长的文献并不多见，这为本书提供了重要的参考价值和逻辑起点，这也为本书的研究提供了一个重要契机。

第二，现有文献大多基于宏观层面对全要素生产率进行研究，缺乏系统深入的分析，比如城市、行业层面的深入探究。

第三，目前大多数学者会使用 DEA-Malmquist 指数方法对中国的 TFP 进行测算，DEA-Malmquist 指数能够很好地研究面板数据和分解 TFP，让读者更加清晰地看到全要素生产率增长的有效路径和动力。然而这个方法不能通过传递性检验，因此不能进行多维度的横向和纵向比较，在分析、比较行业和地区的 TFP 特征时不便于使用。

基于此，本书尝试将资源环境纳入全要素生产率测算框架，在准确测算资源环境约束下全要素生产率水平的基础上，利用收敛性分析方法、静态面板模型、门槛回归技术以及空间计量模型等方法，较系统地分析国际经济体、省际、城市、战略性新兴产业和工业行业的全要素生产率的内涵及测算、增长动力、演变趋势、区域差异及影响机理等问题，以期得到一些新的研究成果，并为中国各地区协调发展、促进绿色发展提供一定参考。

## 四、研究思路、内容与方法

### （一）研究思路

本书立足中国实际情况，在对国内外全要素生产率的相关文献进行梳理和理论分析的基础上，从中国实际出发，较为系统地探讨了资源环境约束下全要素生产率的内涵及测算、增长动力、演变趋势、区域差异及影响机理等问题。根据本书的研究目标，本书按照“文献梳理和理论分析—实证分析—对策建议”的思路对资源环境约束下的全要素生产率增长问题展开进行规范分析和实证分析。

### (二)研究内容

资源配置和利用效率的高低直接影响着经济绩效的好坏，高能耗、低产出，高投入、低效率始终是中国经济增长过程中一个不容忽视的问题。本书的总目标是，在面临着经济增长和节能减排双重压力的现实背景下，以中国全要素生产率为研究对象，对资源环境约束下的全要素生产率增长问题进行规范分析和实证分析。

为此，本书对资源环境约束下全要素生产率增长进行系统研究，试图关注以下几个方面的问题：①资源环境约束下全要素生产率的内涵及经济理论依据是什么？②如何准确测算资源环境约束下的全要素生产率水平？③中国与国际经济体(OECD 国家)之间的全要素生产率增长有何差距？④我国区域全要素生产率呈现怎样的演变趋势，区域差异如何，是否具有收敛趋势，影响机理如何？⑤战略性新兴产业和工业行业全要素生产率又呈现怎样的特征？为弄清楚上述问题，本书基于经济增长理论，从中国实际出发，较为系统地探讨资源环境约束下全要素生产率的内涵及测算、增长动力、演变趋势、区域差异及影响机理等问题，探究中国 TFP 快速发展的影响因素和内在动力，试图对实现中国经济可持续发展提供政策建议。

### (三)研究方法

本书在分析过程中用到的研究方法主要有：

第一，文献分析和比较分析法。通过搜集和整理国内外关于全要素生产率研究的文献，并进行梳理、归纳与概括，使得对现有研究的理论前沿、发展方向以及最新重要成果有了较全面的认识。此外，在分析和总结大量相关文献的基础上，从各种社会经济因素出发，归纳了影响我国省际、城市、行业层面全要素生产率的主要因素，并通过建立普通面板模型和空间面板模型等进行实证分析。在测算国家、省际、城市、行业层面的全要素生产率时，通过多角度比较分析，从而为统筹区域协调发展、缩小区域差距提供经验依据。

第二，计量模型分析方法。本书在实证分析中，运用固定效应模型、差分模型、有序响应模型、收敛性方法、静态面板回归模型、面板门槛回归技术以及空间计量模型等分析方法，较系统地分析了资源环境约束下我国全要素生产率增长的相关问题。

## 五、本书的贡献与创新

在中国大力实施绿色发展战略的背景下，立足中国实际情况，在借鉴现有研究成果的基础上，较为系统地探讨了资源环境约束下全要素生产率的内涵及测算、增长动力、演变趋势、区域差异及影响机理等问题。本书的贡献与创新之处主要表现在以下几个方面。

第一，立足我国实际情况，从资源环境约束视角出发，对于全要素生产率的真实水平和意义给出了新的评价，对促进我国全要素生产率增长、实现绿色发展具有重要的参考价值。本书基于不同的视角，采用了合理的测算方法。

(1)在城市全要素生产率测算方面，创新性地将水资源、电能源纳入资源投入框架，将废水、二氧化硫和烟尘等污染物纳入“非期望产出”，进一步提高了测算结果的精确度，也体现了高质量发展这一目标。

(2)在工业绿色全要素生产率测算方面，本书以 $CO_2$ 排放量作为环境污染非期望产出，运用基于非径向、非角度包含非期望产出的 DEA-SBM 模型并采用 GML 指数对中国工业绿色 TFP 重新进行了准确的测算。

(3)在战略新兴产业全要素生产率的测算方法上，采用了由 O’Donnell

在 2012 年提出的 Färe-Primont 指数测算方法，用该方法分别测度了战略性新兴产业下我国各行业、各区域和企业微观层面的 TFP。与已有的 DEA-Malmquist 指数测算方法相比，Färe-Primont 指数测算方法能够通过传递性检验以及其他与经济相关的指数公理化检验。因此，采用该方法能够弥补 DEA-Malmquist 指数不能进行多阶段、多行业或者多地区 TFP 比较的缺陷。

第二，在研究全要素生产率的影响因素实证分析时从研究视角到研究方法进行了多项应用创新。

(1)研究战略性新兴产业下企业层面 TFP 的影响因素时，模型会包括外部环境的变量，此时相比于均值回归模型，使用分位数回归模型能够更全面地体现该产业下企业全要素生产率的分布特征，能够呈现出更多的分布特征。

(2)本书通过实证分析了促进政府补贴效益的影响因素，相比于现有的战略性新兴产业下政府补贴的作用方向和程度大小的研究来说，本书在为政府如何提高补贴效益、如何选择补贴对象提供了理论依据，具有现实意义。

(3)在城市全要素生产率的实证研究中，采用空间动态面板模型，将空间和时间上的“滞后性”“连续性”特征纳入实证研究。一方面将政策性因素的影响分离出来，另一方面弥补了静态模型不能估计短期效应的缺陷，也更为符合经济发展的一般规律。

(4)在金融发展水平、制度环境的综合指标构建中，使用了动态因子分析方法(DFA)确定分项指标权重，与普通因子分析只能处理截面数据相比，加入时间序列的分析结果，不仅能确保指标权重的客观性，也能全面地反映各分项指标的重要程度。

(5)在实证检验方面，现有文献主要侧重于正式环境规制对工业绿色全要素生产率的影响研究，忽略了非正式环境规制的重要作用，因此，本书将非正式环境规制纳入环境规制体系研究范畴，将环境规制分为正式环境规制和非正式环境规制，从非线性动态区制转换视角，采用 PSTR 模型研究不同种类的环境规制和中国工业绿色 TFP 之间的非线性效应关系，并在此基础上，尝试从耦合协调互动视角探讨正式与非正式环境规制二者之间的互动对工业绿色全要素生产率增长的影响。

第三，本书在借鉴现有研究成果的基础上，从我国实际出发，基于国际经济体、省际、城市、战略性新兴产业和工业行业数据，较为系统地探讨了资源环境约束下全要素生产率的内涵及测算、增长动力、演变趋势、区域差异及影响机理等问题，为我国经济 TFP 增长要素以及提升路径的研究，实现可持续发展提供政策建议。同时，在一定程度上对现有研究做了进一步扩展，丰富了全要素生产率增长方面的研究成果，具有重要的理论和现实意义。

# 第二章 资源环境约束下全要素生产率增长的国际比较分析

自我国改革开放以来，大规模生产要素的重新配置、对外开放的加快促进了我国的技术进步，生产效率大大提高，克鲁格曼曾在他的著作《萧条经济学的回归》中对中国经济增长进行了高度赞扬，但同时，他也认为："亚洲取得了卓越的经济增长率，却没有与之相当的卓越的生产率增长。它的增长是资源投入的结果，而不是效率的提升。"①

生产率增长的意义不言而喻，但是，我国经济的飞速发展在很大程度上依赖于对能源的过度消耗，自然资源利用效率较低、环境质量持续下降等问题正成为制约我国经济增长的瓶颈。近年来中国经济粗放型增长的态势愈演愈烈，能源消耗和污染排放问题日益突出，中国经济发展的环境污染代价与日俱增。中国经济的持续高速增长，引起了大批国内学者的广泛关注，他们利用全要素生产率方法对我国经济增长绩效进行了较为全面的研究。李京文等人(2015)利用中国1978—1995年的数据测算得出，这18年间生产率增长对经济增长的贡献率是36.23%。中国人民银行货币政策分析小组在《2001中国货币政策执行报告》中得出，近20年来，我国全要素生产率对经济增长的贡献为20%。易纲、樊纲等(2003)，郭庆旺(2005)，赵伟(2005)，包群、彭水军等(2006)的研究均表明中国经济的快

① [美]保罗·克鲁格曼．萧条经济学的回归[M]．刘波，译．北京：中信出版社，2012.

速增长主要依赖于要素投入增长，而不是依赖于全要素生产率的提高。

但是，就研究对象的选择来看，因为国内省级层面、区域层面和行业层面的数据更易于获得，特征可比性更强，所以在现有研究对象上大多选择这个几个方向，而在国际经济体之间的比较研究很少。本章考虑资源环境约束，以中国和 OECD 国家全要素生产率为研究对象，采用构建 GM、GML 指数的方法对我国和 OECD 国家的环境约束下的全要素生产率进行了对比分析，并建立了模型分析全要素生产率的影响因素。

# 第一节　中国与 OECD 国家全要素生产率的测算

## 一、研究方法

本部分对于 TFP 的研究将采用包络分析和指数分析两种方法，该方法先采用数据包络分析对整个观察期内所有国家的全要素生产率构建全局生产可能性集；然后用方向性距离函数计算出不同时期和不同国家到生产可能性集的生产前沿面之间的距离，并用 GML 指数表示该距离反映出不同国家在不同阶段下生产效率的变化情况。

### （一）生产可能性集

假如每一个决策单元 $k(k=1, \cdots, K)$ 使用 $N$ 种投入 $x=(x_1, \cdots, x_N) \in R_+^N$，得到 $M$ 种期望产出 $y=(y_1, \cdots, y_M) \in R_+^M$ 和 $J$ 种非期望产出 $b=(b_1, \cdots, b_J) \in R_+^J$。使用数据包络分析法（DEA）将当期生产可能性集表示为：

$$P^t(x^t)=\{(y^t, b^t): \sum_{k=1}^{K} z_k y_{km}^t \geq y_m^t, m=1, \cdots, M; \sum_{k=1}^{K} z_k b_{kj}^t = b_j^t, j=1, \cdots, J; \sum_{k=1}^{K} z_k x_{kn}^t \leq x_n^t, n=1, \cdots, N; z_k \geq 0, k=1, \cdots, K\} \quad (2.1)$$

其中，$z_k$ 为每个决策单元在横截面上的观察值权重。

### （二）考虑非期望产出的 SBM 模型

对某一特定的生产决策单元 $\text{DMU}_0$ $\left(\frac{\Delta K_t}{K_t} = s\frac{Y_t}{K_t} - \delta, \ k = \frac{K}{AL}, \ \frac{\Delta k}{k} = \frac{\Delta K}{K} - \frac{\Delta L}{L} - \frac{\Delta A}{A} = \frac{\Delta K}{K} - n - g, \text{其中} \ n = \frac{\Delta L}{L}, \ g = \frac{\Delta A}{A}\right)$，考虑非期望产出的 $SBM$ 模型构造如下：

$$\Delta k_t = sy_t - (\delta + n + g)k_t \tag{2.2}$$

式中，$k(k=1, \cdots, K)$ 为目标函数，介于0与1之间；$x = (x_1, \cdots, x_N) \in \mathrm{R}_+^N$，$y = (y_1, \cdots, y_M) \in \mathrm{R}_+^M$，$b = (b_1, \cdots, b_J) \in \mathrm{R}_+^J$ 为投入产出的松弛量，分别表示要素投入过多、期望产出不足和非期望产出过多。

### （三）方向性距离函数

包含非期望产出的方向性距离函数可以体现期望产出和非期望产出与潜在最大值和最小值的距离，Chung（1997）和 Fare（2001）给出了反映期望产出和非期望产出沿着不同方向变动的方向距离函数：

$$\vec{D}_0(x, y, b; g_y, g_b) = \max\{\beta: (y + \beta g_y, b - \beta g_b) \in P(x)\} \tag{2.3}$$

其中，$g = (g_y, -g_b)$ 为方向向量，用以表现人们对于非期望产出 $b$ 和期望产出 $y$ 的偏好差异。$\beta$ 表示在与前沿生产面比较的前提下，能够提高或降低非期望产出 $b$ 与期望产出 $y$ 的大小。

### （四）Malmquist 指数法

Pastor 和 Lovell 在 2005 年提出了 Global Malmquist 模型，将所有时期的

数据总和起来计算 Malmquist 指数。$P^G = P^1 \cup P^2 \cup \cdots \cup P^T = \{(x^1, y^1)\} \cup \{(x^2, y^2)\} \cup \cdots \cup \{(x^T, y^T)\}$，构建得到的 Global Malmquist 指数可以分解为效率变化(EC)和技术变化(TC)，即：

$$M_G(x^t, y^t, x^{t+1}, y^{t+1}) = \frac{D^G(x^{t+1}, y^{t+1})}{D^G(x^t, y^t)}$$

$$= \frac{D^{t+1}(x^{t+1}, y^{t+1})}{D^t(x^t, y^t)} \times \left[\frac{D^G(x^{t+1}, y^{t+1})}{D^{t+1}(x^{t+1}, y^{t+1})} \times \frac{D^t(x^t, y^t)}{D^G(x^t, y^t)}\right]$$

$$= \mathrm{EC}_G \times \mathrm{TC}_G \tag{2.4}$$

其中，$\mathrm{EC}_G$ 表示决策单元在两期间追赶生产前沿面的程度，反映相对效率变化；$\mathrm{TC}_G$ 表示前沿 $t+1$ 与前沿 $t$ 相比的变动情况，反映技术变动情况。

Oh 在 2010 年将方向性距离函数引入 Global Malmquist 模型中，构建了 GML 生产率指数，并将其分解成效率变化和技术变化，即：

$$\mathrm{GML}^{t,\,t+1}(x^t, y^t, b^t, x^{t+1}, y^{t+1}, b^{t+1}) = \frac{1 + D^G(x^t, y^t, b^t)}{1 + D^G(x^{t+1}, y^{t+1}, b^{t+1})}$$

$$= \frac{1 + D^t(x^t, y^t, b^t)}{1 + D^{t+1}(x^{t+1}, y^{t+1}, b^{t+1})} \times$$

$$\left[\frac{(1 + D^G(x^t, y^t, b^t))/(1 + D^t(x^t, y^t, b^t))}{(1 + D^G(x^{t+1}, y^{t+1}, b^{t+1}))/(1 + D^{t+1}(x^{t+1}, y^{t+1}, b^{t+1}))}\right]$$

$$= \mathrm{EC}^{t,\,t+1} \times \mathrm{BPC}^{t,\,t+1} \tag{2.5}$$

根据规模报酬中不变和可变的部分可以得出生产效率的变化值，TC 为分解出的规模技术和纯技术的变化，EC 为分解出的规模效率和纯效率的变化，即：

$$\mathrm{MI(CRS)} = \mathrm{EC(CRS)} \times \mathrm{TC(CRS)} = \mathrm{EC(VRS)} \times \mathrm{SEC} \times \mathrm{TC(VRS)} \times \mathrm{STC} \tag{2.6}$$

MI 大于 1 时，表示 TFP 提升；EC 大于 1 时，意味着纯效率改善；SEC 大于 1 时，代表规模效率提高；TC 大于 1 时，代表纯技术进步；STC 大于 1 时，表示技术效率提高。当这些系数小于 1 时，则意义相反。

## 二、数据处理和描述

考虑到全要素生产率测算过程中相关指标的可比性、数据的可得性等，本书选取2001—2013年OECD的17个成员国(包括奥地利、比利时等)与中国的TFP进行比较研究。涉及的指标有资本投入、劳动投入、能源投入变量以及期望产出和非期望产出。各指标的基础数据来源于OECD数据库、WDI数据库和中国统计局。投入产出变量及数据处理如下：

劳动投入，选用各国历年的就业人数来表示。资本投入，通过永续盘存法来进行测算，其计算过程为：

$$K_t = I_t + (1 - \delta)K_{t-1}$$

其中，$K_t$ 是 $t$ 期资本存量，$I_t$ 是 $t$ 期投资额，$\delta$ 是折旧率。每年投资流量参考《OECD资本度量手册(2015)》采用每年固定资本形成总额，不再构造投资价格指数而是采用2005年不变价美元数据，折旧率设定为6%。能源投入，选用石油当量初始能源使用量来衡量。

期望产出，选用2005年不变价美元GDP衡量来表示。由于数据可得性的限制，非期望产出采用$CO_2$排放量来表示。

## 三、各国TFP的增长速度、质量分析

为了全面比较TFP在国家之间的差异性及在离散时间上的动态变化及其变化源泉，本书利用MaxDEA软件测算了2001—2013年18个国家的GM和GML指数。其中，GM指数是不考虑能源投入和非期望产出时，采用同一个参考集得到的Malmquist指数。GML指数是在GM指数的基础上考虑了能源投入和非期望产出的TFP数值。EC、TC表示效率变化和技术变化两个分解成分。

## (一)GM、GML 指数比较分析

由于每个国家每两年便有一个对应的指数，限于篇幅，将各个国家的 GML 时序图略去，本书仅对其平均数据进行比较分析。测算结果如表 2-1 所示。

表 2-1　**GM 指数与 GML 指数对比**

| 国家 | GML | | | GM | | |
|---|---|---|---|---|---|---|
| | EC | TC | MI | EC | TC | MI |
| 中国 | 0.996 | 0.987 | 0.983 | 0.996 | 0.985 | 0.981 |
| 英国 | 1.039 | 0.978 | 1.016 | 1.021 | 0.980 | 1.000 |
| 意大利 | 0.981 | 1.004 | 0.985 | 1.012 | 0.980 | 0.992 |
| 西班牙 | 0.991 | 0.986 | 0.977 | 1.003 | 0.979 | 0.982 |
| 土耳其 | 1.006 | 0.988 | 0.994 | 1.010 | 0.989 | 0.999 |
| 日本 | 0.998 | 1.024 | 1.022 | 1.017 | 0.993 | 1.010 |
| 葡萄牙 | 0.999 | 0.994 | 0.993 | 1.017 | 0.981 | 0.997 |
| 挪威 | 1.000 | 0.984 | 0.984 | 1.000 | 0.997 | 0.997 |
| 美国 | 1.020 | 0.967 | 0.987 | 1.015 | 0.980 | 0.995 |
| 捷克 | 1.008 | 0.980 | 0.988 | 1.017 | 0.983 | 0.999 |
| 荷兰 | 1.019 | 0.973 | 0.992 | 1.015 | 0.980 | 0.994 |
| 韩国 | 1.039 | 0.976 | 1.014 | 1.038 | 0.981 | 1.018 |
| 芬兰 | 1.002 | 0.962 | 0.965 | 1.005 | 0.980 | 0.985 |
| 德国 | 1.020 | 0.986 | 1.005 | 1.024 | 0.978 | 1.002 |
| 丹麦 | 0.974 | 1.017 | 0.991 | 1.008 | 0.986 | 0.993 |
| 比利时 | 1.019 | 0.963 | 0.982 | 1.016 | 0.982 | 0.998 |
| 奥地利 | 0.994 | 1.008 | 1.002 | 1.018 | 0.986 | 1.004 |
| 爱尔兰 | 1.000 | 1.000 | 1.000 | 0.999 | 0.996 | 0.995 |
| 平均值 | 1.005 | 0.986 | 0.992 | 1.012 | 0.984 | 0.996 |

将表 2-1 中的 GM 指数和 GML 指数进行对比，可以发现，第一，不考虑资源和环境因素时的 GM 指数基本都高于考虑资源和环境因素时的 GML 指数，说明不考虑资源环境约束将会高估全要素生产率水平。只有中国、德国、爱尔兰、英国和日本的 GML 指数大于 GM 指数，其主要原因是这些国家在 $CO_2$ 排放量和能源投入呈现负增长的情况下，它们的 GDP 均保持增长态势，尤其是中国的碳排放量年增长率从 21 世纪初的 15%降到了现在的 3%~7%，与此同时，其 GDP 一直维持 7.7%~14.2%的年增长率。第二，分析分解指数发现，在考虑了环境和资源因素的情况下，效率和技术水平都有所下降，但是效率下降的情况更为严重。其主要原因可能是：能源大量投入时也会产生大量污染，如果不考虑环境和能源因素，生产效率将会被高估，不利于经济发展的可持续性，因此，将环境和能源约束加入经济发展的考量中至关重要。

### （二）GM、GML 指数变动趋势

为直观显示中国与 OECD 国家的 GM 指数和 GML 指数在离散时间上的变动趋势及差异性，如表 2-2 所示，以 OECD20 国为整体，代表发达国家，对其 GM、GML 指数及其分解指数在不同时间段求平均值后与中国进行比较。图 2-1 和图 2-2 分别描绘了 2001—2013 年间 GM、GML 指数及效率变化、技术变化分解指数的变化趋势。

从图 2-1 中可以看出，首先，除 2010—2011 年外所有区间上不考虑资源环境因素的 GM 指数均高于考虑资源环境因素的 GML 指数。其出现的原因是 2009 年到 2010 年全球经济萧条的情况有所缓解，全要素生产率大幅提升，与此同时各个国家开始重新重视环境污染和能源保护的问题，加强了污染治理和能源管理的力度，最终使得这一年度的 GML 指数高于 GM 指数。其次，GM 指数和 GML 指数的差距与全球经济形势相关。经济相对稳定时，GM 指数与 GML 指数的差距很小且都维持在 1 附近小范围波动，如 2001 年到 2007 年间和 2012 年到 2013 年间，而经济相对萧条的阶段，如

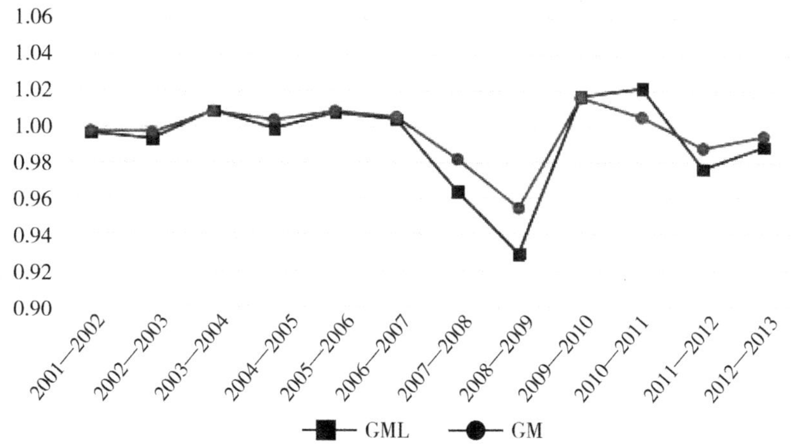


图 2-1 GML 指数和 GM 指数变动趋势

2007 年到 2009 年间，GM 指数、GML 指数差距较大，且远小于 1，这与实际情况相符，当一国经济发展稳定或者呈上行趋势时，对于环境的治理和能源的管理会更加重视；当国家经济不景气、生产效率低下时，会更加追求刺激经济增长而忽略经济效率。

从图 2-2 中可以看出，首先，从成分指数的波动性角度来进行分析，GML 的分解指数波动性更大，尤其是其技术变化指数的波动较为明显。其次，从分解成分的水平来看，在经济发展稳定时期 GM 的效率指数高于 GML 的效率指数，GM 的技术指数低于 GML 的技术指数；在经济不景气时期则完全相反。这表明经济发展稳定时，各国对于技术进步会更加重视，而经济形势较差时，则会忽略技术的发展。

## （三）GML 指数变动情况

### 1. GML 指数的分解

为了更加深入地研究各个国家在资源和环境约束情况下 TFP 的变化情况及其分解因素，现将 GML 指数分解成纯技术指数、规模技术指数、纯效

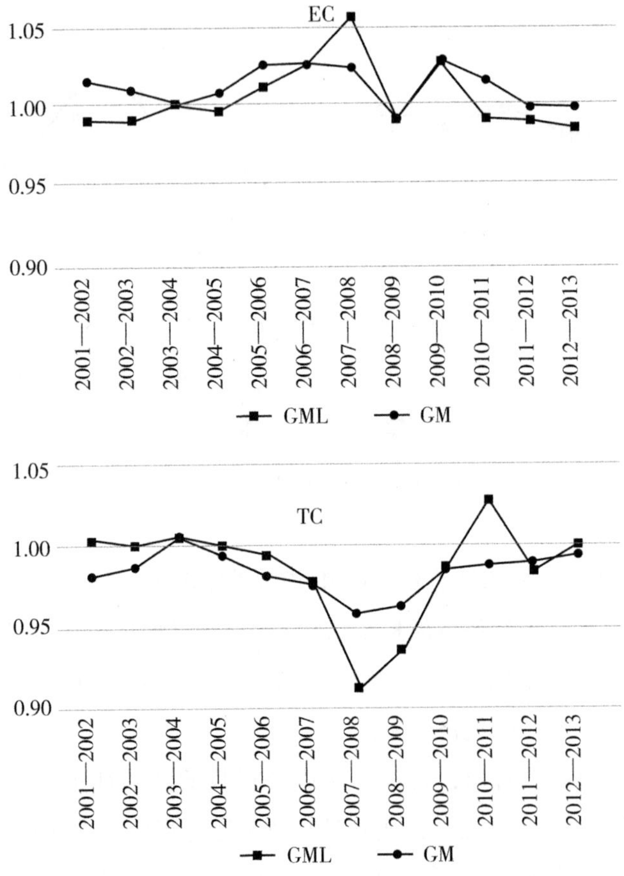


图 2-2　GML 指数和 GM 指数分解成分的变动趋势

率指数和规模效率指数，并分别记为 PTC、STC、PEC 和 SEC，表 2-2 显示了 21 个国家 GML、PEC、SEC、PTC、STC 在 2001—2013 年间的几何平均值。

从表 2-2 中可以看出，首先，在加入非期望产出和能源环境的制约因素后，21 个样本国家中只有日本、英国等 6 个国家的 GML 指数大于 1，也就是说，只有这 6 个国家的 TFP 在环境约束下呈现上行趋势，经济和环境能较好地均衡，其他国家的 TFP 在考虑环境资源制约因素后都存在不同程度上的负增长。分析原始数据，德国、日本、英国和爱尔兰在能源和二氧化碳排放负增长的情况下还能保持 GDP 的增长趋势；奥地利在能源增量较少、二氧化碳负增长的情况下保证了 GDP 的正向发展；而韩国的能源和二氧化碳排放量虽然有所增长，但是其在资源投入较小的情况下 GDP 能呈现大幅的增长。所以各国间经济的综合效益不仅体现在经济的发展上，同时也表现在能耗和环境的管理上。其次，2001 年到 2013 年整个观察期内我国全要素生产率变动为-1.71%，其中纯效率变动、技术进步增长、规模技术变动均为负，也就是说，纯效率变化、技术进步和规模技术都对我国的 TFP 增长起到了抑制作用，我国经济的发展仍然呈现高污染、高能耗、低效率的特点。再次，分析各国的分解指数发现，国与国之间的纯效率与规模效率的差异小于纯技术和规模技术的差异，同时 TFP 的波动趋势与技术的波动趋势大体相同，这表明一国 TFP 并不是完全由经济发展水平来决定，而更多的是由技术发展来推进。最后，这 21 个样本国家中只有一个国家的纯效率指数、规模效率指数和 GML 指数都大于 1，这表明一国的资源是有限的，规模效率受到环境和资源的制约，达到一定的高度就会下降。

表 2-2　**GML 指数的变化及其分解指数**

| 国家 | 排名 | 技术变化 | 规模技术 | 效率变化 | 规模效率 | GML 指数 |
|---|---|---|---|---|---|---|
| 中国 | 17 | 1.00 | 0.99 | 0.99 | 1.00 | 0.98 |
| 英国 | 2 | 1.01 | 0.97 | 1.00 | 1.04 | 1.02 |
| 意大利 | 14 | 1.02 | 0.99 | 0.97 | 1.01 | 0.99 |
| 匈牙利 | 20 | 0.97 | 1.01 | 0.98 | 1.01 | 0.97 |
| 西班牙 | 19 | 1.01 | 0.98 | 0.98 | 1.02 | 0.98 |
| 土耳其 | 8 | 1.00 | 0.99 | 1.00 | 1.01 | 0.99 |
| 斯洛伐克 | 7 | 0.97 | 1.00 | 1.00 | 1.02 | 0.99 |
| 日本 | 1 | 1.03 | 1.00 | 1.00 | 1.00 | 1.02 |
| 葡萄牙 | 9 | 0.99 | 1.00 | 1.00 | 1.00 | 0.99 |

续表

| 国家 | 排名 | 技术变化 | 规模技术 | 效率变化 | 规模效率 | GML 指数 |
|---|---|---|---|---|---|---|
| 挪威 | 15 | 1.00 | 0.98 | 1.00 | 1.00 | 0.98 |
| 美国 | 13 | 1.00 | 0.97 | 1.00 | 1.02 | 0.99 |
| 捷克 | 12 | 0.97 | 1.01 | 1.01 | 1.00 | 0.99 |
| 荷兰 | 10 | 1.01 | 0.96 | 0.99 | 1.03 | 0.99 |
| 韩国 | 3 | 1.00 | 0.98 | 1.02 | 1.02 | 1.01 |
| 芬兰 | 21 | 0.96 | 1.01 | 1.01 | 0.99 | 0.97 |
| 德国 | 4 | 1.03 | 0.96 | 0.98 | 1.04 | 1.01 |
| 丹麦 | 11 | 1.02 | 1.00 | 0.98 | 1.00 | 0.99 |
| 波兰 | 16 | 0.99 | 1.00 | 1.00 | 1.00 | 0.98 |
| 比利时 | 18 | 0.99 | 0.97 | 1.00 | 1.02 | 0.98 |
| 奥地利 | 5 | 1.02 | 0.99 | 0.99 | 1.01 | 1.00 |
| 爱尔兰 | 6 | 1.00 | 1.00 | 1.00 | 1.00 | 1.00 |
| 平均值 | — | 1.00 | 0.99 | 1.00 | 1.01 | 0.99 |

2. 中国与 OECD 国家的 GML 指数的对比分析

为了更清晰地比较我国与 OECD 国家的 TFP 的差异，现将这 20 个国家看成一个整体与中国进行比较，并求得其 GML 指数及其分解指数不同时间段下的平均值，各指数在离散时间上的变化趋势如图 2-3 和图 2-4 所示。

图 2-3 表明，OECD 国家 TFP 的整体水平高于我国，仅在 2006 年到 2009 年世界经济危机爆发前后低于我国，这说明 2008 年的次贷危机对于 OECD 国家的负向影响要高于我国。就 2001 年到 2013 年整个观察期来说，OECD 国家的 TFP 指数仅在金融危机期间低于 1，而我国在整个观察期内仅有两年 TFP 指数高于 1。在进入 21 世纪之后可以看到我国 TFP 发展水平稳步上升，但是受到经济危机的影响，该指数陡降到低于 21 世纪的水平，2009 年后逐渐回升，但是整体仍维持在低于 21 世纪初期的水平。

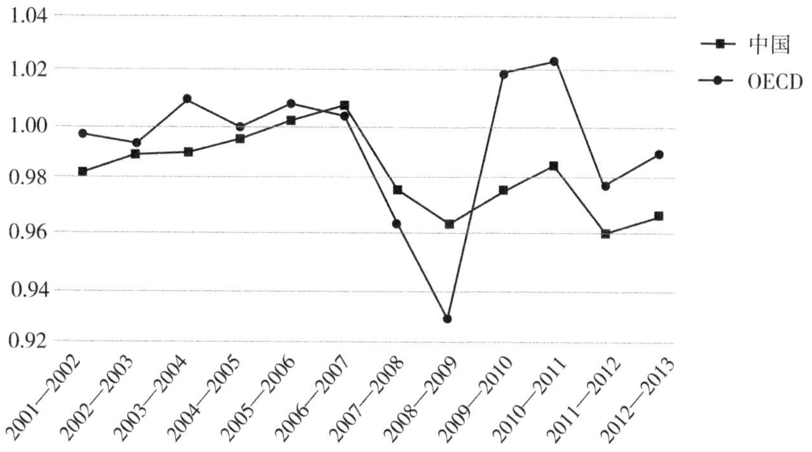


图 2-3　中国与 OECD 国家 TFP 变化趋势对比

从图 2-4 中呈现的变化趋势来进行分析，OECD 国家的纯技术变化(PTC)波动最为剧烈，其次是规模效率(SEC)和规模技术(STC)的波动变化，而纯效率变化(PEC)的波动则相对平稳。结合 OECD 国家的 GML 指数变化来分析，2003 年到 2007 年间其规模技术(STC)虽然呈下降趋势，但是依靠规模效率(SEC)和纯技术变化(PTC)的拉动使得全要素生产率维持着小幅的增长；经济危机期间降低全要素生产率的主要因素是纯技术变化(PTC)的骤减；而后经济恢复过程中主要是依靠纯技术变化(PTC)和规模技术(STC)这两条途径提升的。

与此同时，我国的纯技术变化(PTC)也存在较大的波动，但是规模技术(STC)和规模效率(SEC)的波动性较小。结合上文对我国的 GML 指数分析来看，2003 年到 2007 年，除规模效率以外其他所有指数都稳步增长，因此 TFP 整体表现为稳步上升；经济危机期间除规模技术外其他指数都表现为明显的下降趋势，TFP 因此也表现为明显的下行趋势；2009 年后则主要是依靠纯技术的增长来拉动 TPF 缓慢回升。

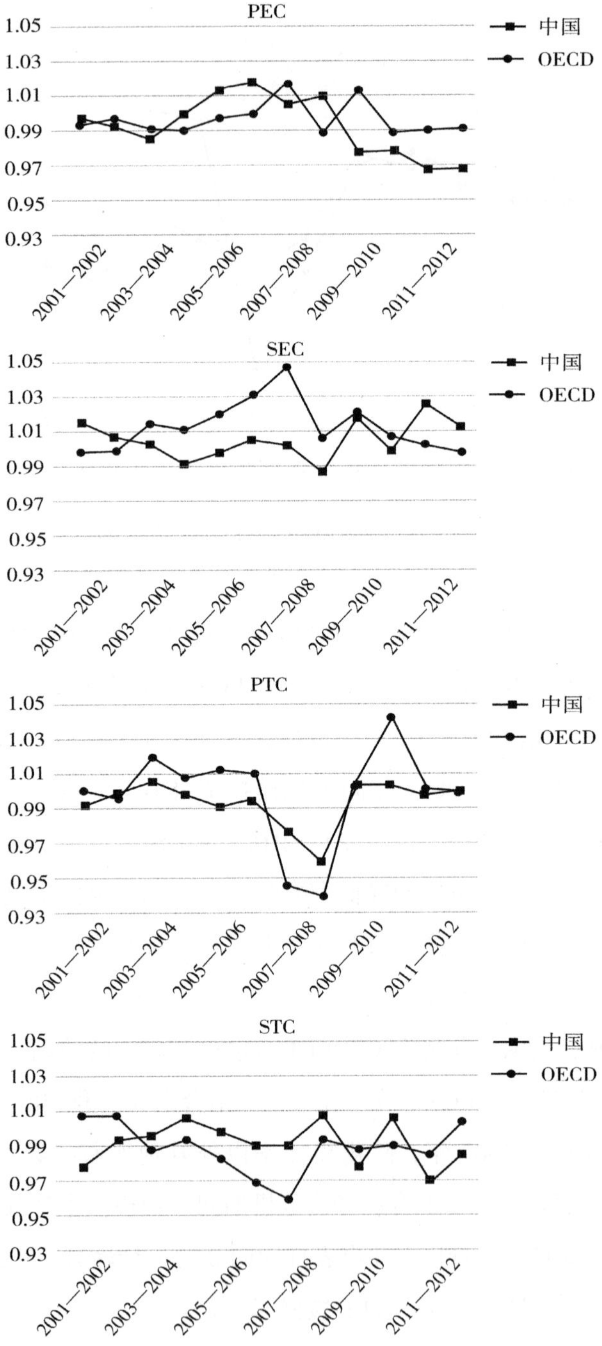


图 2-4 中国与 OECD 国家 GML 分解指数对比

# 第二节　资源环境约束下 TFP 增长影响因素的国际比较

## 一、样本选择和数据处理

本书参考已有研究以及经济增长理论所涉及的相关因素，将影响因素分为自身因素和涉外因素，同时考虑数据的可得性及可比性，选取了其中17 个 OECD 成员国与中国进行比较，选择以下变量进行分析。

本书参考学者已有研究成果以及经济增长理论所涉及的相关因素，同时考虑数据的可得性及可比性，对指标进行选择，为便于分析，将影响因素分为自身因素和涉外因素两个类别。其中，自身因素包括结构因素、经济发展水平、资源环境三大类，具体内容如下：①经济发展水平(PGDP)，以2005 年不变价美元人均 GDP 表示；②结构因素，投入结构(KL)以资本-劳动比表示；产业结构(IND)以工业增加值占 GDP 的百分比表示；能源结构(REN)以清洁能源占能源使用总量的百分比表示；③资源环境因素，资源因素(ENE)以单位产值(每千美元)消耗的能源量来衡量；环境因素(ENV)以人均 $CO_2$的排放量来衡量；④科技因素(RD)，以 R&D 经费占 GDP 的百分比表示。涉外因素，包括：①外贸依存度(FTD)，以货物和服务进出口总额占 GDP 的百分比表示；②贸易结构(ICT)，以各国的 ICT 产品出口贸易表示；③外资因素(FDI)，以外商直接投资净流入占 GDP 的百分比表示。

## 二、资源环境约束下 TFP 等级影响因素分析

### (一)有序响应模型设定

考虑到计算所得的 GML 指数值集中于 1 附近，方差较小，因此本书根

据四分位数将 GML 指数分为 4 个等级，由低到高分别记为等级 1、2、3、4，将其转换为多分类有序变量，并以该变量为被解释变量。将上文所述的所有影响因素变量作为解释变量，构建有序响应模型，分析各国的 TFP 受内外因素影响的机制。涉及变量的基础数据来自 WDI 数据库、OECD 数据库和 UNCTADstat 数据库。

有序响应模型将排序或分类观测值作为被解释变量，再假定一个隐变量与解释变量呈线性关系，并建立模型，其一般形式为：

$$y_i^* = X_i'\beta + \mu_i, \quad \mu_i \sim IID(0, \sigma^2) \tag{2.7}$$

截距项不包含在 $X_i$ 内，被解释变量 $y_i$ 及其隐变量 $y_i^*$ 有如下表示：

$$y_i = \begin{cases} 1, & y_i^* \leqslant \gamma_1 \\ 2, & \gamma_1 < y_i^* \leqslant \gamma_2 \\ \quad \cdots\cdots & \\ m, & \gamma_{m-1} < y_i^* \end{cases} \tag{2.8}$$

其中，$\gamma_j$，$j = 1, 2, \cdots, m-1$ 是门限值；$m$ 为 $y_i$ 的选择种类；$i = 1, 2, \cdots, m$，表示被解释变量分类。阈值 $\gamma$ 和参数 $\beta$ 可以通过求极大似然估计同时得到。

## (二)实证结果分析

使用 STATA 13.0，最终建立起 Ordered Logit 模型，其中 $X_1$ 为人均 GDP 的对数，$X_2$ 为资本-劳动比的对数，$X_3$ 为工业增加值与 GDP 的比值取对数，$X_4$ 为清洁能源与总能源使用量的比值取对数，$X_5$ 为单位产值能源的使用量取对数，$X_6$ 为人均 $CO_2$ 排放量取对数后的值，$X_7$ 是 R&D 经费与 GDP 的比值取对数后，$X_8$ 是货物和服务的进出口总额与 GDP 的比值取对数，$X_9$ 是 ICT 出口的比值取对数，$X_{10}$ 是外商直接投资净流入与 GDP 的比值取对数。模型拟合参数如表 2-3 所示，具体模型结果如(2.9)式所示。括号内数字为对应系数的 $Z$ 值。

表 2-3　**模型估计结果**

| 解释变量 | 系数 | $Z$ 值 | 标准误差 |
|---|---|---|---|
| $X_1$ | -37.5233*** | -3.79 | 9.888 |
| $X_2$ | 24.8402*** | 3.97 | 6.258 |
| $X_3$ | 13.366 | 0.41 | 32.614 |
| $X_4$ | 1.1368*** | 2.62 | 0.434 |
| $X_5$ | -3.6420** | -1.97 | 1.846 |
| $X_6$ | -2.0758 | -1.40 | 1.479 |
| $X_7$ | 0.9651 | 1.51 | 0.641 |
| $X_8$ | 14.2221** | 2.27 | 6.273 |
| $X_9$ | 0.334 | 0.65 | 0.517 |
| $X_{10}$ | -1.4068*** | -2.82 | 0.500 |
| $X_1^2$ | 4.8204*** | 3.51 | 1.375 |
| $X_2^2$ | -2.9090*** | -2.93 | 0.993 |
| $X_3^2$ | -3.0412 | -0.63 | 4.828 |
| $X_8^2$ | -1.4761** | -2.08 | 0.711 |
| Prob>Chi2 | 0.0000 | | |
| Log likelihood | -238.7709 | | |

注：*、**、***分别表示在 10%、5%、1%显著性水平下显著。

$$
\begin{aligned}
GML^* = & -37.5233X_0 + 4.8204X_1^2 + 24.8402X_2 - 2.9090X_2^2 + 13.3660X_3 \\
& \quad (-3.79) \qquad (3.51) \qquad (3.97) \qquad (-2.93) \qquad (0.41) \\
& - 3.0412X_3^2 + 1.1368X_4 - 3.6420X_5 - 2.0785X_6 + 0.9651X_7 \\
& \quad (-0.63) \qquad (2.62) \qquad (-1.97) \qquad (-1.40) \qquad (1.51) \\
& + 14.2221X_8 - 1.4761X_8^2 + 0.3340X_9 - 1.4068X_{10} \\
& \quad (2.27) \qquad (-2.08) \qquad (0.65) \qquad (-2.82)
\end{aligned} \tag{2.9}
$$

分析模型结果发现，能源结构、经济发展水平、外贸依存度、投入结构、外资因素和资源因素对 TFP 的影响显著，科技因素、产业结构、贸易结构和环境因素对 TFP 的影响不显著，且各解释变量的作用方向具有一定的经济学意义。

人均 GDP 的对数与 GML 指数显著相关，呈"U"形关系。经济增长初期技术相对落后，对于能源的利用效率低、对于污染物处理的能力有限，导致在追求 GDP 快速增长的过程中 TFP 反而下降；随着经济发展进步，技术相对成熟、能源和资本相对稀缺，环境与资源管理逐渐加强，TFP 随着 GDP 的增长也快速发展起来。资本-劳动因素显著影响 GML 指数的变化，且呈现倒"U"形的关系。在经济发展的进程中产业结构不断变化升级，人均资本的增加表明工业与服务业的快速发展，该过程使得发展初期的经济效益提升较快，但随着深入发展，人均资本持有持续升高，将会引导产业向资本密集型发展，引发高能耗高污染的问题，从而抑制 TFP 的发展。工业增加值与 GDP 的比值对 TFP 的影响并不显著，这主要是因为在工业化发展初期，经济可以通过第二产业的增长来拉动，对于能源和环境问题的显现并不突出。

清洁能源使用占比对 GML 指数呈现明显的正向作用，而单位产值的能耗量和人均 $CO_2$ 排放量对数对 GML 指数呈显著的负向影响，这表明能源的使用效率和能源结构都对 TFP 增长率的提升有显著的作用。R&D 经费比值对于 TFP 存在不显著的正向影响，随着研发的投入逐渐增加，一国的科技实力逐渐加强，应用于生产领域的技术也获得提升，能源使用效率和环境污染控制的技术能力都将大大提升，从而使得 TFP 获得快速的提升。进出口贸易总额与 GDP 的比值也对 TFP 存在显著的影响，且呈倒"U"形关系。就长期发展来看，对外贸易的快速发展并不能提高一国的全要素发展水平，这主要是与国际分工和国家资源水平息息相关，这一结论也可通过 ICT 产品的出口贸易比值对于 GML 指数的影响来印证。而外商直接投资净流入的增加则会对一国的全要素生产率产生明显的负向影响，虽然外商的投资引进能带来技术和管理的经验，但是由于技术保护等因素的存在，技术引入有限，同时，外商的投资也会大量消耗东道国的资源并带来较多的环境污染。

## 三、中国与 OECD 国家 TFP 差异的影响因素分析

### （一）模型的设定

本部分将分析 OECD 国家与中国的 TFP 差分量的影响因素分析，便于更加清晰地看到我国与 OECD 国家 TFP 发展的差异来源，以期为实现我国经济持续健康发展提供参考，将有序响应模型中通过显著性检验的自变量筛选出来作为差分模型的解释变量。模型的被解释变量和解释变量分别为 $GML_{it}$ 和 $PGDP_{it}$、$KL_{it}$、$REN_{it}$、$ENE_{it}$、$FTD_{it}$、$FDI_{it}$，$i$ 为国家编号，当 $i$ 为 0 时表示中国，$t$ 为时间，取值范围为 1，2，…，12，构建面板差分模型如下：

$$GML_{it}-GML_{0t}=\alpha_i+\beta_1(PGDP_{it}-PGDP_{0t})+\beta_2(KL_{it}-KL_{0t})+\beta_3(REN_{it}-REN_{0t})+\beta_4(ENE_{it}-ENE_{0t})+\beta_5(FTD_{it}-FTD_{0t})+\beta_6(FDI_{it}-FDI_{0t}) \tag{2.10}$$

即：

$$\Delta GML_{it}=\alpha_i+\beta_1\Delta PGDP_{it}+\beta_2\Delta KL_{it}+\beta_3\Delta REN_{it}+\beta_4\Delta ENE_{it}+\beta_5\Delta FTD_{it}+\beta_6\Delta FDI_{it} \tag{2.11}$$

其中，$\alpha_i$ 为常数项，$i=1$，2，…，20，为第 $i$ 个 OECD 国家。

### （二）实证结果分析

分析表 2-4，Hausman 检验和 F 检验显示应该建立固定效应模型，表 2-5为差分模型估计结果。

表 2-4　　**Hausman 和 F 检验结果**

| Effect Test | Statistic | Prob. | df. |
|---|---|---|---|
| Cross-section F | 2. 66 | 0. 0003 | (19，214) |
| Cross-section random | 16. 43 | 0. 0116 | 6 |

从表 2-5 可以看出，资本-劳动比、人均 GDP、清洁能源占比、进出口总额占比的差分值对 TFP 的差分值有显著的正向影响，单位产值能源使用对 TFP 的差分值有明显的负向作用，而外商直接投资净流入占比的差分值则对 TFP 的差分值没有明显的作用。

表 2-5　　**差分模型估计结果**

| 解释变量 | 系数 | *t* 值 | 标准误差 |
|---|---|---|---|
| REN | 0. 0034*** | 3. 00 | 0. 0011 |
| KL | 0. 0038** | 2. 04 | 0. 0019 |
| FTD | 0. 0005*** | 2. 52 | 0. 0002 |
| PGDP | 0. 0042*** | 2. 24 | 0. 0019 |
| ENE | −0. 0004*** | −2. 33 | 0. 0002 |
| FDI | −0. 0001 | −0. 37 | 0. 0002 |
| C | 0. 0369 | 0. 54 | 0. 0687 |

注：*、**、***分别表示在 10%、5%、1%显著性水平下显著。

从人均 GDP 差分变量来进行分析，该变量对中国和 OECD 国家的 TFP 差分值存在显著的正向影响，也就是说，随着我国经济水平逐渐向 OECD 国家靠拢，全要素生产率发展的差距也将逐渐减小，资源和环境中凸显的问题也将得到更多的重视。从资本-劳动比差距的影响角度来进行分析，该差异变量与 TFP 差异值呈显著的正向影响，这表明从劳动密集型产业转型到技术密集型的过程将能极大地提升我国 TFP 的发展水平；分析清洁能源占比的差分因素，其对 TFP 的差分值也存在显著的正向影响，而单位能耗差分值与 TFP 差分值存在明显的负向相关性，这表明能源使用效率的提升和能源结构的优化都将对我国 TFP 增长率产生极大的促进作用，能耗使用问题会制约我国经济的持续发展，造成能源紧缺，同时也会对环境造成极大的持续性的恶性影响，这些都是影响我国 TFP 发展的制约因素；而进出口贸易总额占比差分值则与 TFP 差分值存在明显的正向相关性，这表明对外开放的提高一方面可以带动我国经济发展，另一方面可以通过学习国际上的先进管理和技术能力，推动全要素生产率的增长。除此之外，外商直接投资流入占 GDP 的百分比差分值与全要素生产率差分值呈负相关，但并不显著，可能的原因是由于外商的进入会给东道国带来技术溢出和资源环境压力两个方向的作用，存在互相抵消的情况，因此必须合理引进外商直接投资才能在一定程度上减小全要素生产率与 OECD 国家的差距。

# 第三章　基于省级层面的全要素生产率增长研究

## 第一节　中国省际全要素生产率的测算结果及其分解

本节同样采用第二章第一节介绍的基于 DEA 的 GML 生产率指数对中国省际全要素生产率进行测算。该方法先采用数据包络分析对所有阶段的所有样本单元构建出一个生产可能性集；再通过方向性距离函数测算出不同时期不同单位到生产可能性集的距离；最后根据该距离计算 GML 指数以反映效率变动程度。

### 一、TFP 测算中的样本及指标选取

考虑全要素生产率测算过程中投入产出指标的可比性、数据的可得性等，剔除西藏自治区及港澳台地区后，本书选取 2004—2016 年中国 30 个省份作为决策单元(DMU)进行比较研究。劳动投入，选用各省份历年的就业人数来表示。由于资本存量数据无法直接获得，同样通过永续盘存法计算得到。计算各省份资本存量的过程中，重庆和四川进行了合并。能源投入，由于各省份能源消耗种类有差异，因此以各种煤品能源、油品能源、液化石油气、电力等 11 种能源种类，通过折标准煤系数将各种能源消费总

量换算成以万吨标准煤为单位的能源消费量，然后将进行加总得出的能源消费量作为能源投入。

期望产出，选用各省份的地区生产总值来表示，为保证可比性，利用 GDP 平减指数将各省份名义地区的生产总值调整为以 2004 年为基期的不变价。关于非期望产出，由于"十一五"时期明确提出了减排目标的主要污染物为化学需氧量 COD、$SO_2$、氨氮和氢氧化物，考虑到数据的可得性，采用各省市的 COD 和 $SO_2$ 的排放量。

表 3-1 反映了 2004 年到 2016 年整个观察期内 30 个样本省份资本、劳动力、能源等指标的统计分布特征。

表 3-1　　　　**投入产出的描述统计分析**

| | 样本数 | 最大值 | 最小值 | 均值 | 标准差 |
|---|---|---|---|---|---|
| 资本(亿元) | 390 | 149689. 2 | 1396. 1 | 31035. 8 | 27017. 4 |
| 地区 GDP(亿元) | 390 | 62401. 2 | 466. 1 | 12072. 7 | 10882. 2 |
| COD(万吨) | 390 | 198. 3 | 3. 9 | 57. 0 | 40. 3 |
| $SO_2$(万吨) | 390 | 200. 2 | 1. 7 | 71. 5 | 43. 9 |
| 能源(万吨标准煤) | 390 | 38899. 3 | 742. 5 | 12370. 0 | 7960. 7 |

## 二、TFP 增长的测算结果及其分解

本书测算了 2004—2016 年 30 个省份的 GM 和 GML 生产率指数。二者均是同一个参考集下计算出的 Malmquist 指数，区别在于，后者是在前者的基础上考虑了能源投入和非期望产出计算所得。

EC、TC 表示效率变化和技术变化两个分解成分。GML 指数大于 1 表示生产率提高，小于 1 表示生产率降低，EC、TC 的含义也是如此。由于每个决策单元每两年计算出一个对应的指数，本书仅对其几何平均值进行

比较分析，测算结果分别如表 3-2 和表 3-3 所示。从这 30 个省份来看，根据表 3-2 中各省份 GM 和 GML 指数及其分解结果，总结特征如下：

表 3-2　　**各省份的 GM 和 GML 指数及其分解**

| 地区 | 不考虑资源环境因素 | | | 考虑资源环境因素 | | |
|---|---|---|---|---|---|---|
| | GM | GMEC | GMTC | GML | GMLEC | GMLTC |
| 安徽 | 0.998307 | 0.997754 | 1.000554 | 0.994376 | 0.992221 | 1.002172 |
| 北京 | 1.045099 | 1 | 1.045099 | 1.045099 | 1 | 1.045099 |
| 福建 | 0.992913 | 0.985289 | 1.007738 | 0.991733 | 0.984382 | 1.007468 |
| 甘肃 | 0.998323 | 1.012001 | 0.986485 | 0.99068 | 0.992216 | 0.998452 |
| 广东 | 1.007372 | 0.998762 | 1.008621 | 1.007372 | 0.998762 | 1.008621 |
| 广西 | 0.956206 | 0.956206 | 1 | 0.956206 | 0.956206 | 1 |
| 贵州 | 0.992226 | 1.004724 | 0.987561 | 0.983373 | 0.98931 | 0.993999 |
| 海南 | 0.981639 | 0.973757 | 1.008095 | 0.977911 | 0.967827 | 1.010419 |
| 河北 | 0.987957 | 0.992821 | 0.995102 | 0.98432 | 0.979733 | 1.004681 |
| 河南 | 0.975519 | 0.973698 | 1.00187 | 0.968132 | 0.962237 | 1.006126 |
| 黑龙江 | 0.973074 | 0.979879 | 0.993055 | 0.973349 | 0.979879 | 0.993336 |
| 湖北 | 0.991875 | 0.992115 | 0.999758 | 0.988698 | 0.988152 | 1.000553 |
| 湖南 | 0.983699 | 0.986294 | 0.997368 | 0.980383 | 0.982168 | 0.998183 |
| 吉林 | 0.96357 | 0.96357 | 1 | 0.963538 | 0.963538 | 1 |
| 江苏 | 1.013827 | 0.996245 | 1.017649 | 1.013827 | 0.996245 | 1.017649 |
| 江西 | 1.002206 | 0.997662 | 1.004554 | 1.002206 | 0.997662 | 1.004554 |
| 辽宁 | 0.978989 | 0.977644 | 1.001376 | 0.979648 | 0.972936 | 1.006899 |
| 内蒙古 | 0.989298 | 0.983969 | 1.005416 | 0.989298 | 0.982818 | 1.006593 |
| 宁夏 | 0.961128 | 0.960133 | 1.001037 | 0.957907 | 0.952666 | 1.005502 |
| 青海 | 0.971177 | 0.970412 | 1.000789 | 0.960543 | 0.951752 | 1.009236 |
| 山东 | 1.003086 | 0.998446 | 1.004647 | 1.000938 | 0.989063 | 1.012007 |
| 山西 | 0.980731 | 0.984105 | 0.996572 | 0.981824 | 0.980481 | 1.00137 |

续表

| 地区 | 不考虑资源环境因素 | | | 考虑资源环境因素 | | |
|---|---|---|---|---|---|---|
| | GM | GMEC | GMTC | GML | GMLEC | GMLTC |
| 陕西 | 0.98215 | 0.980263 | 1.001924 | 0.98013 | 0.976834 | 1.003374 |
| 上海 | 1.020083 | 1 | 1.020083 | 1.020083 | 1 | 1.020083 |
| 四川 | 1.027797 | 1.029912 | 0.997946 | 1.027486 | 1.02739 | 1.000093 |
| 天津 | 1.00421 | 0.996049 | 1.008193 | 1.00421 | 0.996049 | 1.008193 |
| 新疆 | 0.994651 | 0.990903 | 1.003782 | 0.994651 | 0.990903 | 1.003782 |
| 云南 | 0.982573 | 0.978621 | 1.004039 | 0.977683 | 0.969642 | 1.008293 |
| 浙江 | 1.020005 | 1.000877 | 1.019112 | 1.020005 | 0.999956 | 1.02005 |
| 重庆 | 1.064617 | 1.015132 | 1.048748 | 1.064617 | 1.015132 | 1.048748 |
| 东部 | 1.007868 | 0.998402 | 1.009481 | 1.007713 | 0.994098 | 1.013696 |
| 中部 | 0.982593 | 0.983444 | 0.999135 | 0.979745 | 0.979948 | 0.999793 |
| 西部 | 1.002223 | 1.004034 | 0.998197 | 1.001269 | 1.002131 | 0.99914 |
| 全国 | 0.999718 | 0.99618 | 1.003552 | 0.998756 | 0.992926 | 1.005872 |

(1)资源环境约束对生产率的影响。考虑了能源投入和非期望产出的GML指数普遍不超过GM指数，其中，27个省份的GML指数小于或等于GM指数，只有3个省份GML指数大于GM指数，说明不考虑资源环境约束时全要素生产率增长水平会被高估。黑龙江、辽宁和山西3个省份的GML指数大于GM指数，表明降低能耗和强力约束污染排放对经济主体生产率增长产生了正向效应。另外，从GML指数变化来看，考虑资源环境因素后东、中、西部的TFP增长分别降低了0.02、0.29、0.1个百分点，全国则平均降低了0.1个百分点。

(2)各区域环境全要素生产率的差异分析。

分区域看，东、中、西部的TFP增长差异显著，其GML指数的几何平均值分别是1.0077、0.9797、1.0013，说明东部和西部的平均生产率在提高，而中部地区的平均生产率在降低，具体分布情况如表3-3所示。

我国幅员辽阔，各区域基于不同的资源和历史背景具有不同的区域文化、经济和科技环境，随着我国经济政策改革的不断深化，各区域的经济都得到了大力的发展。虽然经济发展迅猛，但是发展过程中一直存在着严重的区域差距，且差距逐渐增大。根据前文对我国省级层面的经济单位分析，可将我国分为东、中、西、东北四大区域，通过计算可以得到四大区域的环境效率值，结果如表 3-2 所示，据此可以对比分析我国区域经济发展的差异。

表 3-3　　**2004—2016 年各区域 GML 指数及其分解**

| 区域 | 考虑资源环境约束的GML指数 | | | | | 不考虑资源环境约束的 GML 指数 | | | | |
|---|---|---|---|---|---|---|---|---|---|---|
| | GML | GPEC | GPTC | GSEC | GSTC | GML | GPEC | GPTC | GSEC | GSTC |
| 全国 | 1.053 | 1.000 | 1.066 | 0.989 | 0.998 | 1.084 | 1.000 | 1.136 | 1.021 | 0.935 |
| 东部 | 1.056 | 1.000 | 1.073 | 0.967 | 1.010 | 1.091 | 1.000 | 1.130 | 1.010 | 0.956 |
| 中部 | 1.045 | 1.017 | 1.070 | 0.980 | 0.977 | 1.080 | 1.027 | 1.103 | 1.001 | 0.952 |
| 西部 | 1.050 | 1.028 | 1.061 | 0.973 | 0.990 | 1.075 | 1.033 | 1.058 | 0.994 | 0.989 |
| 东北 | 1.032 | 0.995 | 1.062 | 0.979 | 0.996 | 1.067 | 0.999 | 1.065 | 1.000 | 1.002 |

对表 3-3 中的结果进行分析，整体上说，四个区域和全国的 GML 指数、纯效率变化指数、规模效率变化指数、纯技术变化指数、规模技术变化指数的变化趋势大致相同，都表明环境全要素生产率在增长且技术在逐渐提升。但是东北区域的部分指数如规模效率、纯效率、规模技术出现下降趋势。通过对不同区域 GML 指数的比较分析，可以看出中国东部的环境 TFP 增长速度快于全国平均水平，引领了国家的技术创新和经济发展。西部也保持了较高的增长率，仅次于东部。中部的增长率与东部和西部的差别不大，表明政府也在一定程度上关注效率的提高。环境全要素生产率发展最慢的区域为东北，2004—2012 年环境全要素生产率仅提高了 3. 2%。目前，东部区域尚处于经济快速发展阶段，但当地已开始关注经济与环境的协调问题，并采取了措施来控制能源结构和能源消耗。西部区域有很好的发展空间。劳动力价格相对较低，资源充足，环境治理成本相对较低。因此，考虑到资源和环境的制约因素，西部的 TFP 增长高于中部和东北。

中部的表现与其地理位置一样“温和”，东部发展强劲，西部的发展表现出色。东北区域的表现不足，还有很大的提升空间。

通过分解 GML 指数进行分析，四个区域的规模效率均呈负向变动。东部区域的变化值为-3.3%，中部区域的变化值为-2.0%，西部区域的变化值为-2.7%，东北区域的变化值则为-2.1%。其中，东部区域规模效率降低的程度最为严重，分析其主要原因，是因为东部区域最早开始产业转型，根据边际效应原则，其因产业结构优化而带来的促进效益逐渐减少。同时，要素聚集也会影响规模效率的变化，例如，在中、西部区域，其规模效率也呈现负向发展，这些区域虽然各类要素丰富且聚集，不论是资源还是劳动力都较为丰富，但是其产能较低。中、西部区域发展水平相对落后，教育水平欠缺，规模效率的提升不足。要想实现经济高质量、高效率的发展，需要提升要素质量，切实发展技术。

(3)从时间趋势上看，2004—2016 年间东、中、西部 TFP 的变动特征如图 3-1 所示。

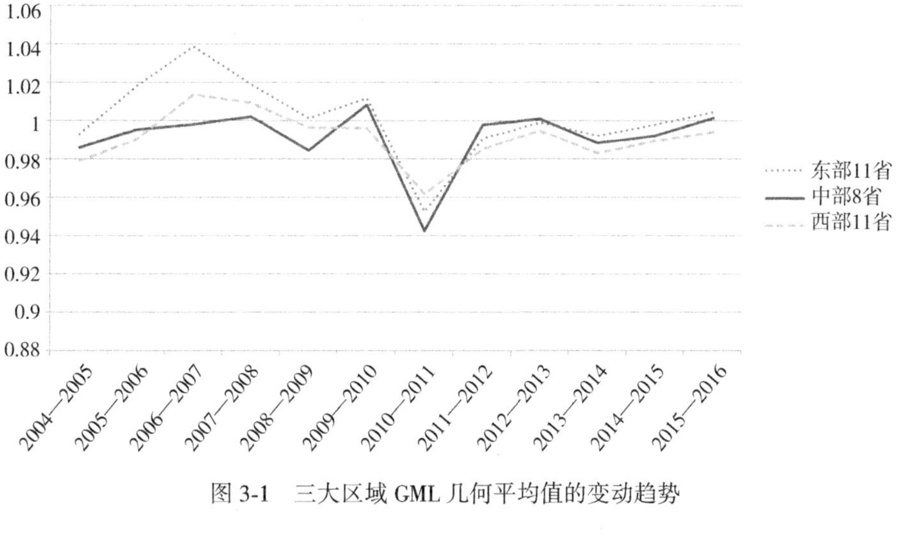


图 3-1 三大区域 GML 几何平均值的变动趋势

分析来看，我国的技术创新倡议和政策在 2004—2016 年产生了一定的影响。在资源和环境的约束下，技术进步对于提升全要素生产率的作用路径清晰可见，这意味着创新生产技术和引入新的污染治理技术可以减少能源损耗和废弃物排放，促进污染物的净化、处理和回收。从长期来看，未来很长一段时间里，产业结构调整都将是政策的聚焦点。推动自主创新能力的提升，学习和引进高新技术是产业升级的重要方向。技术效率的缓慢增长不仅反映了中国经济转型升级的痛苦，也反映了中国经济转型升级的困难瓶颈阶段；这也反映出中国各省份经济增长过程中技术的使用还处于起步阶段，未能有效释放效率作用。未来区域经济的发展也将是中国经济健康持续发展的支撑点，但是区域经济的发展需要生产效率的提升。所以，中国各地区都应该鼓励城市化发展创新，同时提高技术效率。

## 第二节 中国省际全要素生产率的收敛性研究

根据上一节中国省际全要素生产率的计算分析结论，可以发现我国省际 TFP 之间存在显著的差异。本节将以动态的角度，进一步探究我国省际 TFP 差异的发展趋势。收敛性分析能帮助我们清晰地描述中国省际环境 TFP 具体的趋同(发散)状况。如省际 TFP 出现收敛性，表明当下的经济和环境政策有利于缩小区域差异；当收敛性不存在时，表明当下局势会扩大 TFP 的区域差异，因此需要改变经济策略，加大对相对落后区域的补贴力度。

### 一、省际 TFP 的绝对收敛检验

省际 TFP 的绝对收敛检验分为 $\delta$ 收敛性检验和绝对 $\beta$ 收敛性检验，分析的是不同省份之间的 TFP 差距是否会通过自身调节机制而自动缩小。

### （一）$\delta$ 收敛性检验

本部分采用标准差来检验各省市的收敛性。如省际 TFP 的标准差随着时间变化逐渐减小，则说明 $\delta$ 收敛性存在。为了避免出现收入转移的效应，还对通过环境 TFP 的变异系数进行了验证，变异系数可以消除规模因素对于平均值的影响。由于环境 TFP 测度结果为环比指数，为了便于研究，本书参照相关研究的经验，将 2004—2005 年的 TFP 指数定义为 2005 年的 TFP 指数。用 $\text{ETFP}_{i.t}$ 表示我国第 $i$ 个省份第 $t$ 年的全要素生产率值；$\overline{\text{ETFP}_t}$ 表示 $t$ 年各省份的 TFP 的平均值；$N$ 为省份的数量；$\sigma_t$ 则表示第 $t$ 年各省份全要素生产率的标准差，具体公式如下：

$$\sigma_t = \sqrt{\frac{1}{N-1}\sum_{i=1}^{N}(\text{ETFP}_{i.t} - \overline{\text{ETFP}_t})^2} \tag{3.1}$$

$$CV = \frac{1}{\text{ETFP}_t\sqrt{\frac{1}{N-1}\sum_{i=1}^{N}(\text{ETFP}_{i,t} - \overline{\text{ETFP}_t})^2}} \tag{3.2}$$

根据(3.1)式分别测算出全国、东部、中部和西部区域的 $\delta$ 收敛值，计算结果如图 3-2 所示。

从整体上看，2005—2015 年环境 TFP 标准差变化较小，呈现出收敛的趋势。2005—2007 年，全国环境 TFP 表现出轻微的发散趋势；2007—2011 年，$\delta$ 系数值先下降后上升，表现出明显的“V”字形变动结构；2011—2014 年，环境 TFP 的标准差呈明显的下行趋势，且收敛性表现明显；2014 年后 $\delta$ 系数值又呈上升的趋势。如表 3-4 所示。

东部区域的各省份的 TFP 标准差在整个观察期内波动剧烈且收敛性并不明显。2005—2007 年该区域表现出轻微的发散趋势；2007—2009 年则呈现出明显的收敛现象，2009—2011 年发散现象明显，且波动幅度较大，这说明 2007—2011 年东部区域各省份的地区差异先缩小后扩大；2011—2013 年表现出收敛趋势；而 2013—2015 年东部区域环境 TFP 呈现发散趋势。

从整体上看，中部区域各省份在整个观察期内不存在δ收敛现象，这说明中部区域的地区差异在逐渐扩大。2005—2010年中，该区域的环境TFP标准差表现出较为明显的发散趋势；2010—2015年中标准差逐渐下降，地区差异逐渐缩小。西部区域环境TFP的标准差变化趋势与全国整体趋势相同，但是波动更加明显。2005—2008年地区差异呈现越来越大的趋势；2008—2011年呈现小幅度的"V"字形走向；而2011—2014年，可以看到地区差异明显缩小，但是2014年后发散趋势逐步显现，不易确定其是否存在δ收敛。

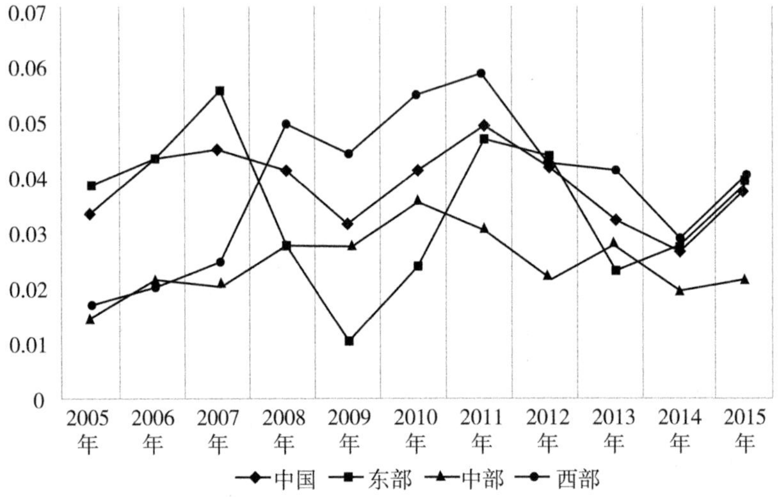


图3-2　观察期内全国与各区域环境TFP标准差的变化趋势

表3-4　　**各区域及全国环境TFPδ系数与变异系数**

| 年份 | 东部 | | 西部 | | 中部 | | 全国 | |
|---|---|---|---|---|---|---|---|---|
| | 变异系数 | δ系数 | 变异系数 | δ系数 | 变异系数 | δ系数 | 变异系数 | δ系数 |
| 2005 | 0.038 | 0.039 | 0.018 | 0.017 | 0.016 | 0.015 | 0.033 | 0.033 |
| 2006 | 0.042 | 0.044 | 0.021 | 0.020 | 0.022 | 0.022 | 0.043 | 0.043 |
| 2007 | 0.054 | 0.055 | 0.025 | 0.025 | 0.021 | 0.021 | 0.044 | 0.044 |

续表

| 年份 | 东部 | | 西部 | | 中部 | | 全国 | |
|---|---|---|---|---|---|---|---|---|
| | 变异系数 | δ 系数 | 变异系数 | δ 系数 | 变异系数 | δ 系数 | 变异系数 | δ 系数 |
| 2008 | 0.028 | 0.028 | 0.049 | 0.049 | 0.028 | 0.027 | 0.041 | 0.040 |
| 2009 | 0.012 | 0.012 | 0.044 | 0.044 | 0.028 | 0.028 | 0.032 | 0.032 |
| 2010 | 0.025 | 0.025 | 0.053 | 0.055 | 0.036 | 0.036 | 0.041 | 0.042 |
| 2011 | 0.046 | 0.047 | 0.057 | 0.057 | 0.031 | 0.030 | 0.048 | 0.048 |
| 2012 | 0.043 | 0.045 | 0.042 | 0.042 | 0.022 | 0.022 | 0.041 | 0.042 |
| 2013 | 0.024 | 0.024 | 0.041 | 0.039 | 0.028 | 0.028 | 0.032 | 0.032 |
| 2014 | 0.028 | 0.028 | 0.029 | 0.029 | 0.020 | 0.020 | 0.027 | 0.027 |
| 2015 | 0.039 | 0.039 | 0.040 | 0.039 | 0.022 | 0.022 | 0.037 | 0.036 |

### （二）绝对 $\beta$ 收敛性检验

本部分采用绝对 $\beta$ 收敛性检验对省际 TFP 是否趋近于同一稳态均衡值进行检验，即探究 TFP 水平处于后位的省份是否对排名靠前的省份有“追赶效应”。分析其根本原因，绝对 $\beta$ 收敛性检验是用来研究 TFP 的增长率是否与其最初水平拥有负向相关性的，如其相关系数 $\beta<0$，这表明绝对 $\beta$ 收敛性存在。也就是说，原始 TFP 水平排名相对较后的省份，其发展速度比相对靠前的省份发展得更快，发展欠缺的省份对发展较好的省份存在着“追赶效应”。所以，最终所有的省份都会逐渐收敛到相同的稳定状态。本书基于 Bemard 和 Jones（1996）等学者的经典分析方法，进行了一系列调整。最终得到如（3.3）式所示的绝对 $\beta$ 收敛回归检验模型。

$$\frac{\ln \mathrm{ETFP}_{iT} - \ln \mathrm{ETFP}_{i0}}{T} = \alpha + \beta \ln \mathrm{ETFP}_{i0} + \varepsilon_{it} \tag{3.3}$$

在（3.3）式中，ln 代表取自然对数；$\mathrm{ETFP}_{iT}$ 和 $\mathrm{ETFP}_{i0}$ 分别代表报告期与期初第 $i$ 个省份的环境 TFP 情况；$T$ 为基期和报告期的时间区间；$\alpha$ 和 $\beta$ 是需要估计的参数；$\varepsilon_{it}$ 是随机误差项。根据 Maiddw 等学者进行的相关研究，绝对 $\beta$ 收敛的速度 $\lambda$ 定义如(3.4)式所示。

$$\beta = -(1 - e^{-\lambda T}) \tag{3.4}$$

(3.4)式中，$T$ 为基期和报告期的时间区域，$\beta$ 是上述(3.4)式中的参数。(3.4)式中的绝对 $\beta$ 收敛检验进行的是横截面分析，因为横截面的收敛分析受数据时间跨度影响较为强烈，对于收敛连续性的说明说服性较差。所以，本书不仅对区域进行了分类，而且分时间段来综合对数据的绝对 $\beta$ 收敛趋势进行了检验(时间段具体划分如下：2004—2015 年；2004—2009 年；2010—2015 年)，为了克服各时间段中可能出现的异常值以便进行连续的时间估计，本节以每 2 年为一个时间段(共分为 5 个时间段)，并把每 2 年的平均值作为各时间段内全要素生产率的估计值，然后对此进行了绝对 $\beta$ 收敛检验。

表 3-5 是全国与东、中、西部 TFP 绝对 $\beta$ 收敛性检验结果。从全国来进行分析，三个回归估计方程式参数 $\beta$ 值分别为-0.108、-0.197、-0.221 以及-0.159，且都在 0.01 的显著性水平下显著。这表明我国省际 TFP 的增长速度的确与其初始状态表现为负相关关系，即 TFP 水平较低的省份对 TFP 较高的省份具有“追赶效应”，所有省份逐渐收敛趋近于相同的稳定均衡值。从表 3-5 我们可以发现，东部区域各省份在 2004—2015 年，数据不论是在分期还是在连续的分析中，都可以在 1%的显著性水平下使绝对 $\beta$ 收敛性显著通过检验。而且它的收敛速度分别为 5.5%、6.5%和 1.5%。这表明东部地区各省份在初始状态下 TFP 水平相对较低的省份的增长速度更加高一点，TFP 的省际地域差异缓慢减小，东部地区 TFP 的绝对 $\beta$ 收敛性是存在的。2004—2009 年东部地区各省份之间的绝对 $\beta$ 收敛性也是存在的，且其收敛速度为 6.5%；但是绝对 $\beta$ 收敛性在 2010—2015 年并不显著存在，这说明东部各省份的绝对 $\beta$ 收敛性逐渐减弱。在中部地区，整体抽样时间测试和连续时间测试可以通过 5%的显著性水平测试，表明该省份的省际全要素生产率呈现绝对趋同趋势。在 2004 年到 2009 年期间参数 $\beta$ 的估计值在 5%的显著性水平下没有通过显著性的检验；但是在 2010 年之后该估计值在 1%的显著性水平下通过了显著性的检验，且其收敛速度为 5.7%。

表 3-5 **中国及三大区域全要素生产率绝对收敛性检验**

| 年份 | 2004—2015 | | | 2004—2009 | | | 2010—2015 | | |
|---|---|---|---|---|---|---|---|---|---|
| 指标 | $\beta$ | $R^2$ | $\lambda$ | $\beta$ | $R^2$ | $\lambda$ | $\beta$ | $R^2$ | $\lambda$ |
| 全国 | −0.197<br>(0.029) | 0.626<br>[0.613] | 0.044 | −0.221<br>(0.047) | 0.446<br>[0.425] | 0.062 | −0.159<br>(0.033) | 0.456<br>[0.436] | 0.035 |
| 东部 | −0.239<br>(0.050) | 0.721<br>[0.690] | 0.055 | −0.229<br>(0.025) | 0.904<br>[0.894] | 0.065 | −0.073<br>(0.094) | 0.064<br>[0.004] | 0.015 |
| 中部 | −0.274<br>(0.086) | 0.63<br>[0.568] | 0.064 | 0.376<br>(0.173) | 0.439<br>[0.346] | 0.118 | −0.247<br>(0.048) | 0.818<br>[0.788] | 0.057 |
| 西部 | −0.196<br>(0.112) | 0.276<br>[0.168] | 0.044 | 0.420<br>(0.209) | 0.336<br>[0.253] | 0.136 | −0.138<br>(0.046) | 0.526<br>[0.467] | 0.03 |

注：括号内数字为回归标准误。

西部地区的各省份整体数据不论在分时间段还是连续情况下，其绝对 $\beta$ 收敛趋势值显著通过检验。而该地区在 2004—2009 年绝对 $\beta$ 收敛趋势通过了显著性检验，收敛速度为 13. 6%，在 2010—2015 年绝对 $\beta$ 收敛值在 5%的显著性水平下通过了显著性检验，且收敛速度为 3. 0%，这表明中部和西部各省份的收敛性在慢慢变强。

通过上述分析，基本可以看出，整体上我国 TFP 的绝对 $\beta$ 收敛趋势显著存在。省级 TFP 的增长速度与其初期水平呈负向相关性，环境 TFP 相对落后的省份对相对先进的省份存在“追赶效应”。假如各省份的经济条件接近，那么这些省份间的区域差异性逐渐缩小。但是从地域上来进行分析，东部、中部和西部地区之间的情况各不相同。东部地区各省份的 $\delta$ 收敛性和绝对 $\beta$ 收敛性均存在，所以可以认为东部区域的 TFP 存在“俱乐部收敛”的现象。但是西部区域各省份的绝对 $\beta$ 收敛检验和前文 $\delta$ 收敛性检验结论相同，收敛趋势均不显著。这些分析显示，当下我国经济支持的投入应该向中西部倾斜，中部和西部地区的经济环境仍然处于粗放型的阶段，要想减少中西部与东部地区各省份直接的经济环境差异，必须针对性地加强区域性的经济投入，同时还需要加强各省份在技术等方面的学习和合作，推动高效绿色的技术向欠发达区域延伸。

通过分析可以发现，2004—2015 年用 $\delta$ 系数和变异系数测算的结果表明我国环境 TFP 存在总体的差别，我国各区域的 TFP 差异变化趋势大部分呈现为先扩大后缩小然后再扩大的特征。对全国和第三大区域构建 TFP 模型的 $\delta$ 收敛性进行检验，发现全国和东部区域的环境 TFP 存在 $\delta$ 收敛趋势，但是检验的结果不能通过显著性检验。而中部和西部区域的 $\delta$ 收敛性均不存在。因此，可以认为我国省级层面的环境 TFP 的 $\delta$ 收敛趋势不是显著存在的。

全国和中、东部区域的环境 TFP 不论是分时间段还是连续地进行估计，它们的绝对 $\beta$ 收敛性都显著存在。同时，TFP 水平相对较差的省份对于环境 TFP 水平相对较好的省份存在明显的“追赶效应”，最后缓慢趋同到相同的稳定平衡状态；东部区域各省份表现出“俱乐部收敛”的特性。但是，西部地域 TFP 的绝对 $\beta$ 收敛趋势不能通过显著性检验，这表明西部区域内各省份之间不存在明显的 TFP “追赶”情况，这与 $\delta$ 收敛性检验得到的结果基本相同。

## 二、省际 TFP 的条件收敛检验

参看国内外重要文献，总结出条件收敛的检验方法大致有两种。其一是在绝对 $\beta$ 收敛回归模型中加入部分解释变量，在控制加入的变量基础上检验 $\beta$ 估计值是否小于 0，如果估计值小于 0，则表明具有条件 $\beta$ 收敛趋势。如下式所示：

$$g = \alpha + \beta \ln y_0 + \gamma X + \varepsilon \tag{3.5}$$

式中，$X$ 表示如产业结构、宏观经济、科学技术等对增长率有影响的主要因素。这种检验方法的缺陷在于易遗漏解释变量、$X$ 与随机扰动项相关等。其二是面板数据固定效应模型，与第一种模型相比，该模型有如下几点优势：①无需额外加入解释变量，不存在变量遗漏问题及解释变量选择过程中的主观性问题；②解决了因解释变量数量过多而产生的多重共线性问题，因无其他控制变量的加入，克服了数据不可获得的问题；③可以设定时间与截面固定效应，不仅同时将不同经济体的稳态水平及稳态水平的时间演化趋势考虑在内，并且允许因变量与随机扰动项之间存在相关关系。综上分析，笔者采用面板数据固定效应模型来进行条件$\beta$收敛性检验。

本节将运用面板数据双向固定效应，结合 Miller 和 Upadhyay(2002)的研究思路，对我国全国区域及东部、西部、中部三大区域的环境全要素生产率进行条件$\beta$收敛性检验。依据先验理论，构建条件$\beta$收敛的回归模型，如(3.6)式所示。

$$\ln\left(\frac{\mathrm{ETFP}_{it}}{\mathrm{ETFP}_{i,\ t-1}}\right) = \alpha + \beta \ln \mathrm{ETFP}_{i,\ t-1} + \varepsilon_{it} \tag{3.6}$$

在(3.6)式中，$\ln(\mathrm{ETFP}_{it}/\mathrm{ETFP}_{i,\ t-1})$ 表示环境 TFP 的平均增长率。$\beta$则是模型回归系数的估计值，当$\beta$的估计值比 0 小，同时该系数能够通过显著性检验时，则说明条件$\beta$收敛趋势存在，也就是第 $i$ 个省份的环境 TFP 会逐渐接近于自己的稳定状态。$\alpha$ 则是面板数据对应的固定效应项，表明各个不同经济体的稳定状态。一般情况下，为了避免经济周期产生的影响，在对面板数据进行估计时会把数据按时间区间分成若干段，但是本书想更加高效地使用数据，所以没有将时间进行分段，依旧采用一年期的数据。

条件$\beta$收敛速度 $\lambda$ 的计算公式如下：

$$\beta = -(1 - e^{-\lambda T}) \tag{3.7}$$

本部分用 2004—2015 年我国 30 个省份环境 TFP 指数的面板数据，具体分析结果如表 3-6 所示。

表 3-6 **全国及三大区域环境要素生产率条件$\beta$收敛性检验**

| 区域 | 全国 | 东部 | 中部 | 西部 |
|---|---|---|---|---|
| $\alpha$ | 0.0003 | 0.0108 | -0.0085 | -0.0043 |
| $\beta$ | -0.6869*** | -0.8046*** | -0.7116*** | -0.7125** |
| $R^2$ | 0.337 | 0.3971 | 0.3472 | 0.3416 |
| $\lambda$ | 0.1161 | 0.16 32 | 0.1243 | 0.1247 |

注：*、**、*** 分别表示在 10%、5%、1%显著性水平下显著。

全国和东、中、西部各省份条件收敛的参数$\beta$值都能通过1%的显著性检验，而且所有区域的$\beta$估计值都比0小。可以看出，2004—2015年各省份存在条件$\beta$收敛，表明所有省份的环境全要素生产率趋同于自身的稳态水平，趋同率为11.61%。从地区来看，由于经济环境的差异，东部、中部和西部地区的省份也处于不同的稳态水平，环境TFP逐渐趋同于各自的稳态水平。经过长期的发展和成熟，东部、中部和西部地区均显示出显著的条件$\beta$收敛趋势，收敛率为16.32%（东部地区），12.43%（中部地区）和12.47%（西部地区）。

## 第三节　中国省际全要素生产率增长的影响因素分析

### 一、样本选择与数据处理

参考前人已有研究成果以及上述经济增长理论所涉及的相关因素，同时考虑数据的可得性及可比性，本书将影响全要素生产率的因素分为自身因素和涉外因素两个方面，随后对我国30个省份的全要素生产率增长进行影响因素分析。

在借鉴相关文献的基础上，影响因素具体指标如下：

(1)经济发展水平：以人均国内生产总值(PGDP)表示，折算成2004年不变价。

(2)结构因素：禀赋结构(KL)以资本-劳动比表示；产业结构(INDY)以工业增加值占GDP百分比表示。

(3)资源环境因素：资源因素(COALE)以各省份煤炭消费量占能源消费总量的百分比表示；环境因素(CY)以环境污染治理投资占GDP比重表示。

(4)科技因素：研究开发机构R&D经费内部支出占GDP百分比

(RDY)表示。

(5)外资因素以实际利用外商直接投资额占 GDP 的百分比(FDIY)表示。

## 二、计量模型构建

构建的回归方程如下：

$$\mathrm{GML}_{it} = \alpha_1\mathrm{PGDP}_{it} + \alpha_2\mathrm{KL}_{it} + \alpha_3\mathrm{INDY}_{it} + \alpha_4\mathrm{COALE}_{it} + \alpha_5\mathrm{CY}_{it} + \alpha_6\mathrm{RDY}_{it} + \alpha_7\mathrm{FDIY}_{it} + u_i + \varepsilon_{it} \tag{3.8}$$

式中，$u_i$ 代表个体异质性的截距项，即个体效应；$\varepsilon_{it}$ 为随个体与时间而改变的扰动项。如果 $u_i$ 与某个解释变量相关，则进一步称之为固定效应模型，在这种情况下，OLS 估计会不一致，可将模型转换消去 $u_i$ 后获得一致估计量。如果 $u_i$ 与所有解释变量均不相关，则进一步称之为随机效应模型。虽然从经济理论角度看，随机效应模型不多见，但仍需要通过数据来检验究竟该用随机效应还是固定效应模型，因此进行如下分析。

## 三、实证结果分析

首先，根据检验结果选择合适的模型分析 GML 的影响因素。对于混合回归和固定效应，由于 F 检验结果 $P=0.000$，认为固定效应模型优于混合回归，进一步用最小二乘虚拟变量法，不少个体虚拟变量在 5%的水平上显著，表明存在个体效应，不应用混合回归。

再进一步来看，由于稳健的豪斯曼检验结果 $P=0$，拒绝“存在个体随机效应”的原假设，认为应该用个体固定效应模型。个体固定效应模型解决了不随时间而变、但随个体而异的遗漏变量问题，但还可能存在不随个体而变、但随时间而变的遗漏变量问题。因此，在个体固定效应模型的基础上，考虑时间固定效应，可称之为“双向固定效应模型”。由于加入年度虚拟变量后，大部分年份在5%的水平上显著，表明时间效应是存在的。综上，最终选用个体时间双向固定效应模型，回归结果如表3-8所示。

其次，对模型结果进行分析。根据表3-7和表3-8可以看出，经济发展水平PGDP、禀赋结构KL、产业结构INDY、科技因素RDY、资源因素COALE、外资因素FDIY对全要素生产率的影响均在统计意义上显著，而环境因素CY不显著。

表3-7　　**CGML情形下面板模型的回归结果**

| 影响因素 | 混合效应 | 固定效应 | 随机效应 |
|---|---|---|---|
| PGDP | 0.0963<br>(0.200) | −0.0619***<br>(0.009) | −0.0459*<br>(0.053) |
| KL | −0.00816*<br>(0.050) | −0.00549***<br>(0.000) | −0.00561***<br>(0.000) |
| INDY | 0.0614<br>(0.856) | 0.0735<br>(0.514) | 0.110<br>(0.325) |
| COALE | −0.214<br>(0.228) | −0.457***<br>(0.000) | −0.452***<br>(0.000) |
| CY | 0.0270<br>(0.299) | −0.00732<br>(0.416) | −0.00797<br>(0.379) |
| RDY | 0.156***<br>(0.003) | 0.378***<br>(0.000) | 0.253***<br>(0.000) |
| FDIY | 0.00881<br>(0.451) | −0.0128**<br>(0.016) | −0.00925*<br>(0.066) |
| _cons | 0.0988<br>(0.885) | 1.836***<br>(0.000) | 1.686***<br>(0.000) |
| F检验 | $P=0.000$ | | |
| Hausman检验 | $P=0.000$ | | |

注：*、**、***分别表示在10%、5%、1%显著性水平下显著。

表 3-8 **GML 影响因素的双向固定效应模型回归结果**

| 解释变量 | 系数 | 解释变量 | 系数 |
|---|---|---|---|
| PGDP | −0. 366*** | CY | −0. 0129 |
| | (0. 000) | | (0. 150) |
| KL | −0. 00687*** | RDY | 0. 260*** |
| | (0. 000) | | (0. 000) |
| INDY | 0. 416*** | FDIY | −0. 0106** |
| | (0. 003) | | (0. 042) |
| COALE | −0. 373*** | Year | 0. 0355*** |
| | (0. 001) | | (0. 000) |
| F 检验 | $P$=0. 000 | | |
| Hausman 检验 | $P$=0. 0039 | | |

注：*、**、***分别表示在 10%、5%、1%显著性水平下显著。

人均 GDP 对 TFP 增长产生显著的负向作用。考虑资源环境的约束后，TFP 的增长受到制约。事实上，改革开放以来，中国已经形成了过度依赖要素投入的经济发展模式，在追求经济增长速度的同时往往会伴随生产要素粗放使用、资源高度消耗、污染快速增加，导致 TFP 随人均 GDP 的增加而降低，技术效率也没有实质性的提升，当发展到一定阶段，TFP 会随着能源效率的提高、污染排放的控制而得到提高，这一点从东部发达地区和西部地区的 GM、GML 指数对比中可以得到验证。

资本−劳动比对 TFP 增长的影响均显著为负。资本-劳动比是衡量资本密集程度的具体指标，提高资本劳动比率意味着物质资本的投入高于劳动力的投入，从而企业的资本构成提高。在生产中表现为，随着劳动力成本的提高，企业购买更多的机器设备来替代劳动。但是，在劳动者素质不变的情况下，由于人与机器的协调程度降低等因素，生产过程的效率反而会下降，从而降低技术效率。此外，若资本劳动比持续上升、过度资本深化会使得经济结构不断向高能耗高污染的资本密集型产业发展，从而负向影响 TFP 增长。

工业增加值占 GDP 的百分比对 TFP 增长的影响显著为正。在推进工业化进程之初，经济依靠工业增加值的提高得以快速发展，但是，随着工业化、城镇化快速推进，能源消费总量不断上升，经济增长的环境约束日趋强化，党中央、国务院将加快资源节约型、环境友好型社会建设作为贯彻落实科学发展观的重要内容，这会从根本上加速经济发展方式向“高效率、低能耗、低排放”转变，使得 TFP 增长成为驱动工业发展的主要动力。

煤炭占能源消费总量的百分比对 TFP 变化的影响呈显著的负向作用。能源是经济发展过程中的重要投入要素，煤炭作为主要的一次能源，其开发利用过程会对环境产生严重的负面影响。通过市场力量实现企业自主优化能源结构、提高能源利用效率，减少煤炭在能源消费总量中的占比，能有效提高资源环境下的全要素生产率。统计检验显著说明了优化能源消费结构对经济增长的重要性。

环境污染治理投资占 GDP 的比重对 TFP 变化的影响呈负向作用，但影响不显著。环境污染治理会占用生产资源、提高管理成本，导致一定程度的经济损失，完全靠增加环境污染治理投资势必不利于 TFP 增长，只有节能减排的生产率效应大于其引起的经济损失效应时，才能激发经济主体加强环境友好技术的创新，推动技术进步实现生产率驱动的发展模式。

研究及开发机构 R&D 经费内部支出占 GDP 的比重对 TFP 变化的影响显著为正。研发投入增加，可以提升科技水平、促进生产领域的技术进步，使得给定要素投入时获得更大的产出，最直接的效应就是技术效率的提升。进一步来看，一个地区的研发能力和技术创新能力提升后，会对其他地区起到正向的溢出效应，从而促进整体 TFP 的持续增长。实际利用外商直接投资额占 GDP 的百分比对 TFP 变化有显著的负向作用。外商直接投资对生产率的影响表现在技术溢出和环境污染两个方面，在按照比较优势进行国际分工的国际贸易市场中，技术进步的国家对产品更高的标准与要求会迫使出口企业提高生产技术，从而提高企业效率，但同时技术贫乏的外资企业的引进会导致出口以劳动密集型、低技术密集型产品为主，不仅会消耗东道国的大量资源，还会污染环境。因此，当外商直接投资的技术溢出效应不能抵消外资企业的资源和污染效应，反而会抑制TFP的增长。虽然统计意义显著，但我国在引入外资时应该甄选那些能真正促进技术进步、提升生产率的外资企业。

# 第四章　基于城市层面的全要素生产率增长研究

## 第一节　中国城市全要素生产率测算及结果分析

### 一、TFP 测算中的样本及指标选取

本节采用以固定时期作为参考集的 CRS 乘数的 ML 指数作为全要素生产率增长指数。基于指标选取的全面性、有效应、合理性的原则，最大程度地体现出经济发展质量的目标，采用包含资源投入和"非期望产出"的 CRS-Malmquist-Luenberger 指数方法测算我国城市全要素生产率，在传统资本、劳动力等投入要素的同时，纳入资源投入，在产出中纳入环境污染物等"非期望产出"。最终选取以下几项投入和产出指标。

1. 投入指标

(1)资本投入，选取"固定资产投资总额"作为资本投入，并通过永续盘存法推算出各城市在考察时期的资本存量。参考 Hall(1999)的研究，取折旧率为 6%。

(2)劳动力投入，选取"从业人员总数"，由"单位就业人数"与"私营单位就业人数"加总得到。

(3)资源投入，选取水资源投入的“用水总量”和能源投入的“用电总量”。

2. 产出指标

(1)期望产出方面，选取各城市的“地区生产总值”作为期望产出。

(2)非期望产出，选取“二氧化硫”“废水”“烟尘”等城市常见的污染物排放量作为“坏”产出。

各指标的描述统计结果如表 4-1 所示。

表 4-1　　**投入产出变量的描述性统计**

| 变量 | 单位 | 最大值 | 最小值 | 均值 | 标准差 | 观测值 |
|---|---|---|---|---|---|---|
| 资本存量 | 万元 | 629616742.1 | 174715.2 | 24598176.3 | 51555998.0 | 3850 |
| 劳动力 | 万人 | 107086.0 | 1.9 | 83.3 | 1728.8 | 3850 |
| 供水总量 | 万吨 | 3494810 | 360.0 | 15791.4 | 30854.1 | 3850 |
| 用电总量 | 万千瓦时 | 14860200.0 | 1798.0 | 749121.7 | 1300640.0 | 3850 |
| 生产总值 | 万元 | 413103310.3 | 125071.6 | 12480914.9 | 29487150.0 | 3850 |
| 废水 | 万吨 | 91260.0 | 88.0 | 7559.7 | 9671.0 | 3850 |
| 二氧化硫 | 万吨 | 71.2 | 6.4E-03 | 5.9 | 6.0 | 3850 |
| 烟尘 | 万吨 | 516.9 | 4.7E-03 | 3.4 | 12.2 | 3850 |

## 二、中国城市全要素生产率结果分析

基于 CRS-Malmquist-Luenberger 模型和选取的投入产出数据，得出了中国 275 个地级及以上城市的全要素生产率测算和分解结果，如表 4-2 所示。

表 4-2　**2004—2016 年 275 个城市 TFP、效率、技术与上年相比的变化个数**

| 年份 | Malmquist-Luenberger | | Efficiency Change | | Technological Change | |
|---|---|---|---|---|---|---|
| | >1 | <1 | >1 | <1 | >1 | <1 |
| 2004 | 257 | 18 | 134 | 141 | 271 | 4 |
| 2005 | 230 | 45 | 141 | 134 | 231 | 44 |

续表

| 年份 | Malmquist-Luenberger | | Efficiency Change | | Technological Change | |
|---|---|---|---|---|---|---|
| | >1 | <1 | >1 | <1 | >1 | <1 |
| 2006 | 231 | 44 | 173 | 102 | 201 | 74 |
| 2007 | 249 | 26 | 158 | 117 | 260 | 15 |
| 2008 | 258 | 17 | 79 | 196 | 271 | 4 |
| 2009 | 196 | 79 | 135 | 140 | 199 | 76 |
| 2010 | 245 | 30 | 155 | 120 | 241 | 34 |
| 2011 | 242 | 33 | 81 | 194 | 260 | 15 |
| 2012 | 209 | 66 | 181 | 94 | 165 | 110 |
| 2013 | 191 | 84 | 179 | 96 | 166 | 109 |
| 2014 | 154 | 121 | 169 | 106 | 217 | 58 |
| 2015 | 218 | 57 | 148 | 127 | 231 | 44 |
| 2016 | 218 | 57 | 131 | 144 | 252 | 23 |

表4-2中，2004—2016年我国275个城市TFP、效率和技术水平与上年相比，大于1为提高，小于1为降低，其中，TFP和技术相比上年上升的城市个数最多的是2008年，效率上升城市个数最多的是2012年。

从测算的结果来看，2004—2016年275个城市中，在全要素生产率和技术上比上年提升的城市个数比效率多，我国城市全要素生产率水平在不同城市、区域间、区域内部以及不同规模的城市间都存在显著差距，但是整体又呈现出差距不断缩小的趋势。

## 第二节　中国城市全要素生产率的影响因素分析

### 一、计量模型与变量设定

1. 被解释变量

被解释变量包括全要素生产率（TFP）、效率变化（EC）、技术变化

(TC)。

其中，全要素生产率(TFP)为本章第一节中以固定时期作为参考集的CRS乘数模型计算出的ML指数，效率变化(EC)和技术变化(TC)由TFP分解得出。

2. 解释变量

(1)科研投入(TS)：用每万人科技、研发从业人数作为代理变量。

(2)经济发展水平(AGDP)：用人均地区生产总值来衡量，并按照省份GDP平减指数分城市转换为可比值。

(3)投资率(IR)：用固定资产投资总额与地区生产总值比值作为代理变量。

(4)人力资本(HC)：本书采用每万人中高等学校在校生人数作为代理变量。

(5)基础设施(IC)：采用人均道路面积作为代理变量。

(6)金融发展(FD)：鉴于数据的可能性和指标构建的全面性，本书参照张林(2016)的做法，从金融发展的结构($e_1$)、效率($e_2$)和规模($e_3$)三个分项指标来构建综合指标，并采用Coppi和Zannella提出而后修正的动态因子分析方法(DFA)得到的方差贡献率作为权重。最终得到金融发展的结构、效率和规模权重分别为：$r_1 = 0.4242$，$r_2 = 0.4042$，$r_3 = 0.1717$。之后根据权重构建金融发展指数。

$$\mathrm{FD}_{it} = \sum_{n=1}^{3} r_n e_{int} \tag{4.1}$$

其中，$i$为第$i$个地级市(直辖市)，$t$为年份，$e$为分项指标，$r$为权重。

(7)产业结构合理化(RS)为：

$$\mathrm{RS} = \frac{1}{\mathrm{TL}} = \sum_{i=1}^{n} \left(\frac{Y_i}{Y}\right) \ln\left(\frac{Y_i}{Y} \Big/ \frac{Y}{L}\right) \tag{4.2}$$

其中，TL为泰尔指数，$Y$表示产值，$L$表示就业人数，$i$表示第$i$产业。

(8)产业结构高级化(ES)：以第三产业和第二产业的产值之比作为“高级化”指数。

各变量的描述统计结果如表 4-3 所示。

表 4-3　　　　　　　　　　**各变量描述性统计**

| 变量 | 符号 | 最大值 | 最小值 | 均值 | 标准差 | 观测值 |
|---|---|---|---|---|---|---|
| 全要素生产率 | TFP | 31.9303 | 0.1274 | 2.5074 | 3.1547 | 3575 |
| 效率变化 | EC | 6.8452 | 0.0275 | 0.4843 | 1.1001 | 3575 |
| 技术变化 | TC | 22.7061 | 0.7080 | 1.4961 | 2.8419 | 3575 |
| 科研投入 | TS | 68.9751 | 0.0000 | 3.4082 | 0.9001 | 3575 |
| 经济发展水平 | AGDP | 27.2079 | 0.3082 | 6.36454 | 6.5094 | 3575 |
| 投资率 | IR | 207.1300 | 0.8330 | 21.6701 | 15.9239 | 3575 |
| 人力资本 | HC | 9.8426 | 0.0000 | 0.4816 | 0.6042 | 3575 |
| 基础设施 | IC | 108.37 | 0.31 | 10.7105 | 7.7098 | 3575 |
| 金融发展 | FD | 48.0819 | 0.1851 | 1.7383 | 1.6765 | 3575 |
| 产业结构合理化 | IS | 6728.3880 | -3.4384 | 227.0756 | 0.2101 | 3575 |
| 产业结构高级化 | ES | 4.8194 | 0.0943 | 0.5246 | 44.2036 | 3575 |

分别构建以下三个实证模型，分别考察各项影响因素对全要素生产率变动、效率变化和技术变化的影响以及内在机制进行分析。首先构建广义上的空间计量模型。

模型 1：$$\mathrm{TFP}_t = \tau\mathrm{TFP}_{t-1} + \rho\mathrm{WTFP}_t + \eta\mathrm{WTFP}_{t-1} + \gamma_1 M_t + \gamma_2 WM_t + \nu_t \tag{4.3}$$

模型 2：$$\mathrm{EC}_t = \tau\mathrm{EC}_{t-1} + \rho\mathrm{WEC}_t + \eta\mathrm{WEC}_{t-1} + \gamma_1 M_t + \gamma_2 WM_t + \nu_t \tag{4.4}$$

模型 3：$$\mathrm{TC}_t = \tau\mathrm{TC}_{t-1} + \rho\mathrm{WTC}_t + \eta\mathrm{WTC}_{t-1} + \gamma_1 M_t + \gamma_2 WM_t + \nu_t \tag{4.5}$$

其中，被解释变量 TFP、EC 和 TC 分别为全要素生产率增长、效率变化和技术变化的累积值，$\tau$、$\rho$ 和 $\eta$ 分别为被解释变量在时间、空间上以及在空间和时间上滞后值的响应参数，$M_t$ 为影响因素的变量集，$\nu_t$ 为随机扰动项，

$W$ 为空间权重矩阵，均为向量形式。权重矩阵采用地理距离的倒数构建空间权重矩阵，即：

$$W_{ij} = \frac{1}{d_{ij}} \tag{4.6}$$

本书检验变量空间自相关采用 Moran's I 统计量。为了使模型中被解释变量与解释变量可比，被解释变量 TFP、EC、TC 指数均取相应的累积值。表 4-4 为 Moran's I 统计量的检验结果。

表 4-4　**2004—2016 年 275 个城市 TFP、EC 和 TC 指数 的 Moran's I 值检验结果**

| 年份 | 2004 | 2005 | 2006 | 2007 | 2008 | 2009 |
|---|---|---|---|---|---|---|
| TFP | 0.210*** | 0.0004 | 0.028*** | 0.023*** | 0.026*** | 0 |
| | (31.31) | (1.126) | (4.393) | (3.701) | (4.049) | (0.5) |
| EC | 0.007* | -0.001 | 0.050*** | 0.036*** | 0.042*** | 0.030*** |
| | (1.536) | (0.351) | (7.639) | (5.738) | (6.393) | (4.667) |
| TC | 0.029*** | 0.062*** | 0.090*** | 0.077*** | 0.078*** | 0.047*** |
| | (4.530) | (9.026) | (12.880) | (11.007) | (11.160) | (6.943) |
| 2010 | 2011 | 2012 | 2013 | 2014 | 2015 | 2016 |
| 0.013* | 0.016** | 0.032*** | 0.005 | 0.033*** | 0.026*** | 0.036*** |
| (2.322) | (2.839) | (5.05) | (1.278) | (5.159) | (4.208) | (5.596) |
| 0.031*** | 0.034*** | 0.037*** | 0.021*** | 0.032*** | 0.050*** | 0.062*** |
| (4.982) | (5.502) | (5.770) | (3.500) | (5.014) | (7.508) | (9.642) |
| 0.028*** | 0.038*** | 0.052*** | 0.025*** | 0.020*** | -0.002 | -0.011 |
| (4.313) | (5.662) | (7.631) | (4.161) | (3.214) | (0.272) | (-1.030) |

注：*、**、***分别表示在 10%、5%、1%显著性水平下显著。

表 4-4 结果显示，2004—2016 年我国 275 个城市 TFP、EC 和 TC 累积值的 Moran's I 值分别有 2010 年、2012 年和 2011 年通过了 1%、5%以及 10%水平上的显著性检验，且均为正值，表明各城市全要素生产率、效率

和技术指数均存在显著的正空间自相关。因此，可构建空间计量模型进行实证分析。

由于构建了广义的空间面板模型，其中包含 SAR、SEM、SAC (SARAR)、SDM 等空间计量模型，因此需对模型的具体形式进行识别。首先进行 Hausman 检验，以确定是随机效应模型还是固定效应模型，检验结果为 chi2(8)= 75.88，Prob(chi2)= 0.0000，故拒绝随机效应的原假设，选择固定效应模型(FE)。其次使用 Wald 和 Lratio 检验选择模型的适配情况，结果分别显示，chi2(7)= 310.23，Prob(chi2)= 0.0000；chi2(8)= 38.82，Prob(chi2)= 0.0000，检验结果分别拒绝 $\theta=0$ 和 $\theta=-\beta\rho$ 的原假设，故 SAR 和 SEM 模型不适用于本书研究。再次，通过加入滞后项在 SAC (SARAR)和 SDM 模型之间进行选择。从表 4-5 的结果来看，在加入误差滞后项后，AIC 和 BIC 的值均较之前变大。因此，SDM 模型最适合本书的研究。估计方法采用空间纠正系统 GMM 方法，该方法可以大量减少变量 $WY_t$ 参数的偏误(Kukenova、Monteiro，2009)。

**表 4-5 空间杜宾模型(SDM)与空间自相关(SAC)模型选择检验结果**

| Model | Obs | ll(model) | df | AIC | BIC |
|---|---|---|---|---|---|
| SDM_fe | 3575 | -6353.927 | 18 | 12743.80 | 12855.13 |
| SAC_fe | 3575 | -6367.685 | 11 | 12757.37 | 12875.37 |

## 二、经验检验与结果分析

对 SDM 模型而言，解释变量和空间滞后解释变量的系数是没有解释力的，因此，本书只列出各变量的短期和长期的直接效应与间接效应(空间溢出效应)并进行分析。

(1)全国城市样本分析

表 4-6 显示，从模型 1 的短期直接效应来看，科研投入、经济发展水

平和人力资本分别通过1%、1%和10%水平上的显著性检验，且为正值，说明这三个因素对本市全要素生产率增长有正向的促进作用；从系数大小来看，科研投入、经济发展水平和人力资本每提升1个百分点，全要素生产率分别提升约0.2084、0.0411和0.0077个百分点；投资率、基础设施、产业结构高级化分别通过5%、5%和1%水平上的显著性检验，且为负值，说明这三项因素对本城市全要素生产率增长有负向作用；系数大小方面，投资率、基础设施、产业结构高级化每增加1个百分点，全要素生产率则分别降低约0.1498、0.0171和0.2885个百分点。从传导机制来看，模型2中，经济发展水平通过了1%水平上的显著性检验，且为正值，即该因素通过改善效率水平对全要素生产率产生促进作用，而投资率和基础设施则通过了1%水平的显著性检验，且为负值，说明二者降低了效率进而对全要素生产率产生负面影响；模型3中科研投入和人力资本分别通过了1%和10%水平上的显著性检验，且为正值，即二者主要通过提升技术水平，促使全要素生产率增长水平的提高。另外，对于金融发展因素，虽然对技术水平的提升产生了促进作用，但是降低了效率，最终导致对全要素生产率增长的作用不显著；产业结构高级化不仅阻碍了效率改善，也对技术变化产生显著的负向作用，进而对全要素生产率增长产生负向影响；产业结构合理化在三个模型中的作用均不显著。

根据短期间接效应(即空间溢出效应)估计结果，模型1结果显示，基础设施和产业结构合理化分别通过了10%和5%水平上的显著性检验，且为正值，说明这两个因素对邻近城市全要素生产率增长有正向促进作用，即产生了正向空间溢出效应，从系数大小来看，基础设施和产业结构合理化每提升1个百分点，邻近城市全要素生产率增长分别提升约0.0560、0.6195个百分点；产业结构高级化通过了5%水平上的显著性检验，且为负值，说明对邻近城市全要素生产率增长有负向作用，产业结构高级化每提升1个百分点，邻近城市全要素生产率增长降低约2.1985个百分点。

表 4-6　　全国城市样本的短期效应估计结果

| | 模型 1 | 模型 2 | 模型 3 |
| --- | --- | --- | --- |
| SR_Direct<br>TS | 0. 20839 ***<br>(9. 44) | 0. 00280<br>(0. 66) | 0. 11313 ***<br>(8. 82) |
| AGDP | 0. 04113 ***<br>(5. 41) | 0. 00781 ***<br>(5. 24) | -0. 00006<br>(-0. 01) |
| IR | -0. 14983 **<br>(-3. 06) | -0. 04507 ***<br>(-4. 67) | -0. 03889<br>(-1. 36) |
| HC | 0. 00766 *<br>(2. 36) | 0. 00028<br>(0. 44) | 0. 00474 *<br>(2. 49) |
| IC | -0. 01707 **<br>(-3. 07) | -0. 00396 ***<br>(-3. 65) | -0. 00395<br>(-1. 22) |
| FD | 0. 01351<br>(0. 29) | -0. 04181 ***<br>(-4. 57) | 0. 07881 **<br>(2. 84) |
| RS | -0. 00529<br>(-0. 44) | -0. 00002<br>(-0. 01) | 0. 00088<br>(0. 13) |
| ES | -0. 28850 ***<br>(-3. 32) | -0. 05045 **<br>(-3. 00) | -0. 11149 *<br>(-2. 18) |
| SR_Indirect<br>TS | -0. 02176<br>(-0. 09) | 0. 05340<br>(-0. 91) | -0. 03093<br>(-0. 21) |
| AGDP | 0. 02108<br>(0. 30) | 0. 01456<br>(-0. 80) | 0. 05642<br>(1. 28) |
| IR | 0. 13074<br>(0. 28) | 0. 02606<br>(0. 22) | 0. 14988<br>(0. 52) |
| HC | 0. 02559<br>(0. 72) | 0. 01370<br>(-1. 52) | 0. 05120 *<br>(2. 30) |
| IC | 0. 05602 *<br>(2. 03) | . 01727 *<br>(2. 46) | 0. 00559<br>(0. 32) |
| FD | 0. 29413<br>(0. 70) | 0. 08942<br>(0. 85) | -0. 26846<br>(-1. 01) |
| RS | 0. 61948 **<br>(2. 79) | . 15491 **<br>(2. 73) | 0. 08195<br>(0. 61) |
| ES | -2. 19853 **<br>(-3. 09) | . 40894 *<br>(-2. 31) | -0. 20790<br>(-0. 47) |

续表

| | 模型 1 | 模型 2 | 模型 3 |
|---|---|---|---|
| R_Total | 0.18663 | −0.05060 | 0.08220 |
| TS | (0.79) | (−0.85) | (0.54) |
| | 0.06221 | −0.00675 | 0.05636 |
| AGDP | (0.89) | (−0.37) | (1.29) |
| | −0.01909 | −0.01901 | 0.11098 |
| IR | (−0.04) | (−0.16) | (0.38) |
| | 0.03324 | −0.01343 | 0.05594* |
| HC | (0.93) | (−1.48) | (2.51) |
| | 0.03895 | 0.01331 | 0.00164 |
| IC | (1.40) | (1.87) | (0.09) |
| | 0.30764 | 0.04761 | −0.18965 |
| FD | (0.73) | (0.45) | (−0.72) |
| | 0.61418** | 0.15489** | 0.08283 |
| RS | (2.77) | (2.73) | (0.62) |
| | −2.48703*** | −0.45939** | −0.31940 |
| ES | (−3.49) | (−2.58) | (−0.72) |
| | 0.75036*** | 0.66485*** | 0.97039*** |
| $MH_{-1}$ | (49.07) | (46.23) | (41.01) |
| | −0.18547 | 0.02420 | 0.02600 |
| $W*MH_{-1}$ | (−0.88) | (0.12) | (0.08) |
| | 0.60705*** | 0.25219 | 0.50527*** |
| $R^2$ | (4.14) | (1.79) | (3.37) |
| LogL | 0.7025 | 0.9271 | 0.7065 |
| 观测值 | −6912.3185 | 129.0588 | −4416.3177 |
| | 32175 | 32175 | 32175 |

注：*、**、***分别表示在10%、5%、1%显著性水平下显著。

从传导机制来看，基础设施和产业结构合理化分别通过了10%和5%水平上的显著性检验，且为正值，即本地区基础设施和产业结构合理化的过程会改善邻近城市效率水平的提升，进而对邻近城市全要素生产率产生促进作用，产业结构高级化通过了10%水平上的显著性检验且为负值，说明产业结构高级化存在负向的空间溢出效应，降低了邻近城市的效率进而阻碍了全要素生产率的提升；人力资本虽然对技术水平的提升产生了促进作用，但是未能对全要素生产率产生显著影响。

从短期总效应估计结果看，模型1中产业结构合理化和高级化分别通过了5%和1%水平上的显著性检验，结果一正一负，说明产业结构合理化在短期内对全要素生产率增长有正向的促进作用，产业结构高级化则产生阻碍作用；从系数大小来看，基础设施和产业结构合理化每提升1个百分点，城市全要素生产率分别提升约0.6142和降低约2.4870个百分点。

从传导机制来看，模型2中产业结构合理化和高级化都通过了5%水平上的显著性检验，且一正一负，即产业结构合理化和高级化短期内通过改变效率水平影响全要素生产率增长水平。模型3中人力资本通过了10%水平上的显著性检验且为正值，即虽然人力资本有助于提升技术水平但未能传导至全要素生产率。

从模型1长期直接效应估计结果来看，各影响因素均不显著，从传导机制来看，模型2中经济发展水平通过了1%水平上的显著性检验，且为正值，表明该因素改善了效率水平；投资率、基础设施、金融发展三个因素都通过了1%水平上的显著性检验，产业结构高级化通过了5%水平上的显著性检验，且四个因素的系数均为负值，说明这四项因素从长期来看降低了效率。究其原因，合理的投资率有利于经济扩张和创新研发。而中国约30%的投资率保持了30年(孙秋鹏，2010)，刘易斯(1948)认为发达国家的投资率应在12%左右；① 钱纳里(1988)基于不同国家样本的研究，认为投资率总体应在23%左右，② 显然中国的投资率过高，造成了资源的闲置与浪费，势必会降低资源利用率和配置效率。

---

① [美]W. 阿瑟·刘易斯. 经济增长理论[M]. 上海：上海三联书店、上海人民出版社，1994：12-46.

② [美]钱纳里，[以]塞尔昆. 发展的型式(1950—1970)[M]. 李新华，等译. 北京：经济科学出版社，1988：15-33.

表 4-7　　**全国长期效应估计结果**

| | 模型 1 | 模型 2 | 模型 3 |
|---|---|---|---|
| LR_Direct | 0.83668 | 0.00909 | -4.49757 |
| TS | (0.84) | (0.71) | (-0.04) |
| | 0.16020 | 0.02359*** | 0.19524 |
| AGDP | (0.45) | (5.23) | (0.04) |
| | -0.55073 | -0.13533*** | 2.73506 |
| IR | (-0.19) | (-4.69) | (0.05) |
| | 0.02664 | 0.00100 | 0.24122 |
| HC | (0.68) | (0.52) | (0.11) |
| | -0.07291 | -0.01208*** | 0.19736 |
| IC | (-0.43) | (-3.72) | (0.03) |
| | 0.08936 | -0.12632*** | -7.82198 |
| FD | (0.06) | (-4.59) | (-0.05) |
| | 0.02366 | -0.00205 | 0.25583 |
| RS | (0.01) | (-0.28) | (0.03) |
| | -1.30837 | -0.14560** | 4.72144 |
| ES | (-0.19) | (-2.89) | (0.04) |
| LR_Indirect | -0.54821 | -0.12760 | 4.75013 |
| TS | (-0.51) | (-0.88) | (0.04) |
| | -0.06373 | -0.03998 | -0.01169 |
| AGDP | (-0.18) | (-0.90) | (-0.00) |
| | 0.51846 | 0.08833 | -2.40746 |
| IR | (0.17) | (0.31) | (-0.04) |
| | 0.02470 | -0.03276 | -0.06060 |
| HC | (0.35) | (-1.36) | (-0.03) |
| | 0.13361 | 0.04338* | -0.19290 |
| IC | (0.76) | (2.27) | (-0.03) |
| | 0.39136 | 0.24158 | 7.20505 |
| FD | (0.25) | (0.94) | (0.05) |
| | 0.93479 | 0.36820* | 0.02355 |
| RS | (0.41) | (2.07) | (0.00) |
| | -2.56217 | -0.92311 | -5.75069 |
| ES | (-0.37) | (-1.90) | (-0.04) |

续表

| | 模型 1 | 模型 2 | 模型 3 |
|---|---|---|---|
| LR_Total | 0. 28847 | -0. 11851 | 0. 25256 |
| TS | (0. 78) | (-0. 81) | (0. 47) |
| | 0. 09647 | -0. 01639 | 0. 18355 |
| AGDP | (0. 88) | (-0. 37) | (1. 13) |
| | -0. 03227 | -0. 04701 | 0. 32761 |
| IR | (-0. 04) | (-0. 17) | (0. 32) |
| | 0. 05134 | -0. 03177 | 0. 18062 |
| HC | (0. 92) | (-1. 31) | (1. 84) |
| | 0. 06071 | 0. 03130 | 0. 00446 |
| IC | (1. 37) | (1. 62) | (0. 07) |
| | 0. 48071 | 0. 11526 | -0. 61693 |
| FD | (0. 73) | (0. 45) | (-0. 66) |
| | 0. 95844** | 0. 36614* | 0. 27939 |
| RS | (2. 62) | (2. 05) | (0. 56) |
| | -3. 87054*** | -1. 06871* | -1. 02925 |
| ES | (-3. 31) | (-2. 19) | (-0. 64) |

注：*、**、***分别表示在10%、5%、1%显著性水平下显著。

当前城市人口较为密集，基础设施在物质资本、人力资本和信息等要素调配中发挥的作用有限；很多地区的金融发展水平较低，面临的融资约束较大，对当前资源配置的能力不足，导致了效率损失。另外，我国服务业仍处于较低发展阶段，生产性服务业发展水平较低，“成本病”问题仍普遍存在，因此当前我国产业结构“高级化”并不能提升城市整体效率。从长期间接效应(即空间溢出效应)的估计结果来看，尚未发现各项因素对邻近城市有显著的长期影响；从传导机制来看，模型 2 中基础设施和产业结构合理化都通过了 10%水平上的显著性检验，且为正值，这说明本地区基础设施和产业结构合理化过程会改善邻近城市的效率水平。从长期总效应的估计结果来看，产业结构合理化和高级化分别通过了 5%和 1%水平上的显著性检验，且一正一负，说明产业结构合理化对全要素生产率增长存在长期的促进作用，高级化则产生了阻碍作用，从系数大小来看，基础设施和产业结构合理化每提升 1 个百分点，城市全要素生产率分别提升 0. 9584 个百分点和降低 3. 8705 个百分点；从传导机制来看，模型 2 和 3 中，产业结构合理化和高级化都通过了 10%水平上的显著性检验，且一正一负，即产业结构合理化和高级化短期总体上通过效率变化水平影响全要素生产率增长水平。

1. 区域样本估计结果

接下来将我国 275 个城市分为东、中、西三个区域进行估计，对各区域影响因素进行对比分析，以把握全要素生产率在三区域的特征与区域间的差异。从表 4-8 东部城市短期直接效应的估计结果来看，模型 1 中，科研投入通过了 1%水平上的显著性检验，且为正值，说明该因素对本市全要素生产率增长有正向的促进作用；从系数大小来看，科研投入每提升 1 个百分点，全要素生产率增长提升约 0. 2132 个百分点。

表 4-8　　**东部城市短期效应估计结果**

| | 模型 1 | 模型 2 | 模型 3 |
|---|---|---|---|
| SR_Direct | | | |
| TS | 0. 21315*** | 0. 00286 | 0. 07808*** |
| | (8. 45) | (0. 60) | (4. 61) |
| AGDP | 0. 02557 | 0. 00699** | 0. 00123 |
| | (1. 88) | (2. 58) | (0. 14) |
| IR | −0. 10869 | −0. 07478* | 0. 04175 |
| | (−0. 63) | (−2. 23) | (0. 35) |
| HC | 0. 00451 | 0. 00083 | 0. 00402 |
| | (1. 17) | (1. 11) | (1. 52) |
| IC | −0. 02749** | −0. 00659*** | −0. 00372 |
| | (−2. 91) | (−3. 57) | (−0. 58) |
| FD | −0. 14057 | −0. 07531*** | 0. 11508* |

续表

| | 模型 1 | 模型 2 | 模型 3 |
|---|---|---|---|
| | (-1.65) | (-4.58) | (1.96) |
| RS | 0.61792 | 0.18287* | -0.16177 |
| | (1.50) | (2.29) | (-0.57) |
| ES | -0.06471 | -0.01706 | 0.00314 |
| | (-0.34) | (-0.47) | (0.02) |
| SR_Indirect | | | |
| TS | 0.12154 | -0.01742 | -0.02956 |
| | (1.02) | (-0.78) | (-0.30) |
| AGDP | 0.01117 | -0.01174 | 0.14689* |
| | (0.14) | (-0.78) | (2.22) |
| IR | 2.35486** | -0.00443 | 1.34754 |
| | (2.63) | (-0.03) | (1.78) |
| HC | 0.04903 | 0.00030 | 0.05249* |
| | (1.94) | (0.06) | (2.44) |
| IC | 0.02637 | 0.00957 | 0.03475 |
| | (0.43) | (0.80) | (0.66) |
| FD | 0.04408 | 0.01364 | -0.58742 |
| | (0.08) | (0.13) | (-1.27) |
| RS | -0.09918 | 0.07415 | -1.55764 |
| | (-0.04) | (0.15) | (-0.75) |
| ES | 1.27069 | 0.34974 | 0.49139 |
| | (1.12) | (1.61) | (0.52) |
| SR_Total | | | |
| TS | 0.33469** | -0.01455 | 0.04851 |
| | (2.72) | (-0.63) | (0.48) |
| AGDP | 0.03675 | -0.00476 | 0.14812* |
| | (0.48) | (-0.32) | (2.23) |

续表

| | 模型 1 | 模型 2 | 模型 3 |
|---|---|---|---|
| IR | 2.24618* | -0.07920 | 1.38929 |
| | (2.49) | (-0.45) | (1.80) |
| HC | 0.05354* | 0.00113 | 0.05651** |
| | (2.10) | (0.23) | (2.58) |
| IC | -0.00112 | 0.00298 | 0.03103 |
| | (-0.02) | (0.25) | (0.58) |
| FD | -0.09650 | -0.06166 | -0.47234 |
| | (-0.17) | (-0.57) | (-1.00) |
| RS | 0.51874 | 0.25702 | -1.71940 |
| | (0.21) | (0.53) | (-0.81) |
| ES | 1.20599 | 0.33268 | 0.49453 |
| | (1.03) | (1.48) | (0.51) |
| $MH_{-1}$ | 0.73095*** | 0.63886*** | 1.28122*** |
| | (28.30) | (7.07) | (29.54) |
| $W*MH_{-1}$ | -0.10228 | 0.30681* | 0.72429* |
| | (-0.42) | (1.91) | (1.93) |
| ρ | 0.36290** | 0.37119** | 0.09673 |
| | (2.55) | (2.48) | (0.79) |
| $R^2$ | 0.6008 | 0.9073 | 0.6712 |
| LogL | -2154.5711 | 70.4838 | -4016.6783 |
| 观测值 | 11440 | 11440 | 11440 |

注：*、**、***分别表示在10%、5%、1%显著性水平下显著。

基础设施通过了5%水平上的显著性检验，且为负值，说明该因素对本市全要素生产率增长有负向作用，基础设施每增加1个百分点，全要素生产率降低约0.0275个百分点。从传导机制来看，模型2中，基础设施通过了1%水平上的显著性检验且为负值，说明其降低了效率进而对全要素生产率产生负面影响；而经济发展水平、产业结构合理化虽然改善了效率，但未传导至全要素生产率；投资率虽然降低了效率，也未对全要素生产率产生影响。模型 3 中，科研投入通过提升技术水平，进而提升全要素生产率。对于金融发展这项因素，虽然对技术水平的提升产生了促进作用，但是降低了效率，最终导致对全要素生产率增长的作用不显著。人力资本和产业结构高级化在三个模型中的作用均不显著。

从东部城市的短期间接效应(即空间溢出效应)的估计结果来看，模型 1 中，投资率通过了 5%水平上的显著性检验，且为正值，说明这个因素对邻近城市全要素生产率增长有正向的促进作用，即产生了正向的空间溢出效应；从系数大小来看，投资率提升 1 个百分点，邻近城市全要素生产率提升约 2.3548 个百分点。从传导机制来看，模型 3 中，经济发展水平和人力资本均通过了 10%水平上的显著性检验，且为正值，说明这两个因素对临近城市技术水平提升产生了推动作用。

从东部城市短期总效应的估计结果来看，模型 1 中，科研投入、投资率和人力资本分别通过了 5%和 10%水平上的显著性检验，且都为正，说明这三个因素短期内对全要素生产率增长有促进作用；从系数大小来看，科研投入、投资率和人力资本每提升 1 个百分点，城市全要素生产率分别提升约 0.3347、2.2462、0.0535 个百分点。从传导机制来看，模型 3 中的人力资本通过了 5%水平上的显著性检验且为正值，即人力资本短期内通过提高技术水平进而提升了全要素生产率增长水平，经济发展水平通过了 10%水平上的显著性检验且为正值，表明对技术水平的提升产生了促进作用，但是最终未能对全要素生产率增长产生影响。

从表 4-9 东部城市长期直接效应的估计结果来看，模型 1 中，科研投入通过了 1%水平上的显著性检验且为正值，说明该因素在长期内对本市全要素生产率增长有促进作用；从系数大小来看，科研投入每提升 1 个百分点，城市全要素生产率提升约 0.8189 个百分点。基础设施通过了 5%水平上的显著性检验且为负值，说明该因素对本市全要素生产率增长存在长期的抑制作用；从系数大小来看，基础设施每提升 1 个百分点，城市全要素生产率降低约0.1110个百分点。从传导机制来看，模型2中的基础设施通过了1%水平上的显著性检验且为负值，说明该因素拖累了效率，进而对东部城市全要素生产率产生了长期的抑制作用。模型3中，科研投入推动了技术进步，进而对东部城市全要素生产率的提升起到了正向作用。金融发展抑制了效率提升和技术进步，但是从长期来看，未对东部城市全要素生产率产生显著影响。经济发展水平、投资率和产业结构合理化均通过了10%水平上的显著性检验，说明这三个因素对东部城市效率水平产生了长期影响。

从东部城市的长期间接效应(即空间溢出效应)的估计结果来看，模型1中，投资率通过了10%水平上的显著性检验，且为正值，即本地区资本投入的过程会提升邻近城市的全要素生产率水平。

表4-9　　东部城市长期效应估计结果

| | 模型1 | 模型2 | 模型3 |
|---|---|---|---|
| LR_Direct | | | |
| TS | 0.81890*** | 0.00752 | 0.31183*** |
| | (7.94) | (0.56) | (4.64) |
| AGDP | 0.09835 | 0.01910* | 0.01967 |
| | (1.75) | (2.53) | (0.52) |
| IR | -0.73694 | -0.20838* | 0.06122 |
| | (-1.05) | (-2.24) | (0.13) |
| HC | 0.01115 | 0.00230 | -0.00706 |
| | (0.71) | (1.10) | (-0.64) |
| IC | -0.11103** | -0.01807*** | 0.02036 |
| | (-2.93) | (-3.49) | (0.79) |
| FD | -0.55497 | -0.20852*** | -0.55104* |
| | (-1.61) | (-4.55) | (-2.21) |
| RS | 2.42821 | 0.51141* | 0.37386 |

续表

| | 模型 1 | 模型 2 | 模型 3 |
|---|---|---|---|
| | (1.45) | (2.27) | (0.33) |
| ES | -0.42267 | -0.03934 | 0.06926 |
| | (-0.57) | (-0.38) | (0.13) |
| LR_Indirect | | | |
| TS | -0.18497 | -0.06443 | 0.24872 |
| | (-0.69) | (-0.60) | (1.73) |
| AGDP | -0.02946 | -0.03929 | -0.20217* |
| | (-0.18) | (-0.61) | (-2.01) |
| IR | 4.99834** | -0.11923 | -1.78142 |
| | (2.58) | (-0.14) | (-1.59) |
| HC | 0.09042 | 0.00129 | -0.06309 |
| | (1.68) | (0.06) | (-1.90) |
| IC | 0.10863 | 0.03026 | -0.05871 |
| | (0.84) | (0.59) | (-0.81) |
| FD | 0.38160 | 0.00226 | 1.12915 |
| | (0.33) | (0.00) | (1.75) |
| RS | -1.41444 | 0.55360 | 1.75371 |
| | (-0.27) | (0.25) | (0.58) |
| ES | 2.71771 | 1.30364 | -0.67428 |
| | (1.15) | (1.05) | (-0.53) |
| LR_Total | | | |
| TS | 0.63392* | -0.05691 | -0.06311 |
| | (2.54) | (-0.52) | (-0.49) |
| AGDP | 0.06889 | -0.02019 | 0.18250* |
| | (0.47) | (-0.31) | (2.06) |
| IR | 4.26140* | -0.32761 | -1.72020 |
| | (2.33) | (-0.39) | (-1.70) |

续表

| | 模型 1 | 模型 2 | 模型 3 |
|---|---|---|---|
| HC | 0. 10157* | 0. 00359 | 0. 07015* |
| | (1. 98) | (0. 16) | (2. 26) |
| IC | -0. 00240 | 0. 01219 | -0. 03836 |
| | (-0. 02) | (0. 23) | (-0. 59) |
| FD | -0. 17337 | -0. 20627 | 0. 57811 |
| | (-0. 16) | (-0. 43) | (1. 01) |
| RS | 1. 01377 | 1. 06501 | 2. 12757 |
| | (0. 21) | (0. 46) | (0. 79) |
| ES | 2. 29504 | 1. 26430 | -0. 60502 |
| | (0. 99) | (1. 00) | (-0. 52) |

注：*、**、***分别表示在10%、5%、1%显著性水平下显著。

从系数大小来看，投资率每提升1个百分点，周边城市全要素生产率提升约4. 9983个百分点。从传导机制来看，模型3的经济发展水平通过了10%水平上的显著性检验，且为负值，即本市经济发展水平的提升会降低邻近城市的技术水平，存在“虹吸效应”。① 从东部城市长期总效应的估计结果来看，模型1中，科研投入、投资率和人力资本均通过了10%水平上的显著性检验，且都为正值，说明长期来看，这三个因素对全要素生产率增长有促进作用；从系数大小来看，科研投入、投资率和人力资本每提升1个百分点，城市全要素生产率总体上分别提升约0. 6339、4. 2614、0. 1016个百分点。从传导机制来看，模型3中，人力资本和经济发展水平通过了10%水平上的显著性检验且为正值，说明这两个因素对技术水平产生了提升作用，但从长期来看，总体上未对城市全要素生产率产生显著

① 中心区域城市在成长期依靠积聚周边的生产要素发展，优质医疗、教育、基础设施资源高度聚集，资本充裕，将进一步从劣势地区吸引人才、投资、人口、信息等优质资源。这将会导致竞争力的进一步提高，以及规模的进一步扩大。

影响。

从表 4-10 中部城市短期直接效应的估计结果来看，模型 1 中，科研投入、经济发展水平分别通过了 1%水平上的显著性检验，且为正值，说明这两个因素对城市自身全要素生产率增长有显著的促进作用；从系数大小来看，科研投入、经济发展水平每提升 1 个百分点，全要素生产率分别提升约 0. 4455、0. 0315 个百分点。投资率通过了 10%水平上的显著性检验，且为负值，说明该因素对本市全要素生产率增长有负向作用；系数大小方面，投资率每增加 1 个百分点，全要素生产率则降低约 0. 2512 个百分点。

从传导机制来看，模型 2 和模型 3 中的经济发展水平和科研投入分别通过了 1%和 10%水平上的显著性检验且均为正值，说明两个因素分别通过改善效率和提升技术水平促使全要素生产率提升；模型 2 中的投资率通过了 1%水平上的显著性检验且为负值，说明其拖累了效率，进而抑制了全要素生产率增长。模型 2 中的基础设施、金融发展和产业结构高级化，虽然对效率有一定的改善作用，但对全要素生产率未产生传导效应。人力资本和产业结构合理化在 3 个模型中的作用均不显著。

从中部城市短期间接效应(即空间溢出效应)的估计结果来看，模型 1 经济发展水平和基础设施分别通过了 5%和 1%水平上的显著性检验，且一负一正。这说明这两个因素对临近城市全要素生产率分别为负向和正向的空间溢出效应。从系数大小上来看，经济发展水平和基础设施每提升 1 个百分点，邻近城市的全要素生产率增长分别降低 0. 1317 百分点和增加 0. 0682 个百分点。从传导机制来看，模型 3 中，经济发展水平通过了 10%水平上的显著性检验且为负值，说明其对周边城市技术发展产生了抑制作用，从而产生了负向的空间溢出效应。科研投入、基础设施、金融发展等其他因素在短期间接效应方面的作用均不显著。从中部城市的短期总效应的估计结果来看，模型 1 中，科研投入和基础设施均通过了 10%水平上的显著性检验，且都为正值，说明这两个因素短期内在总体上对城市全要素生产率有促进作用。

表 4-10　　中部城市短期效应估计结果

| | 模型 1 | 模型 2 | 模型 3 |
|---|---|---|---|
| SR_Direct | | | |
| TS | 0. 44548*** | 0. 03950 | 0. 18287* |
| | (3. 33) | (1. 54) | (2. 32) |
| AGDP | 0. 03154*** | 0. 00821*** | 0. 00497 |
| | (3. 91) | (5. 30) | (1. 06) |
| IR | -0. 25124** | -0. 06927*** | 0. 01669 |
| | (-2. 68) | (-3. 83) | (0. 30) |
| HC | 0. 01003 | 0. 00053 | 0. 00665 |
| | (1. 02) | (0. 28) | (1. 13) |
| IC | -0. 01402 | -0. 00413** | 0. 00123 |
| | (-1. 84) | (-2. 83) | (0. 27) |
| FD | -0. 09227 | -0. 03430*** | -0. 00846 |
| | (-1. 71) | (-3. 32) | (-0. 26) |
| RS | -0. 00110 | -0. 00084 | -0. 00106 |
| | (-0. 12) | (-0. 47) | (-0. 19) |
| ES | -0. 17413 | -0. 06307*** | 0. 02189 |
| | (-1. 93) | (-3. 66) | (0. 40) |
| SR_Indirect | | | |
| TS | 1. 21148 | 0. 06899 | 0. 01114 |
| | (1. 50) | (0. 36) | (0. 03) |
| AGDP | -0. 13173** | -0. 00276 | -0. 04609* |
| | (-2. 85) | (-0. 26) | (-1. 96) |
| IR | 0. 13183 | 0. 00338 | -0. 09544 |
| | (0. 21) | (0. 02) | (-0. 29) |
| HC | 0. 02956 | -0. 02333 | -0. 04433 |
| | (0. 44) | (-1. 38) | (-1. 20) |

续表

| | 模型 1 | 模型 2 | 模型 3 |
|---|---|---|---|
| IC | 0.06817*** | −0.00337 | 0.00670 |
| | (3.30) | (−0.69) | (0.64) |
| FD | 0.41648 | 0.11916 | 0.01030 |
| | (1.11) | (1.28) | (0.05) |
| RS | −0.09299 | −0.01209 | −0.02611 |
| | (−1.89) | (−1.00) | (−0.99) |
| ES | −1.09217 | 0.04068 | −0.68128 |
| | (−1.52) | (0.23) | (−1.74) |
| SR_Total | | | |
| TS | 1.65697* | 0.10849 | 0.19402 |
| | (1.98) | (0.54) | (0.47) |
| AGDP | −0.10019* | 0.00544 | −0.04112 |
| | (−2.15) | (0.50) | (−1.73) |
| IR | −0.11941 | −0.06589 | −0.07874 |
| | (−0.19) | (−0.42) | (−0.24) |
| HC | 0.03959 | −0.02280 | −0.03768 |
| | (0.57) | (−1.31) | (−1.00) |
| IC | 0.05415* | −0.00749 | 0.00793 |
| | (2.42) | (−1.41) | (0.68) |
| FD | 0.32421 | 0.08486 | 0.00184 |
| | (0.86) | (0.90) | (0.01) |
| RS | −0.09409 | −0.01293 | −0.02718 |
| | (−1.90) | (−1.06) | (−1.02) |
| ES | −1.26630 | −0.02240 | −0.65940 |
| | (−1.75) | (−0.13) | (−1.68) |
| $MH_{-1}$ | 0.74676*** | 0.59023*** | 0.52224*** |
| | (27.90) | (26.16) | (17.50) |

续表

| | 模型 1 | 模型 2 | 模型 3 |
| --- | --- | --- | --- |
| W * $MH_{-1}$ | −0. 60571** | 0. 18363 | −0. 09232 |
| | (−2. 56) | (1. 04) | (−0. 40) |
| ρ | 0. 26688** | 0. 00958 | 0. 40792*** |
| | (2. 12) | (0. 08) | (3. 02) |
| $R^2$ | 0. 6872 | 0. 8246 | 0. 4024 |
| LogL | −3590. 2091 | 406. 0923 | −5379. 5782 |
| 观测值 | 11232 | 11232 | 11232 |

注：*、**、***分别表示在10%、5%、1%显著性水平下显著。

从系数大小来看，科研投入和基础设施每提升1个百分点，城市全要素生产率分别提升约1. 6570、0. 0542个百分点。经济发展水平通过了10%水平上的显著性检验，且为负值，表明其在短期内总体上对全要素生产率产生了抑制作用，从系数大小来看，经济发展水平每提升1个百分点，城市全要素生产率降低约0. 1002个百分点。

从表4-11中部城市长期直接效应的估计结果来看，尚未发现各因素存在长期影响。从模型2和模型3的结果来看，经济发展水平和科研投入分别通过了1%和10%水平上的显著性检验，且为正值，表明其分别对效率和技术水平产生了正向影响，但最终未能传导至全要素生产率。模型2中，投资率和产业结构高级化分别通过了10%和5%水平上的显著性检验，且为负值，说明这两个因素对效率有抑制作用，但对全要素生产率未产生显著的长期影响。

从中部城市的长期间接效应(即空间溢出效应)的估计结果来看，尚未发现各因素存在长期影响。从模型2和模型3的结果来看，经济发展水平通过了10%水平上的显著性检验，且为负值，即对技术水平的提升产生了抑制作用。

表 4-11　　　　　　　　中部城市长期效应估计结果

| | 模型 1 | 模型 2 | 模型 3 |
|---|---|---|---|
| LR_Direct | | | |
| TS | 1. 96728 | 0. 10137 | 0. 38835* |
| | (0. 37) | (1. 34) | (2. 32) |
| AGDP | 0. 18552 | 0. 02003*** | 0. 01227 |
| | (0. 11) | (4. 13) | (1. 21) |
| IR | -1. 17437 | -0. 16836* | 0. 03917 |
| | (-0. 19) | (-2. 48) | (0. 33) |
| HC | 0. 01577 | 0. 00006 | 0. 01572 |
| | (0. 02) | (0. 01) | (1. 26) |
| IC | -0. 10436 | -0. 01053 | 0. 00237 |
| | (-0. 11) | (-1. 87) | (0. 24) |
| FD | -0. 73419 | -0. 07916 | -0. 01851 |
| | (-0. 11) | (-1. 27) | (-0. 27) |
| RS | 0. 03827 | -0. 00279 | -0. 00128 |
| | (0. 04) | (-0. 30) | (-0. 11) |
| ES | -0. 18733 | -0. 15317** | 0. 07193 |
| | (-0. 02) | (-2. 84) | (0. 61) |
| LR_Indirect | | | |
| TS | -0. 09792 | 0. 52210 | -0. 10675 |
| | (-0. 02) | (0. 11) | (-0. 18) |
| AGDP | -0. 29861 | -0. 00243 | -0. 07212* |
| | (-0. 18) | (-0. 01) | (-2. 01) |
| IR | 1. 03943 | 0. 11399 | -0. 15423 |
| | (0. 17) | (0. 02) | (-0. 31) |
| HC | 0. 02873 | -0. 13209 | -0. 07076 |
| | (0. 04) | (-0. 19) | (-1. 28) |

续表

| | 模型 1 | 模型 2 | 模型 3 |
|---|---|---|---|
| IC | 0. 16548 | −0. 04713 | 0. 00918 |
| | (0. 18) | (−0. 11) | (0. 58) |
| FD | 1. 09997 | 0. 50341 | 0. 02103 |
| | (0. 17) | (0. 08) | (0. 07) |
| RS | −0. 14433 | −0. 08130 | −0. 03805 |
| | (−0. 14) | (−0. 10) | (−0. 95) |
| ES | −1. 24026 | 0. 09192 | −1. 03090 |
| | (−0. 14) | (0. 03) | (−1. 73) |
| LR_Total | | | |
| TS | 1. 86936* | 0. 62346 | 0. 28160 |
| | (1. 97) | (0. 14) | (0. 46) |
| AGDP | −0. 11309* | 0. 01761 | −0. 05984 |
| | (−2. 13) | (0. 06) | (−1. 70) |
| IR | −0. 13494 | −0. 05437 | −0. 11505 |
| | (−0. 19) | (−0. 01) | (−0. 23) |
| HC | 0. 04450 | −0. 13203 | −0. 05504 |
| | (0. 57) | (−0. 19) | (−1. 00) |
| IC | 0. 06112* | −0. 05766 | 0. 01155 |
| | (2. 39) | (−0. 13) | (0. 68) |
| FD | 0. 36578 | 0. 42425 | 0. 00252 |
| | (0. 86) | (0. 07) | (0. 01) |
| RS | −0. 10607 | −0. 08409 | −0. 03933 |
| | (−1. 89) | (−0. 10) | (−1. 02) |
| ES | −1. 42758 | −0. 06124 | −0. 95897 |
| | (−1. 74) | (−0. 02) | (−1. 64) |

注：*、**、***分别表示在 10%、5%、1%显著性水平下显著。

从中部城市的长期总体效应的估计结果来看，模型 1 中的科研投入和基础设施均通过了 10%水平上的显著性检验，且为正值，说明从长期来看，这两个因素总体上对全要素生产率增长有促进作用。从系数大小来看，科研投入和基础设施每提升 1 个百分点，城市全要素生产率分别提升约 1.8694、0.0611 个百分点。

经济发展水平通过了 10%水平上的显著性检验，且为负值，表明长期来看，其对城市全要素生产率存在负向影响；从系数大小来看，经济发展水平每提升 1 个百分点，城市全要素生产率降低约 0.1131 个百分点。从模型 2 的结果和模型 3 的结果来看，尚未发现有明显的传导效应。

从表 4-12 西部城市短期直接效应的估计结果来看，模型 1 中，科研投入、经济发展水平和金融发展均通过了 1%水平上的显著性检验，且为正值，说明这三个因素对城市自身全要素生产率增长有促进作用。

表 4-12　　**西部城市短期效应估计结果**

| | 模型 1 | 模型 2 | 模型 3 |
|---|---|---|---|
| SR_Direct | | | |
| TS | 0.38349*** | -0.00135 | 0.16926*** |
| | (3.85) | (-0.07) | (3.91) |
| AGDP | 0.18122*** | 0.02158** | -0.03839* |
| | (5.16) | (2.94) | (-2.57) |
| IR | -0.24278*** | -0.03544* | -0.00584 |
| | (-3.29) | (-2.31) | (-0.19) |
| HC | 0.01191 | -0.00345 | 0.01212** |
| | (1.22) | (-1.75) | (2.89) |
| IC | -0.00648 | -0.00226 | -0.02333** |
| | (-0.36) | (-0.63) | (-3.08) |
| FD | 0.43050** | -0.00046 | 0.18815** |
| | (3.14) | (-0.02) | (3.22) |

续表

| | 模型 1 | 模型 2 | 模型 3 |
|---|---|---|---|
| RS | 0.80555 | 0.34697*** | 0.56819* |
| | (1.84) | (3.91) | (2.52) |
| ES | -0.62990* | -0.04002 | -0.18070 |
| | (-2.23) | (-0.72) | (-1.39) |
| SR_Indirect | | | |
| TS | 0.78477 | 0.34564* | -0.29205 |
| | (0.87) | (2.42) | (-1.00) |
| AGDP | -0.36055 | 0.00720 | 0.21042** |
| | (-1.74) | (0.22) | (2.97) |
| IR | -0.74937 | -0.14727 | 0.82864*** |
| | (-1.18) | (-1.45) | (3.93) |
| HC | -0.16714** | -0.00798 | -0.06893*** |
| | (-2.59) | (-0.83) | (-3.36) |
| IC | 0.06613 | 0.01875 | 0.03220 |
| | (0.91) | (1.69) | (1.41) |
| FD | 0.18628 | 0.01460 | 0.06058 |
| | (0.25) | (0.13) | (0.27) |
| RS | 2.37166 | 1.07822 | 15.06342*** |
| | (0.67) | (1.92) | (7.11) |
| ES | -4.05682 | 0.06451 | 7.11445*** |
| | (-1.52) | (0.17) | (6.41) |
| SR_Total | | | |
| TS | 1.16826 | 0.34428* | -0.12279 |
| | (1.27) | (2.41) | (-0.42) |
| AGDP | -0.17933 | 0.02878 | 0.17203* |
| | (-0.84) | (0.88) | (2.37) |

续表

| | 模型 1 | 模型 2 | 模型 3 |
|---|---|---|---|
| IR | -0. 99215 | -0. 18272 | 0. 82280*** |
| | (-1. 51) | (-1. 75) | (3. 77) |
| HC | -0. 15523* | -0. 01143 | -0. 05681** |
| | (-2. 32) | (-1. 16) | (-2. 69) |
| IC | 0. 05966 | 0. 01648 | 0. 00888 |
| | (0. 76) | (1. 37) | (0. 36) |
| FD | 0. 61678 | 0. 01414 | 0. 24873 |
| | (0. 80) | (0. 12) | (1. 06) |
| RS | 3. 17721 | 1. 42519* | 15. 63161*** |
| | (0. 86) | (2. 44) | (6. 95) |
| ES | -4. 68672 | 0. 02450 | -6. 93375*** |
| | (-1. 68) | (0. 06) | (-5. 93) |
| $MH_{-1}$ | 0. 68625*** | 0. 72943*** | 1. 97707*** |
| | (22. 20) | (21. 42) | (39. 01) |
| $W*MH_{-1}$ | 0. 65292*** | 0. 32936 | -1. 51216*** |
| | (3. 33) | (1. 34) | (-4. 60) |
| ρ | 0. 05644 | 0. 37644** | 0. 41871*** |
| | (0. 39) | (2. 20) | (2. 64) |
| $R^2$ | 0. 6473 | 0. 8520 | 0. 4825 |
| LogL | -1304. 8831 | -210. 0088 | -2305. 9078 |
| 观测值 | 5928 | 5928 | 5928 |

注：*、**、***分别表示在 10%、5%、1%显著性水平下显著。

从系数大小来看，科研投入、经济发展水平、金融发展每提升 1 个百分点，全要素生产率分别提升约 0. 3835、0. 1812、0. 4305 个百分点。投资率和产业结构高级化分别通过了 1%和 10%水平上的显著性检验，且为负值，说明这两个因素对本市全要素生产率有负向作用。系数大小方面，投资率、产业结构高级化每增加 1 个百分点，全要素生产率降低约 0. 2428、0. 6299 个百分点。

从传导机制来看，模型 2 中的投资率对效率产生了抑制作用，进而降低了城市全要素生产率。模型 3 中，科研投入和金融发展对技术产生了提升作用，从而促进了城市全要素生产率增长。模型 2 和模型 3 中，经济发展水平分别通过了 5%和 10%的显著性检验，且一正一负，表明经济发展水平对效率的正向影响超过了对技术的负向影响，从而对全要素生产率产生了促进作用。人力资本、基础设施均通过了 5%水平上的显著性检验，即这两个因素会对技术水平产生一定影响，但未传导至全要素生产率。

从西部城市短期间接效应(即空间溢出效应)的估计结果来看，模型 1 中的人力资本通过了 5%水平上的显著性检验，且为负值，说明该因素对周边城市产生了“虹吸效应”。从系数大小来看，人力资本每提升 1 个百分点，邻近城市的全要素生产率增长降低 0. 16714 个百分点。从传导机制来看，模型 3 中，人力资本通过了 1%水平上的显著性检验，且为负值，说明其对周边城市技术水平产生了抑制作用，从而对全要素生产率产生了负向的空间溢出效应。模型 2、模型 3 中，科研投入、经济发展水平、投资率、产业结构合理化和高级化分别通过了 5%和 10%水平上的显著性检验且都为正，表明这 5 个因素对周边城市效率或技术水平有着一定的改善作用，但未能对全要素生产率增长产生空间溢出效应。

从西部城市短期总效应的估计结果来看，模型 1 中，人力资本通过了 10%水平上的显著性检验，且为负值，说明该因素在短期内总体上对全要素生产率增长有抑制作用；从系数大小来看，人力资本每提升 1 个百分点，城市全要素生产率降低约 0. 1552 个百分点。从传导机制来看，人力资本通过了 5%水平上的显著性检验且为负值，说明其对技术水平产生了抑制作用，进而总体上抑制了全要素生产率的提升。

模型 2、模型 3 中，科技投入、经济发展水平、投资率、产业结构合理化分别通过了 1%、5%和 10%水平上的显著性检验，且为正值，而“高级化”则为负值，说明这前四个因素总体上提升了效率或技术水平，但是“高级化”阻碍了技术水平的提升。

从表 4-13 西部城市长期总效应的估计结果来看，模型 1 中的各变量均未通过显著性检验，模型 2 和模型 3 的经济发展水平、投资率、人力资本、产业结构合理化和高级化分别通过了 1%和 10%水平上的显著性检验，表明这 5 项因素总体上对西部城市技术水平存在长期的抑制或促进作用，但最终都未传导至全要素生产率并产生长期影响。

表 4-13　**西部城市长期效应估计结果**

| | 模型 1 | 模型 2 | 模型 3 |
|---|---|---|---|
| LR_Direct | | | |
| TS | 0. 68354 | −0. 01160 | −0. 25620 |
| | (0. 04) | (−0. 02) | (−0. 17) |
| AGDP | 0. 54330 | 0. 08213 | 0. 12733 |
| | (0. 45) | (1. 67) | (0. 06) |
| IR | −0. 36223 | −0. 10241 | 0. 19978 |
| | (−0. 03) | (−0. 13) | (0. 03) |
| HC | 0. 08397 | −0. 01018 | −0. 03380 |
| | (0. 06) | (−0. 15) | (−0. 05) |
| IC | −0. 00944 | −0. 01062 | 0. 00253 |
| | (−0. 03) | (−0. 17) | (0. 01) |
| FD | 1. 23288 | −0. 01614 | −0. 11209 |
| | (0. 17) | (−0. 05) | (−0. 04) |
| RS | 1. 31195 | 1. 07715 | 3. 66291 |
| | (0. 04) | (0. 16) | (0. 03) |
| ES | −0. 35132 | −0. 22276 | 2. 13982 |
| | (−0. 01) | (−0. 16) | (0. 03) |

续表

| | 模型 1 | 模型 2 | 模型 3 |
|---|---|---|---|
| LR_Indirect | | | |
| TS | -8. 61063 | 0. 64907 | 0. 06610 |
| | (-0. 22) | (0. 02) | (0. 04) |
| AGDP | 0. 16503 | 0. 12379 | 0. 13290 |
| | (0. 04) | (0. 05) | (0. 06) |
| IR | 5. 07124 | 1. 25254 | 1. 04483 |
| | (0. 18) | (0. 03) | (0. 15) |
| HC | 0. 70515 | 0. 13960 | -0. 05235 |
| | (0. 15) | (0. 04) | (-0. 08) |
| IC | -0. 27262 | -0. 06856 | 0. 01099 |
| | (-0. 15) | (-0. 02) | (0. 03) |
| FD | -4. 97829 | -0. 85733 | 0. 48854 |
| | (-0. 17) | (-0. 05) | (0. 15) |
| RS | -14. 71469 | -9. 22413 | 20. 01808 |
| | (-0. 12) | (-0. 02) | (0. 14) |
| ES | 23. 67555 | -3. 80278 | 8. 36009 |
| | (0. 18) | (-0. 05) | (0. 14) |
| LR_Total | | | |
| TS | -7. 92708 | 0. 63747 | -0. 19010 |
| | (-0. 22) | (0. 02) | (-0. 42) |
| AGDP | 0. 70833 | 0. 20592 | 0. 26023* |
| | (0. 16) | (0. 09) | (2. 25) |
| IR | 4. 70901 | 1. 15014 | 1. 24461*** |
| | (0. 18) | (0. 02) | (3. 38) |
| HC | 0. 78913 | 0. 12942 | -0. 08614* |
| | (0. 17) | (0. 03) | (-2. 48) |
| IC | -0. 28206 | -0. 07918 | 0. 01351 |

续表

| | 模型 1 | 模型 2 | 模型 3 |
|---|---|---|---|
| | (-0.15) | (-0.02) | (0.36) |
| FD | -3.74542 | -0.87347 | 0.37645 |
| | (-0.13) | (-0.05) | (1.04) |
| RS | -13.40274 | -8.14698 | 23.68099*** |
| | (-0.11) | (-0.02) | (4.85) |
| ES | 23.32424 | -4.02554 | -10.49991*** |
| | (0.19) | (-0.05) | (-4.51) |

注：*、**、***分别表示在10%、5%、1%显著性水平下显著。

## 三、城市规模分组估计结果

基于第二章中依据城市规模的分组结果，笔者将275个城市分为特大型、大型、中型和小型城市分别进行估计，并分析四组城市影响因素作用机制的差异。

从表4-14特大型城市短期直接效应的估计结果来看，模型1中，科研投入、人力资本分别通过了5%和10%水平上的显著性检验，且为正值，说明这两个因素对本市全要素生产率增长有促进作用；从系数大小来看，科研投入、人力资本每提升1个百分点，全要素生产率分别提升约0.1489、0.0274个百分点。从传导机制来看，模型3中，人力资本通过了10%水平上的显著性检验，且为正值，表明该因素通过技术水平的提升，对全要素生产率产生正向作用。金融发展在模型2、模型3中分别通过了1%和5%水平上的显著检验，且为一负一正，表明其在提升技术水平的同时损失了效率，最终两个效应相互抵消，导致对全要素生产率的影响不显著。投资率、基础设施对效率和技术水平产生了影响，但未传导至全要素生产率。经济发展水平、产业结构合理化和高级化在三个模型中的作用均不显著。

从特大型城市短期间接效应(即空间溢出效应)的估计结果来看，模型1中，科研投入和基础设施分别通过了10%水平上的显著性检验，且为正值，说明这两个因素对周边城市有正向的空间溢出效应；从系数大小来看，科研投入和基础设施每提升1个百分点，周边城市全要素生产率提升约0.2691、0.3140个百分点。从传导机制来看，模型3中，基础设施通过了10%水平上的显著性检验，且为正值，说明该因素对周边城市技术水平提升产生了推动作用，进而对全要素生产率产生了正向影响。金融发展虽然提升了技术水平，但是拖累了效率，两者作用抵消后，对全要素生产率效果不显著。经济发展水平和产业结构高级化分别对周边城市的技术水平和效率产生了一定的空间溢出效应。

从特大型城市短期总效应的估计结果来看，模型1中，科研投入通过了10%水平上的显著性检验，且为正值，说明该因素短期内从总体上对全要素生产率增长有促进作用；从系数大小来看，科研投入每提升1个百分点，城市全要素生产率提升约0.41791个百分点。

表4-14　特大型城市短期效应估计结果

| | 模型1 | 模型2 | 模型3 |
|---|---|---|---|
| SR_Direct | | | |
| TS | 0.14885** | 0.00043 | 0.05300 |
| | (3.01) | (0.07) | (1.96) |
| AGDP | 0.03351 | 0.00655 | 0.00627 |
| | (0.90) | (1.33) | (0.31) |
| IR | 0.30368 | 0.25903** | -0.25890 |
| | (0.43) | (3.09) | (-0.67) |
| HC | 0.02744* | 0.00092 | 0.01398* |
| | (2.11) | (0.59) | (1.97) |
| IC | -0.01796 | -0.00274 | -0.05805* |

续表

| | 模型 1 | 模型 2 | 模型 3 |
|---|---|---|---|
| | (-0.40) | (-0.49) | (-2.40) |
| FD | 0.29857 | -0.26290*** | 0.67443** |
| | (0.72) | (-5.44) | (3.07) |
| RS | -0.50469 | 0.37990 | -0.16237 |
| | (-0.18) | (1.10) | (-0.10) |
| ES | -0.08211 | 0.03762 | -0.23296 |
| | (-0.14) | (0.52) | (-0.71) |
| SR_Indirect | | | |
| TS | 0.26906* | 0.01791 | 0.06660 |
| | (1.97) | (1.43) | (1.03) |
| AGDP | -0.10347 | -0.00234 | -0.13468* |
| | (-0.85) | (-0.19) | (-2.32) |
| IR | -0.95301 | 0.09633 | -0.70731 |
| | (-0.45) | (0.50) | (-0.69) |
| HC | 0.00664 | -0.00520 | 0.00254 |
| | (0.20) | (-1.69) | (0.16) |
| IC | 0.31402* | 0.00761 | 0.13865* |
| | (2.20) | (0.57) | (2.06) |
| FD | -1.06493 | -0.30952** | 1.42040* |
| | (-0.79) | (-2.59) | (2.32) |
| RS | 4.80158 | -0.04254 | 1.59402 |
| | (0.61) | (-0.06) | (0.42) |
| ES | 0.10371 | -0.47626* | 1.17910 |
| | (0.05) | (-2.53) | (1.19) |
| SR_Total | | | |
| TS | 0.41791** | 0.01833 | 0.11960 |

续表

| | 模型 1 | 模型 2 | 模型 3 |
|---|---|---|---|
| | (2.76) | (1.37) | (1.69) |
| AGDP | -0.06996 | 0.00421 | -0.12841* |
| | (-0.54) | (0.34) | (-2.10) |
| IR | -0.64933 | 0.35536 | -0.96620 |
| | (-0.27) | (1.66) | (-0.83) |
| HC | 0.03408 | -0.00428 | 0.01652 |
| | (0.87) | (-1.19) | (0.89) |
| IC | 0.29606 | 0.00488 | 0.08060 |
| | (1.81) | (0.34) | (1.05) |
| FD | -0.76636 | -0.57242*** | 2.09482** |
| | (-0.51) | (-4.64) | (3.22) |
| RS | 4.29688 | 0.33736 | 1.43165 |
| | (0.51) | (0.45) | (0.35) |
| ES | 0.02160 | -0.43864* | 0.94613 |
| | (0.01) | (-2.27) | (0.89) |
| $MH_{-1}$ | 0.87291*** | 0.81833*** | 1.55888*** |
| | (15.54) | (21.50) | (18.55) |
| $W*MH_{-1}$ | 0.02195 | 0.36218*** | -2.13824*** |
| | (0.13) | (3.06) | (-8.27) |
| ρ | 0.15766* | 0.145212 | 0.02025 |
| | (1.79) | (1.60) | (0.22) |
| $R^2$ | 0.6100 | 0.7330 | 0.1751 |
| LogL | -854.0131 | -160.0839 | -1239.6946 |
| 观测值 | 3432 | 3432 | 3432 |

注：*、**、***分别表示在10%、5%、1%显著性水平下显著。

从传导机制来看，金融发展虽然有助于技术水平的提升，但是拖累了效率，对全要素生产率的作用不显著。经济发展水平和产业结构高级化分别对技术水平和效率产生了负向影响，但未传导至全要素生产率。投资率、人力资本、基础设施和产业结构合理化在三个模型中的作用均不显著。

从表4-15特大型城市的长期效应来看，模型1中科研投入、经济发展水平、人力资本均通过1%水平上的显著性检验，且为正值，说明这三个因素对本市全要素生产率有正向作用，基础设施在显著性检验中为负值，表明对全要素生产率提升有抑制作用。从传导机制来看，模型3中，科研投入和人力资本分别通过了1%和5%水平上的显著性检验，为正值，说明这两个因素是特大型城市技术持续进步的动力。

表4-15 特大型城市长期效应估计结果

| | 模型1 | 模型2 | 模型3 |
|---|---|---|---|
| LR_Direct | | | |
| TS | 0.26717*** | 0.01355 | 0.09067*** |
| | (4.66) | (0.02) | (2.99) |
| AGDP | 0.15854*** | 0.05710 | -0.05329 |
| | (3.81) | (0.05) | (-1.25) |
| IR | -0.38419 | 2.64373 | -0.20917 |
| | (-0.00) | (0.10) | (-0.25) |
| HC | 0.04149*** | -0.00314 | 0.01622** |
| | (2.81) | (-0.01) | (2.11) |
| IC | -0.15918*** | -0.04425 | 0.07103 |
| | (-3.36) | (-0.02) | (1.13) |
| FD | -14.21990 | -3.41920 | 0.30351 |
| | (-0.04) | (-0.08) | (0.35) |
| RS | 20.56104 | 4.92916 | 0.79770 |

续表

| | 模型 1 | 模型 2 | 模型 3 |
|---|---|---|---|
| | (0.06) | (0.10) | (0.36) |
| ES | -5.99354 | -0.41255 | 0.53526 |
| | (-0.03) | (-0.02) | (1.05) |
| LR_Indirect | | | |
| TS | 0.37498** | 0.11316 | 0.06628 |
| | (2.48) | (0.03) | (0.76) |
| AGDP | -0.22739* | -0.11233 | -0.13020** |
| | (-1.84) | (-0.06) | (-2.11) |
| IR | 37.37767 | -4.33862 | -0.39446 |
| | (0.06) | (-0.06) | (-0.47) |
| HC | -1.44671 | -0.02925 | 0.01429 |
| | (-0.06) | (-0.03) | (0.95) |
| IC | 0.28132* | 0.04093 | -0.02071 |
| | (1.81) | (0.01) | (-0.34) |
| FD | 6.60621 | 1.81623 | 1.00826 |
| | (0.01) | (0.02) | (1.15) |
| RS | -51.60515 | 2.01340 | 0.08883 |
| | (-0.02) | (0.01) | (0.04) |
| ES | 71.63838 | 0.71380 | 0.05537 |
| | (0.05) | (0.01) | (0.11) |
| LR_Total | | | |
| TS | 0.64215*** | 0.12671 | 0.07489 |
| | (4.01) | (0.03) | (1.70) |
| AGDP | 0.05391 | -0.05523 | 0.08029* |
| | (0.00) | (-0.03) | (2.12) |
| IR | 36.99349 | -1.69489 | -0.60364 |
| | (0.06) | (-0.03) | (-0.83) |

续表

| | 模型 1 | 模型 2 | 模型 3 |
|---|---|---|---|
| HC | -0.85682 | -0.03239 | 0.01034 |
| | (-0.04) | (-0.03) | (0.89) |
| IC | -4.28927 | -0.00333 | 0.05032 |
| | (-0.04) | (-0.00) | (1.06) |
| FD | -7.61369 | -1.60296 | 1.31177** |
| | (-0.03) | (-0.01) | (3.26) |
| RS | -31.04411 | 6.94255 | 0.88654 |
| | (-0.01) | (0.04) | (0.35) |
| ES | 65.64484 | 0.30125 | 2.28226** |
| | (0.04) | (0.00) | (2.01) |

注：*、**、***分别表示在10%、5%、1%显著性水平下显著。

从长期间接效应(空间溢出效应)来看，模型1中科研投入和人力资本分别通过了5%和10%水平上的显著性检验，且都为正值，说明这两个因素有正向的空间溢出效应；经济发展水平在模型3和模型1中都显著为负值，说明对邻近城市有“虹吸效应”。

从总效应来看，科研投入通过了1%水平的显著性检验，且为正值，说明科研投入对特大城市TFP增长有长期的推动作用，经济发展水平、金融发展和产业结构高级化分别通过了10%、5%和5%水平上的显著性检验，且为正值，说明这三个因素对特大城市提升技术水平起到了长足的促进作用。

从表4-16大型城市短期直接效应的估计结果来看，模型1中，科研投入通过了10%水平上的显著性检验，为正值，说明该因素对本市全要素生产率有促进作用；从系数大小来看，科研投入每提升1个百分点，全要素生产率提升约0.3215个百分点。投资率、产业结构高级化分别通过了1%和5%水平上的显著性检验，且为负值，说明这两个因素对本市全要素生产率增长有负向影响；系数大小方面，投资率、产业结构高级化每增加1

个百分点，全要素生产率则降低约 0. 3174、0. 6815 个百分点。从传导机制来看，模型 2 中，投资率和产业结构高级化对效率存在负向影响，说明这两个因素通过降低效率抑制了全要素生产率的增长。模型 3 中，科技投入对技术水平存在正向影响，表明该因素通过提高技术水平促使全要素生产率提升。基础设施对效率水平产生了抑制作用。经济发展水平、人力资本、金融发展和产业结构合理化在三个模型中均不显著。

表 4-16　　　　**大型城市短期效应估计结果**

| | 模型 1 | 模型 2 | 模型 3 |
|---|---|---|---|
| SR_Direct | | | |
| TS | 0. 32147* | 0. 03627 | 0. 40633*** |
| | (2. 44) | (1. 33) | (4. 40) |
| AGDP | 0. 01430 | 0. 00407 | -0. 00870 |
| | (1. 11) | (1. 51) | (-0. 99) |
| IR | -0. 31736** | -0. 08711*** | 0. 00146 |
| | (-2. 63) | (-3. 48) | (0. 02) |
| HC | -0. 00285 | -0. 00110 | 0. 00025 |
| | (-0. 82) | (-1. 55) | (0. 10) |
| IC | -0. 01145 | -0. 00360* | -0. 00200 |
| | (-1. 51) | (-2. 29) | (-0. 38) |
| FD | -0. 00923 | -0. 01856 | 0. 06578 |
| | (-0. 14) | (-1. 40) | (1. 47) |
| RS | 0. 31578 | 0. 07309 | -0. 09694 |
| | (1. 15) | (1. 28) | (-0. 51) |
| ES | -0. 68152*** | -0. 08640** | -0. 31914** |
| | (-4. 50) | (-2. 76) | (-3. 00) |
| SR_Indirect | | | |
| TS | -0. 08768 | -0. 01276 | -0. 13454 |

续表

| | 模型 1 | 模型 2 | 模型 3 |
|---|---|---|---|
| | (-0.18) | (-0.13) | (-0.39) |
| AGDP | 0.01750 | 0.02070* | -0.02996 |
| | (0.40) | (2.25) | (-0.96) |
| IR | -0.25552 | -0.05384 | -0.14018 |
| | (-0.76) | (-0.76) | (-0.58) |
| HC | -0.00456 | 0.00000 | -0.00651 |
| | (-0.26) | (0.00) | (-0.52) |
| IC | 0.03291 | 0.01272* | -0.02399 |
| | (1.31) | (2.43) | (-1.34) |
| FD | -0.24516 | -0.08477* | -0.09029 |
| | (-1.21) | (-2.01) | (-0.62) |
| RS | 0.25307 | 0.27806 | -0.14368 |
| | (0.30) | (1.59) | (-0.24) |
| ES | 0.74177 | 0.06681 | 0.55328 |
| | (1.70) | (0.73) | (1.75) |
| SR_Total | | | |
| TS | 0.23379 | 0.02351 | 0.27179 |
| | (0.45) | (0.22) | (0.73) |
| AGDP | 0.03180 | 0.02477** | -0.03866 |
| | (0.71) | (2.63) | (-1.21) |
| IR | -0.57288 | -0.14094 | -0.13871 |
| | (-1.66) | (-1.94) | (-0.56) |
| HC | -0.00741 | -0.00110 | -0.00626 |
| | (-0.42) | (-0.30) | (-0.49) |
| IC | 0.02146 | 0.00911 | -0.02599 |
| | (0.84) | (1.71) | (-1.42) |
| FD | -0.25439 | -0.10334* | -0.02452 |

续表

| | 模型 1 | 模型 2 | 模型 3 |
|---|---|---|---|
| | (-1.21) | (-2.36) | (-0.16) |
| RS | 0.56885 | 0.35115 | -0.24062 |
| | (0.65) | (1.91) | (-0.38) |
| ES | 0.06025 | -0.01958 | 0.23414 |
| | (0.13) | (-0.21) | (0.71) |
| $MH_{-1}$ | 0.81600*** | 0.69530*** | 0.76323 |
| | (28.94) | (25.47) | (20.55) |
| $W*MH_{-1}$ | -0.07729 | -0.26512 | 0.08889 |
| | (-1.01) | (-3.39) | (0.70) |
| ρ | 0.06786 | 0.05767 | 0.03541 |
| | (1.34) | (1.17) | (0.62) |
| $R^2$ | 0.7912 | 0.8397 | 0.6732 |
| LogL | -2136.0988 | 174.1175 | -1814.3031 |
| 观测值 | 12168 | 12168 | 12168 |

注：*、**、***分别表示在 10%、5%、1%显著性水平下显著。

从大型城市的短期间接效应(即空间溢出效应)的估计结果来看，尚未发现各因素对大型城市全要素生产率存在空间溢出效应。从传导机制来看，模型 2 的经济发展水平和基础设施均通过了 10%水平上的显著性检验，且为正值，表明这两个因素短期内对周边城市效率有改善作用，但未对全要素生产率产生空间溢出效应。金融发展通过了 10%水平上的显著性检验，且为负值，说明该因素在短期内对周边城市的效率有抑制作用，未对全要素生产率产生影响。从大型城市短期总效应的估计结果来看，尚未发现各因素对大型城市全要素生产率存在影响。从传导机制来看，模型 2 中经济发展水平和金融发展分别通过了 5%和 10%水平上的显著性检验，且一正一负，说明这三个因素短期内在总体上对效率存在影响。

从表 4-17 大型城市长期直接效应的估计结果来看，未发现各因素对大型城市全要素生产率存在显著影响。从传导机制来看，模型 3 中，科研投入和产业结构高级化分别通过了 1%和 5%水平上的显著性检验，且为一正一负，表明长期来看，这两个因素分别对技术水平产生了促进和抑制作用。

表 4-17 大型城市长期效应估计结果

| | 模型 1 | 模型 2 | 模型 3 |
|---|---|---|---|
| LR_Direct | | | |
| TS | 1.97666 | 0.22311 | 1.72575*** |
| | (1.47) | (0.18) | (4.16) |
| AGDP | 0.06953 | -0.02079 | -0.04313 |
| | (0.55) | (-0.04) | (-1.10) |
| IR | -1.70988 | -0.37278 | -0.02185 |
| | (-1.73) | (-0.23) | (-0.06) |
| HC | -0.01506 | 0.00179 | -0.00022 |
| | (-0.36) | (0.01) | (-0.02) |
| IC | -0.09434 | -0.03029 | -0.01291 |
| | (-0.94) | (-0.21) | (-0.56) |
| FD | 0.12769 | 0.13134 | 0.26690 |
| | (0.19) | (0.04) | (1.36) |
| RS | 1.69988 | -0.22957 | -0.43874 |
| | (0.66) | (-0.03) | (-0.52) |
| ES | -4.70817 | -0.78711 | -1.27239** |
| | (-1.52) | (-0.10) | (-2.72) |
| LR_Indirect | | | |
| TS | -1.21417 | -0.18386 | 0.03393 |
| | (-0.55) | (-0.15) | (0.01) |

续表

| | 模型 1 | 模型 2 | 模型 3 |
|---|---|---|---|
| AGDP | 0. 03494 | 0. 06265 | -0. 20951 |
| | (0. 17) | (0. 13) | (-0. 88) |
| IR | -0. 18898 | 0. 13462 | -0. 93346 |
| | (-0. 12) | (0. 08) | (-0. 50) |
| HC | -0. 00966 | -0. 00365 | -0. 04108 |
| | (-0. 12) | (-0. 03) | (-0. 48) |
| IC | 0. 16567 | 0. 04571 | -0. 15422 |
| | (1. 21) | (0. 31) | (-1. 07) |
| FD | -0. 96602 | -0. 30584 | -0. 41709 |
| | (-0. 99) | (-0. 10) | (-0. 42) |
| RS | 0. 20192 | 0. 82391 | -0. 99155 |
| | (0. 05) | (0. 11) | (-0. 25) |
| ES | 4. 92318 | 0. 75454 | 2. 80664 |
| | (1. 41) | (0. 09) | (1. 21) |
| LR_Total | | | |
| TS | 0. 76248 | 0. 03925 | 1. 75968 |
| | (0. 45) | (0. 22) | (0. 63) |
| AGDP | 0. 10448 | 0. 04186** | -0. 25264 |
| | (0. 70) | (2. 60) | (-1. 00) |
| IR | -1. 89887 | -0. 23816 | -0. 95532 |
| | (-1. 59) | (-1. 93) | (-0. 48) |
| HC | -0. 02472 | -0. 00186 | -0. 04129 |
| | (-0. 42) | (-0. 30) | (-0. 46) |
| IC | 0. 07133 | 0. 01542 | -0. 16714 |
| | (0. 82) | (1. 69) | (-1. 09) |
| FD | -0. 83832 | -0. 17450* | -0. 15019 |
| | (-1. 18) | (-2. 35) | (-0. 14) |

续表

| | 模型 1 | 模型 2 | 模型 3 |
|---|---|---|---|
| RS | 1. 90180 | 0. 59434 | -1. 43028 |
| | (0. 64) | (1. 89) | (-0. 33) |
| ES | 0. 21501 | -0. 03257 | 1. 53426 |
| | (0. 14) | (-0. 20) | (0. 62) |

注：*、**、***分别表示在10%、5%、1%显著性水平下显著。

从大型城市长期总效应的估计结果来看，未发现各因素对大型城市全要素生产率存在显著影响。从传导机制来看，模型2中，经济发展水平和金融发展分别通过了5%和10%水平上的显著性检验，且一正一负，表明这两个因素对效率存在影响，从长期来看，总体未对城市全要素生产率增长产生影响。

从表4-18中型城市短期直接效应的估计结果来看，模型1中，投资率、基础设施和金融发展分别通过了5%和10%水平上的显著性检验，均为负值，说明这三个因素对本市全要素生产率增长具有抑制作用；从系数大小来看，投资率、基础设施和金融发展每提升1个百分点，全要素生产率增长分别降低约0. 2168、0. 0186、0. 1188个百分点。从传导机制来看，模型2中投资率、基础设施和金融发展分别通过了1%和5%水平上的显著性检验，且均为负值，表明这三个因素对效率产生了拖累，从而对城市全要素生产率增长产生了负向影响。经济发展水平和人力资本分别通过了1%和5%水平上的显著性检验，且为一正一负，表明这两个因素对效率和技术水平产生一定影响，但未传导至全要素生产率。

从中型城市短期总效应的估计结果来看，模型1中，基础设施通过了10%水平上的显著性检验，且为负值，说明该因素短期内总体上对城市全要素生产率增长有抑制作用。从传导机制来看，模型2中，基础设施通过了5%水平上的显著性检验，且为负值，说明对效率产生了拖累作用，进而从总体上约束了全要素生产率的提升。

表 4-18　　中型城市短期效应估计结果

| | 模型 1 | 模型 2 | 模型 3 |
|---|---|---|---|
| SR_Direct | | | |
| TS | -0.03398 | 0.06995 | -0.17987 |
| | (-0.12) | (0.99) | (-1.13) |
| AGDP | 0.00909 | 0.00602*** | -0.00639 |
| | (1.32) | (3.43) | (-1.67) |
| IR | -0.21675** | -0.07688*** | 0.00571 |
| | (-2.94) | (-4.11) | (0.14) |
| HC | -0.00523 | 0.00201 | -0.01922** |
| | (-0.49) | (0.74) | (-3.16) |
| IC | -0.01860* | -0.00635** | 0.00413 |
| | (-2.02) | (-2.72) | (0.81) |
| FD | -0.11875* | -0.05213*** | 0.04347 |
| | (-2.40) | (-4.16) | (1.55) |
| RS | 0.00288 | -0.00023 | 0.00149 |
| | (0.41) | (-0.13) | (0.38) |
| ES | -0.07794 | -0.02740 | -0.03121 |
| | (-0.88) | (-1.23) | (-0.62) |
| SR_Indirect | | | |
| TS | 0.30015 | 0.07010 | 0.13203 |
| | (0.51) | (0.49) | (0.40) |
| AGDP | 0.00547 | 0.00030 | 0.01171 |
| | (0.28) | (0.06) | (1.11) |
| IR | 0.35743 | 0.10991 | -0.01779 |
| | (1.54) | (1.93) | (-0.14) |
| HC | -0.04753 | -0.00729 | -0.00425 |
| | (-1.75) | (-1.10) | (-0.28) |

续表

| | 模型 1 | 模型 2 | 模型 3 |
|---|---|---|---|
| IC | -0.03872 | -0.01101 | -0.02393 |
| | (-1.64) | (-1.89) | (-1.81) |
| FD | 0.01442 | 0.02569 | 0.04614 |
| | (0.11) | (0.80) | (0.63) |
| RS | 0.05610 | 0.00990 | 0.00626 |
| | (1.06) | (0.77) | (0.21) |
| ES | 0.37282 | 0.09524 | 0.11537 |
| | (1.57) | (1.64) | (0.87) |
| SR_Total | | | |
| TS | 0.26617 | 0.14005 | -0.04785 |
| | (0.39) | (0.84) | (-0.12) |
| AGDP | 0.01456 | 0.00632 | 0.00532 |
| | (0.72) | (1.29) | (0.49) |
| IR | 0.14068 | 0.03302 | -0.01208 |
| | (0.55) | (0.53) | (-0.08) |
| HC | -0.05276 | -0.00527 | -0.02347 |
| | (-1.81) | (-0.75) | (-1.44) |
| IC | -0.05732* | -0.01736** | -0.01980 |
| | (-2.20) | (-2.73) | (-1.38) |
| FD | -0.10433 | -0.02644 | 0.08961 |
| | (-0.76) | (-0.79) | (1.16) |
| RS | 0.05897 | 0.00967 | 0.00775 |
| | (1.11) | (0.75) | (0.26) |
| ES | 0.29488 | 0.06784 | 0.08416 |
| | (1.20) | (1.14) | (0.61) |
| $MH_{-1}$ | 0.92122*** | 0.59387*** | 0.86741*** |
| | (41.41) | (24.19) | (29.47) |

续表

| | 模型 1 | 模型 2 | 模型 3 |
|---|---|---|---|
| $W*MH_{-1}$ | 0.17327*** | 0.19697*** | -0.08748 |
| | (2.61) | (2.85) | (-1.05) |
| ρ | 0.03973 | 0.08441 | 0.04335 |
| | (0.73) | (1.45) | (0.75) |
| $R^2$ | 0.9679 | 0.9378 | 0.9175 |
| LogL | -1126.0716 | 335.6356 | -1131.1002 |
| 观测值 | 8944 | 8944 | 8944 |

注：*、**、***分别表示在10%、5%、1%显著性水平下显著。

从表4-19中型城市长期直接效应的估计结果来看，未发现这几项因素在三个模型上有显著影响。从传导机制来看，模型2中的经济发展水平通过了1%水平上的显著性检验，且为正值，说明长期对效率存在改善作用，但未对全要素生产率增长产生影响。投资率、基础设施和金融发展分别通过了1%和5%水平上的显著性检验且为负值，说明这三个因素对效率具有抑制作用，但是最终未对全要素生产率增长产生长期效应。

从中型城市长期总效应的估计结果来看，各因素在三个模型中的效应均不显著。从传导机制来看，模型2中，基础设施通过了10%水平上的显著性检验且为负值，说明其对效率具有抑制作用，但未对全要素生产率产生影响。

表4-19　**中型城市长期效应估计结果**

| | 模型 1 | 模型 2 | 模型 3 |
|---|---|---|---|
| LR_Direct | | | |
| TS | -1.06337 | 0.18522 | -1.76743 |
| | (-0.05) | (1.03) | (-0.38) |
| AGDP | 0.15234 | 0.01513*** | -0.05213 |

续表

| | 模型 1 | 模型 2 | 模型 3 |
|---|---|---|---|
| | (0.12) | (3.42) | (−0.14) |
| IR | −3.84357 | −0.17669*** | 0.11043 |
| | (−0.16) | (−3.61) | (0.10) |
| HC | −0.30291 | 0.00396 | −0.14944 |
| | (−0.08) | (0.57) | (−0.56) |
| IC | −0.41916 | −0.01753** | 0.05209 |
| | (−0.11) | (−2.91) | (0.16) |
| FD | −1.87369 | −0.12690*** | 0.40995 |
| | (−0.17) | (−4.04) | (0.36) |
| RS | 0.08743 | 0.00091 | 0.01441 |
| | (0.02) | (0.19) | (0.06) |
| ES | −0.17870 | −0.05479 | −0.37756 |
| | (−0.01) | (−0.98) | (−0.26) |
| LR_Indirect | | | |
| TS | −6.14290 | 0.34206 | 1.54553 |
| | (−0.03) | (0.61) | (0.31) |
| AGDP | −0.43153 | 0.00897 | 0.07441 |
| | (−0.09) | (0.50) | (0.20) |
| IR | 0.17918 | 0.30387 | −0.17348 |
| | (0.00) | (1.39) | (−0.13) |
| HC | 1.54743 | −0.02447 | 0.05180 |
| | (0.13) | (−0.96) | (0.19) |
| IC | 1.73902 | −0.04868 | −0.13543 |
| | (0.11) | (−1.93) | (−0.40) |
| FD | 5.16782 | 0.02766 | −0.03203 |
| | (0.11) | (0.23) | (−0.03) |
| RS | −0.71689 | 0.03663 | 0.02024 |

续表

| | 模型 1 | 模型 2 | 模型 3 |
|---|---|---|---|
| | (-0.06) | (0.75) | (0.08) |
| ES | -7.90078 | 0.31424 | 0.72793 |
| | (-0.09) | (1.40) | (0.46) |
| LR_Total | | | |
| TS | -7.20628 | 0.52729 | -0.22190 |
| | (-0.03) | (0.82) | (-0.13) |
| AGDP | -0.27920 | 0.02410 | 0.02228 |
| | (-0.06) | (1.24) | (0.48) |
| IR | -3.66439 | 0.12718 | -0.06305 |
| | (-0.08) | (0.52) | (-0.10) |
| HC | 1.24452 | -0.02051 | -0.09764 |
| | (0.11) | (-0.73) | (-1.35) |
| IC | 1.31986 | -0.06621* | -0.08334 |
| | (0.09) | (-2.38) | (-1.24) |
| FD | 3.29413 | -0.09924 | 0.37791 |
| | (0.07) | (-0.76) | (1.07) |
| RS | -0.62946 | 0.03754 | 0.03464 |
| | (-0.05) | (0.73) | (0.27) |
| ES | -8.07947 | 0.25945 | 0.35037 |
| | (-0.09) | (1.08) | (0.59) |

注：*、**、***分别表示在10%、5%、1%显著性水平下显著。

从表4-20小型城市短期直接效应的估计结果来看，模型1中，经济发展水平和人力资本分别通过了1%和10%水平上的显著性检验，且为正值，说明这两个因素对本市全要素生产率增长有正向作用。从系数大小来看，经济发展水平、人力资本每提升1个百分点，TFP分别提升约0.1628、0.0645个百分点。投资率、基础设施均通过了10%水平上的显著性检验，为负值，说明这两个因素对本市全要素生产率增长有负向作用。系数大小方面，投资率、基础设施每增加 1 个百分点，全要素生产率增长分别降低约 0.1619、0.0267 个百分点。从传导机制来看，模型 2 中，经济发展水平通过了 5%水平上的显著性检验，且为正值，说明其提升了效率进而对全要素生产率产生了正面影响；投资率通过了 10%水平上的显著性检验，且为负值，说明其降低了效率，对全要素生产率产生了负面影响。产业结构合理化虽然改善了效率，但是未传导至全要素生产率的增长上。科技研发投入、金融发展和产业结构高级化在三个模型中的作用均不显著。从小型城市的短期间接效应(即空间溢出效应)的估计结果来看，模型 1 中，科研投入通过了 10%水平上的显著性检验，且为正值，说明这个因素对邻近城市全要素生产率增长有促进作用，即产生了正向的空间溢出效应。从系数大小来看，科研投入每提升 1 个百分点，邻近城市全要素生产率提升约 4.6822 个百分点。从模型 2 和模型 3 的结果来看，未发现各因素存在传导效应。

表 4-20　　**小型城市短期效应估计结果**

| | 模型 1 | 模型 2 | 模型 3 |
|---|---|---|---|
| SR_Direct | | | |
| TS | 0.26746 | 0.06258 | −0.24193 |
| | (0.33) | (0.31) | (−0.80) |
| AGDP | 0.16280*** | 0.01920** | 0.01463 |
| | (6.49) | (3.04) | (1.59) |
| IR | −0.16191* | −0.03587* | −0.04506 |
| | (−2.44) | (−2.07) | (−1.78) |
| HC | 0.06445* | 0.00922 | 0.00616 |
| | (2.14) | (1.22) | (0.55) |
| IC | −0.02673* | −0.00468 | −0.00553 |
| | (−2.57) | (−1.82) | (−1.42) |

续表

| | 模型 1 | 模型 2 | 模型 3 |
|---|---|---|---|
| FD | 0. 13965 | -0. 03223 | 0. 00012 |
| | (1. 14) | (-1. 07) | (0. 00) |
| RS | -0. 00163 | 0. 71166*** | -0. 35088 |
| | (-0. 00) | (5. 88) | (-1. 94) |
| ES | -0. 02499 | -0. 03332 | 0. 06021 |
| | (-0. 14) | (-0. 74) | (0. 89) |
| SR_Indirect | | | |
| TS | 4. 68220* | 0. 85437 | 0. 22319 |
| | (2. 34) | (1. 82) | (0. 32) |
| AGDP | 0. 08783 | -0. 00544 | -0. 02127 |
| | (0. 93) | (-0. 25) | (-0. 67) |
| IR | -0. 01738 | -0. 04115 | 0. 06596 |
| | (-0. 08) | (-0. 84) | (0. 93) |
| HC | 0. 09170 | 0. 03331 | 0. 00684 |
| | (1. 03) | (1. 60) | (0. 22) |
| IC | 0. 06774 | 0. 00449 | 0. 02476 |
| | (1. 84) | (0. 51) | (1. 92) |
| FD | 0. 08291 | -0. 00925 | -0. 11141 |
| | (0. 28) | (-0. 14) | (-1. 11) |
| RS | -1. 32835 | 0. 04658 | -0. 27399 |
| | (-1. 22) | (0. 18) | (-0. 72) |
| ES | -0. 25188 | 0. 01280 | -0. 07369 |
| | (-0. 70) | (0. 15) | (-0. 59) |
| SR_Total | | | |
| TS | 4. 94967* | 0. 91695 | -0. 01873 |
| | (2. 17) | (1. 76) | (-0. 02) |
| AGDP | 0. 25062* | 0. 01376 | -0. 00664 |

续表

| | 模型 1 | 模型 2 | 模型 3 |
|---|---|---|---|
| | (2.44) | (0.60) | (-0.20) |
| IR | -0.17929 | -0.07702 | 0.02090 |
| | (-0.88) | (-1.62) | (0.31) |
| HC | 0.15614 | 0.04253 | 0.01300 |
| | (1.62) | (1.92) | (0.40) |
| IC | 0.04100 | -0.00020 | 0.01923 |
| | (1.00) | (-0.02) | (1.37) |
| FD | 0.22256 | -0.04149 | -0.11129 |
| | (0.65) | (-0.53) | (-0.96) |
| RS | -1.32998 | 0.75824** | -0.62486 |
| | (-1.10) | (2.68) | (-1.53) |
| ES | -0.27687 | -0.02052 | -0.01348 |
| | (-0.67) | (-0.22) | (-0.10) |
| $MH_{-1}$ | 0.45928*** | 0.54184*** | 0.83813*** |
| | (16.37) | (15.75) | (17.33) |
| $W*MH_{-1}$ | 0.14510 | 0.17121* | 0.10610 |
| | (1.55) | (1.83) | (1.02) |
| ρ | 0.02643 | 0.06598 | 0.07328 |
| | (0.37) | (0.94) | (1.11) |
| $R^2$ | 0.6467 | 0.9213 | 0.8311 |
| LogL | -767.6684 | -112.0513 | -342.3226 |
| 观测值 | 4056 | 4056 | 4056 |

注：*、**、***分别表示在10%、5%、1%显著性水平下显著。

从小型城市短期总效应的估计结果来看，模型1中，科研投入和经济发展水平均通过了10%水平上的显著性检验，且都为正值，说明这两个因素短期内总体上对全要素生产率增长有促进作用。从系数大小来看，科研投入、经济发展水平每提升 1 个百分点，城市全要素生产率分别提升约 4. 9497、0. 2506 个百分点。从传导机制来看，产业结构合理化通过了 5%水平上的显著性检验，且为正值，虽然对效率水平的提升产生了促进作用，但是最终未能对全要素生产率增长产生作用。

从表 4-21 小型城市长期直接效应的估计结果来看，模型 1 中，经济发展水平和人力资本分别通过了 1%和 10%水平上的显著性检验，且为正值，说明这两个因素在长期内对城市自身的全要素生产率增长有促进作用。从系数大小来看，经济发展水平和人力资本每提升 1 个百分点，城市全要素生产率提升约 0. 3248、0. 1379 个百分点。投资率通过了 10%水平上的显著性检验且为负，说明该因素在长期内对城市自身的全要素生产率增长具有抑制作用。从系数大小来看，投资率每提升 1 个百分点，城市全要素生产率降低约 0. 3127 个百分点。从传导机制来看，模型 2 中，经济发展水平通过了 5%水平上的显著性检验，且为正值，说明该因素提升了效率，进而对小型城市全要素生产率的提升产生了长期的促进作用。投资率降低了效率，进而对小型城市全要素生产率产生了抑制作用。产业结构合理化促进了效率的提升，但从长期来看，未对小型城市全要素生产率有显著影响。从小型城市长期间接效应(即空间溢出效应)的估计结果来看，模型 1 中，科研投入通过了 10%水平上的显著性检验，且为正值，即本地区科研投入的过程会提升邻近城市的全要素生产率水平。从系数大小来看，科研投入每提升 1 个百分点，周边城市全要素生产率平均提升约 12. 1335 个百分点。从模型 2 和模型 3 的结果来看，未发现各因素存在空间溢出的传导效应。从小型城市长期总效应的估计结果来看，科研投入、经济发展水平均通过了 10%的水平上的显著性检验，且都为正值，说明从长期来看，这两个因素总体上对全要素生产率增长有正向的促进作用。从系数大小来看，科研投入、经济发展水平每提升 1 个百分点，城市全要素生产率分别提升约 13. 3999、0. 6780 个百分点。从传导机制来看，产业结构合理化通过了 10%水平上的显著性检验，且为正值，说明该因素对效率产生了拖累，但是总体而言未对城市全要素生产率的提升产生长期影响。

表 4-21　　　　小型城市长期效应估计结果

| | 模型 1 | 模型 2 | 模型 3 |
|---|---|---|---|
| LR_Direct | | | |
| TS | 1. 26639 | 0. 30105 | −0. 47638 |
| | (0. 78) | (0. 65) | (−0. 02) |
| AGDP | 0. 32475*** | 0. 04181** | 0. 08820 |
| | (5. 84) | (2. 73) | (0. 27) |
| IR | −0. 31267* | −0. 08843* | −0. 18192 |
| | (−2. 47) | (−2. 30) | (−0. 08) |
| HC | 0. 13786* | 0. 02704 | 0. 02379 |
| | (2. 24) | (1. 51) | (0. 04) |
| IC | −0. 03998 | −0. 00960 | −0. 04145 |
| | (−1. 77) | (−1. 53) | (−0. 13) |
| FD | 0. 28072 | −0. 07380 | −0. 08908 |
| | (1. 11) | (−1. 03) | (−0. 09) |
| RS | −0. 21703 | 1. 60329*** | −2. 02305 |
| | (−0. 23) | (5. 65) | (−0. 29) |
| ES | −0. 08920 | −0. 07171 | 0. 38386 |
| | (−0. 25) | (−0. 71) | (0. 38) |
| LR_Indirect | | | |
| TS | 12. 13349* | 2. 52379 | −8. 79931 |
| | (2. 16) | (1. 76) | (−0. 06) |
| AGDP | 0. 35320 | 0. 00036 | −0. 32247 |
| | (1. 35) | (0. 01) | (−0. 05) |
| IR | −0. 18095 | −0. 15338 | −0. 67135 |
| | (−0. 34) | (−1. 02) | (−0. 03) |
| HC | 0. 28568 | 0. 10535 | 0. 02690 |
| | (1. 19) | (1. 61) | (0. 00) |

续表

| | 模型 1 | 模型 2 | 模型 3 |
|---|---|---|---|
| IC | 0.15172 | 0.00902 | −0.27919 |
| | (1.52) | (0.34) | (−0.03) |
| FD | 0.32989 | −0.05435 | −0.42088 |
| | (0.41) | (−0.26) | (−0.02) |
| RS | −3.37424 | 0.77526 | 3.52210 |
| | (−1.15) | (0.84) | (0.03) |
| ES | −0.66674 | 0.01064 | 2.33102 |
| | (−0.69) | (0.04) | (0.06) |
| LR_Total | | | |
| TS | 13.39988* | 2.82484 | −9.27569 |
| | (2.03) | (1.69) | (−0.06) |
| AGDP | 0.67795* | 0.04217 | −0.23427 |
| | (2.27) | (0.58) | (−0.03) |
| IR | −0.49361 | −0.24181 | −0.85327 |
| | (−0.85) | (−1.49) | (−0.04) |
| HC | 0.42354 | 0.13239 | 0.05070 |
| | (1.55) | (1.79) | (0.01) |
| IC | 0.11174 | −0.00058 | −0.32065 |
| | (0.97) | (−0.02) | (−0.03) |
| FD | 0.61061 | −0.12815 | −0.50996 |
| | (0.63) | (−0.51) | (−0.02) |
| RS | −3.59127 | 2.37855* | 1.49905 |
| | (−1.05) | (2.24) | (0.01) |
| ES | −0.75594 | −0.06106 | 2.71488 |
| | (−0.66) | (−0.21) | (0.07) |

注：*、**、*** 分别表示在 10%、5%、1%显著性水平下显著。

通过以上基于总样本、区域样本和城市规模样本的分析，可以得出以下结论：科研投入、经济发展水平、人力资本是当前推动我国城市 TFP 增长的直接动力，基础设施具有一定程度上的阻碍作用。但是区域间、不同规模的城市间也存在一定差异。这些差异体现在以下几个方面：第一，东部城市的人力资本水平较高，是 TFP 增长的重要动力，但其却成为阻碍西部城市发展的重要因素；第二，产业结构高级化适用于特大型城市当前的发展特征，起到了正向作用，却不适合其他城市的发展特点；第三，金融发展是一把“双刃剑”，在提升技术水平的同时可能降低效率；第四，经济发达的城市对邻近地区的经济发展、人力资本等因素有一定程度上的“虹吸效应”；第五，全要素生产率、效率和技术三者在时间上呈现出正向的连续性和空间上的正向溢出效应。这不仅进一步证实了经济增长的“连续性”特征，还说明了效率改善和技术进步会伴随着“模仿效应”，具有正向的“外部性”特征。

这是因为，首先，区域、不同规模城市发展不平衡，发达城市吸引了人才、资本等要素流入，发展了本地区经济，对周边城市在人才和其他要素上造成了一定的损失。其次，产业结构高级化在当前出现了“结构性减速”特征，一味地追求服务业在三次产业中的高比重，盲目地“退二进三”并不适合大部分城市，“反向高级化”(于斌斌，2015)可能更适用于我国当前大部分城市的经济发展特征。再次，金融发展盲目地扩大规模，未注重在效率和技术上发挥“组合作用”。最后，个别城市在新技术和管理模式上的应用，吸引周边地区对新技术和管理方式的模仿，进而产生正向的“外部性”。

## 第三节　中国城市全要素生产率提升的路径选择

### 一、计量模型与变量设定

#### (一)指标体系构建

构建如下指标体系：

1. 被解释变量

城市全要素生产率增长(TFP)：由前文中以固定时期作为参考集的CRS乘数模型计算出的ML指数作为全要素生产率增长指数，并进行累乘，得到累积值。

2. 核心解释变量

(1)自主型创新(SEI)：采用科学事业投入费用占财政支出费用的比重作为代理变量。

(2)模仿式创新(MTI)：由于城市统计年鉴中缺乏技术引进经费数据，因此采用外商投资占地区生产总值的比值作为代理变量。

(3)制度环境(SEP)：在以往文献基础上参考樊纲(2017)的市场化指数，通过四个指标构建制度环境。一是民营经济发展程度($e_1$)，鉴于数据的可获得性，用私营企业及个体从业人员占总劳动力数量的比重来衡量。二是政府与市场的关系($e_2$)，用财政支出占GDP比重来表示，主要衡量政府宏观调控程度、市场机制的有效性。三是金融环境($e_3$)，金融环境发达与否直接关系到产品市场和要素市场融通资金的灵活程度，本书采用金融机构年末贷款余额占GDP比重来构建。四是就业环境($e_4$)，良好的就业环境对于经济发展具有保障作用。本书在章元等人(2011)的研究基础上，以城镇登记失业人数占总劳动力人数的比重来衡量，比重越低说明就业环境越好。

采用Coppi、Zannella提出之后修正的动态因子分析方法(DFA)得到的方差贡献率作为权重。该方法不仅能确保指标权重的客观性，与普通因子分析只能处理截面数据相比，加入了时间序列的分析结果，更能全面地反映各分项指标的重要程度。得到的权重为：

| | $e_1$ | $e_2$ | $e_3$ | $e_4$ |
|---|---|---|---|---|
| $r$ | 0.28937 | 0.27039 | 0.23052 | 0.20972 |

因此，民营经济发展程度、政府与市场的关系、金融环境、就业环境权重分别为：$r_1=0.2894$，$r_2=0.2704$，$r_3=0.2305$，$r_4=0.2097$。

根据权重构建制度环境指数，即：

$$\mathrm{SEP}_{it} = \sum_{n=1}^{4} r_n e_{int} \tag{4.7}$$

其中，$i$ 为第 $i$ 个城市，$t$ 为年份，$e$ 为分项指标，$r$ 为权重。

(4)经济发展水平(AGDP)：物质资本水平与地区经济发展水平相关，用人均地区生产总值来衡量，并按照省份 GDP 平减指数分城市转换为可比值。

(5)人力资本(HC)：本书采用每万人中高等学校在校生人数作为代理变量。

3. 控制变量

(1)投资率(IR)：用固定资产投资总额与地区生产总值比值作为代理变量。

(2)文化环境(CE)：采用每万人藏书数量作为代理变量。

(3)产业结构(IS)：此处只用产业结构高级化，用第三产业产值与第二产业产值的比值作为代理变量。

(4)基础设施(IC)：用人均道路面积来衡量。

为验证城市全要素生产率提升的路径选择与要素禀赋的匹配性，建立以下面板模型进行检验：

模型 1：$\mathrm{SEI}_{it} = \alpha_0 + \alpha_1 \mathrm{SEP}_{it} + \alpha_2 \mathrm{AGDP}_{it} + \alpha_3 \mathrm{HC}_{it} + \alpha_4 M_{it} + \zeta_{it}$

模型 2：$\mathrm{MTI}_{it} = \beta_0 + \beta_1 \mathrm{SEP}_{it} + \beta_2 \mathrm{AGDP}_{it} + \beta\alpha_3 \mathrm{HC}_{it} + \beta_4 M_{it} + \zeta_{it}$

其中，SEI 表示自主式创新，MTI 表示模仿式创新，SEP 为制度环境，AGDP 为经济发展水平、HC 为人力资本水平，M 为控制变量集，$i$ 为城市个体，$t$ 为年份，$\zeta$ 为随机扰动项。各变量描述性统计如表 4-22 所示。

表 4-22　　　　**各变量描述性统计**

| 变量 | 符号 | 最大值 | 最小值 | 均值 | 标准差 | 观测值 |
|---|---|---|---|---|---|---|
| 全要素生产率 | TFP | 31.9303 | 0.1274 | 2.5074 | 3.1547 | 3575 |
| 自主式创新 | SEI | 9.9353 | 0.00003 | 0.1259 | 0.5335 | 3575 |
| 模仿式创新 | MTI | 16.24718 | 3.58E-06 | 0.2109 | 0.9532 | 3575 |
| 经济发展水平 | AGDP | 27.2079 | 0.3082 | 6.36454 | 6.5094 | 3575 |
| 制度环境 | SEP | 2.9023 | -0.7624 | 0.8197 | 0.1758 | 3575 |
| 人力资本 | HC | 207.1300 | 0.8330 | 0.4816 | 0.6042 | 3575 |
| 产业结构 | IS | 4.8194 | 0.0943 | 15.9239 | 21.6701 | 3575 |
| 文化环境 | CE | 2187.3900 | 0.3500 | 77.4699 | 96.7578 | 3575 |
| 基础设施 | IC | 108.37 | 0.31 | 10.7105 | 7.7098 | 3575 |
| 投资率 | IR | 207.1300 | 0.8330 | 21.6701 | 15.9239 | 3575 |

为了获得“适宜性创新”的门槛条件，本书选择非线性面板回归模型进行实证研究。采用被广泛应用的 Hansen(1999)发展的非线性面板门限回归模型(PTR)，若为单门槛，则构建如下门槛模型：

模型 3：$TFP_{it} = \lambda_0 + \lambda_1 SEI_{it}(q_{it} \leqslant \gamma_1) + \lambda_2 SEI_{it}(q_{it} > \gamma_1) + \lambda_3 M_{it} + \mu_i + \zeta_{it}$

模型 4：$TFP_{it} = \theta_0 + \theta_1 MTI_{it}(q_{it} \leqslant \gamma_1) + \theta_2 MTI_{it}(q_{it} > \gamma_1) + \theta_3 M_{it} + \mu_i + \zeta_{it}$

其中，TFP 为城市全要素生产率，SEI 为自主式创新，MTI 为模仿式创新，$q$ 为门限变量，本书中门限变量分别有制度环境、城市经济发展水平和人力资本，$\gamma$ 为门槛值，M 为控制变量集，$\mu_i$ 为个体效应，$\zeta_{it}$ 为随机扰动项。

对于单门槛模型的估计，其实质相当于一个分段函数模型，当 $q_{it} \leqslant \gamma_1$ 时，系数为 $\lambda_1$；当 $q_{it} > \gamma_1$ 时，系数为 $\lambda_2$。根据面板门槛回归理论，当确定了 $\gamma$ 则可以估计模型参数，根据模型参数可以求得其残差平方和 $S_1(\gamma)$ 。当给定的门槛值 $\gamma$ 越接近真实水平，模型的 $S_1(\gamma)$ 也就越小。所以，可以通过计算候选门槛值 $\gamma$ 对应的残差平方和，并选取残差平方和最小值对应的门槛值作为估计值 $\hat{\gamma}$，即 $\hat{\gamma} = \arg_{\gamma}\min S_1(\gamma)$。在得到各估计值后，检验门槛效应。

第一步，对显著性进行检验，也就是检验 $\lambda_1$ 与 $\lambda_2$ 是否有显著差异。其原假设为 $H_0$：$\lambda_1 = \lambda_2$，即不存在门槛效应。构造 F 统计量 $F_1 = S_0 - S_1(\hat{Y})/\hat{\sigma}^2$，用自举法和 LM 检验来计算临界值和检验 $p$ 值，判断是否存在门槛效应。第二步，检验门槛效应的估计值 $\rho$ 和真实门槛值 $\rho$ 是否一致，并推算出门槛估计值 $\hat{\gamma}$ 的置信区间。

若为多门槛模型，则以双门槛模型为例构建如下模型，其他多门槛模型可以此类推。

模型 5 和模型 6：

$$\mathrm{TFP}_{it} = \lambda_0 + \lambda_1\mathrm{SEI}_{it}(q_{it} \leqslant \gamma_1) + \lambda_2\mathrm{SEI}_{it}(\gamma_1 < q_{it} \leqslant \gamma_2) + \lambda_3\mathrm{SEI}_{it}(q_{it} < \gamma_2) + \lambda_4 M_{it} + \mu_i + \zeta_{it}$$

$$\mathrm{TFP}_{it} = \theta_0 + \theta_1\mathrm{SEI}_{it}(q_{it} \leqslant \gamma_1) + \theta_2\mathrm{SEI}_{it}(\gamma_1 < q_{it} \leqslant \gamma_2) + \theta_3\mathrm{SEI}_{it}(q_{it} < \gamma_2) + \theta_4 M_{it} + \mu_i + \zeta_{it}$$

模型 5 和模型 6 与单门槛模型相似，TFP 为城市全要素生产率，SEI 为自主式创新，MTI 为模仿式创新，$q$ 为门限变量，分别有制度环境、城市经济发展水平和人力资本，$\gamma$ 为门槛值，M 为控制变量集，$\mu_i$ 为个体效应，$\zeta_{it}$ 为随机扰动项。

## 二、经验检验与结果分析

### (一)创新模式与要素禀赋的匹配性检验

对模型 1 和模型 2 的匹配性检验实证结果如表 4-23 所示。

表 4-23 对创新模式与要素禀赋匹配性检验的结果显示，经济发展水平和基础设施对模仿式创新的影响均在 5%水平上显著为负值，投资率在 1%的显著性水平上为正值，其余变量均不显著；对于自主性创新模式，经济

发展水平、制度环境、人力资本、文化环境、产业结构和投资本率均通过了不同水平上的显著性检验，且为正值，说明总体来看，选择自主性创新模式存在一定的合理性。

表 4-23　　**创新模式与要素禀赋匹配性检验**

| | AGDP | SEP | HC | IS | CE | IC | IR |
|---|---|---|---|---|---|---|---|
| MTI | -0.01266** | 0.11396 | -0.00160 | 0.04848 | 0.00020 | -0.01049** | 0.13830*** |
| | (-2.90) | (1.08) | (-0.60) | (1.17) | (0.72) | (-2.80) | (3.31) |
| SEI | 0.00694** | 0.13645* | 0.00134** | 0.01648 | 0.00042*** | 0.00339* | 0.04872* |
| | (2.85) | (2.32) | (2.76) | (1.43) | (3.82) | (2.44) | (2.08) |

注：*、**、***分别表示在 10%、5%、1%显著性水平下显著。

## (二)适宜性创新模式选择的门槛条件

1. 全样本门槛检验及门槛回归实证结果

(1)门槛数的确定与门槛值的估计。

首先假设为单门槛模型，分析门槛效应是否存在。门槛效应不存在时，模型退化为传统的线性回归模型；门槛效应存在时，可继续按前述方法寻找第二个门槛，以此类推。表 4-24 为经济发展水平(AGDP)、制度环境(SEP)和人力资本(HC)作为门槛变量的全样本门槛效应检验结果。

表 4-24　　**单门槛效应检验结果**

| 门槛变量 | *F* 统计量 | *P* 值 | 临界值 | | |
|---|---|---|---|---|---|
| | | | 10% | 5% | 1% |
| AGDP | 6.42 | 0.0200 | 4.7632 | 5.3712 | 6.9600 |
| SEP | 2.80 | 0.0500 | 2.5553 | 2.7944 | 3.7798 |
| HC | 2.15 | 0.0800 | 1.9438 | 2.8988 | 4.4985 |

从表 4-24 中对单门槛效应检验的结果来看，经济发展水平、制度环境和人力资本三个变量均分别通过了 5%、10%和 10%水平上的显著性检验，表明这三个变量均至少存在一个门槛值。接着对这三个变量进行双门槛效应检验，以判断是否存在第二个门槛值，检验结果如表 4-25 所示。

表 4-25　　**双门槛效应检验结果**

| 门槛变量 | *F* 统计量 | *P* 值 | 临界值 | | |
|---|---|---|---|---|---|
| | | | 10% | 5% | 1% |
| AGDP | 6. 42 | 0. 0500 | 4. 9077 | 5. 7437 | 12. 9116 |
| SEP | 3. 69 | 0. 0200 | 2. 0347 | 2. 5446 | 4. 2335 |
| HC | 1. 08 | 0. 4700 | 2. 4688 | 3. 4285 | 4. 6593 |

从表 4-25 中双门槛效应检验的结果来看，经济发展水平和制度环境分别通过了 10%和 5%水平上的显著性检验，表明这两个变量均存在第二个门槛值，而人力资本未能拒绝不存在第二个门槛值的原假设，未通过显著性检验，因此人力资本变量只存在一个门槛值。接着继续对经济发展水平和制度环境这两个变量进行三门槛效应检验，以判断二者是否存在第三个门槛值，三门槛检验的结果如表 4-26 所示。

表 4-26　　**三门槛效应检验结果**

| 门槛变量 | *F* 统计量 | *P* 值 | 临界值 | | |
|---|---|---|---|---|---|
| | | | 10% | 5% | 1% |
| AGDP | 7. 09 | 0. 1100 | 7. 1863 | 9. 1876 | 12. 6371 |
| SEP | 2. 62 | 0. 4400 | 5. 1253 | 6. 5452 | 7. 9757 |

从表 4-26 中对三门槛效应检验的结果来看，制度环境和人力资本均不显著，说明经济发展水平和人力资本只存在双门槛效应。

基于以上对三个变量的门槛效应的检验结果，分别对经济发展水平、制度环境和人力资本三个变量的门槛值进行估计，结果如表4-27所示。

表4-27　**全样本门槛值估计结果**

| 变量 | 门槛数目 | 门槛估计值 | 95%置信区间 |
|---|---|---|---|
| AGDP | 1 | 3.1946 | [3.1861，3.2199] |
| | 2 | 10.9729 | [10.8744，11.0397] |
| SEP | 1 | 0.6292 | [0.6284，0.6301] |
| | 2 | 0.9594 | [0.9574，0.9605] |
| HC | 1 | 28.4292 | [28.0198，29.2016] |

从表4-27的结果可以看到，代表经济发展水平的人均地区生产总值的第一个门槛值为3.1946，其95%的置信区间为[3.1861，3.2199]，第二个门槛值为10.9729，其95%的置信区间为[10.8744，11.0397]；制度环境指数的第一个门槛值为0.6292，其95%的置信区间为[0.6284，0.6301]，第二个门槛值为0.9594，其95%的置信区间为[0.9574，0.9605]；用以代表人力资本变量的每万人中高等在校生人数的门槛值为28.4292，其95%的置信区间为[28.0198，29.2016]。

(2)门槛回归估计结果。

首先对全国样本进行门槛回归，从表4-28结果可以看出，当经济发展水平即人均地区生产总值低于3.1946万元时，通过模仿创新模式对TFP的发展有促进作用，生产总值每增加1万元，全要素生产率大约提升4.7772个百分点，当跨越第一个门槛值，即人均地区生产总值超过3.1946万元时，采用自主式创新模式明显比模仿式创新对TFP的正向促进作用明显，即人均地区生产总值每增加1万元，采用模仿式创新和自主式创新分别促使全要素生产率提升0.0963和0.2040个百分点。这与余泳泽、张先轸(2015)使用省际数据的结论大体一致。当跨越第二个门槛值后，即人均地区生产总值超过10.9729万元时，采用自主式创新模式同样比模仿式创新对全要素生产率的正向促进作用更大，而且对全要素生产率的提升作用明显大于人均地区生产总值跨越第一个门槛值3.1946万元时。制度环境指数小于0.6292时，不论是模仿式创新还是自主式创新模式，都尚未发现对全要素生产率有显著作用，当跨越第一个门槛值0.6292时，采用自主创新模式对全要素生产率提升有显著的促进作用，制度环境每提升1个百分点，全要素生产率提升0.9621个百分点，当制度环境指数超过0.9594时，自主式创新模式下对全要素生产率提升的作用更大，但是与模仿式创新相比差距较小。对于人力资本而言，每万人中高等在校生人数小于28.4292万人时，采用模仿式创新对全要素生产率的提升作用较为显著，即每万人中高等在校生人数每增加1个百分点，模仿式创新条件下的全要素生产率可提升0.0881个百分点，当跨越门槛值28.4292时，采用自主式创新对全要素生产率的提升作用明显大于模仿式创新。从控制变量来看，产业结构、文化环境和基础设施三个变量不论在模仿式创新还是自主式创新下均对城市全要素生产率提升具有正向的促进作用，尚未发现投资率有显著影响。分析以上结果，我国城市层面的"适宜性创新"是存在的。

表4-28　　**全样本门槛回归结果**

| | (MTI) | (MTI) | (MTI) | (SEI) | (SEI) | (SEI) |
|---|---|---|---|---|---|---|
| _cons | 2.18814*** | 2.15477*** | 2.15932*** | 2.18624*** | 2.17278*** | 2.16940*** |
| | (11.73) | (11.51) | (11.53) | (11.78) | (11.62) | (11.59) |
| IS | 0.23861** | 0.28106** | 0.28411** | 0.25667** | 0.28799** | 0.28628** |
| | (2.72) | (3.20) | (3.24) | (2.96) | (3.29) | (3.27) |
| CE | 0.00288*** | 0.00329*** | 0.00328*** | 0.00287*** | 0.00327*** | 0.00328*** |
| | (4.99) | (5.71) | (5.69) | (5.02) | (5.69) | (5.70) |
| IC | 0.10530*** | 0.11456*** | 0.11429*** | 0.10784*** | 0.11411*** | 0.11407*** |
| | (12.75) | (13.96) | (13.92) | (13.27) | (13.91) | (13.90) |
| IR | −0.09448 | −0.11886 | −0.11892 | −0.09900 | −0.12545 | −0.12194 |
| | (−0.99) | (−1.23) | (−1.23) | (−1.04) | (−1.31) | (−1.27) |

续表

| | (MTI) | (MTI) | (MTI) | (SEI) | (SEI) | (SEI) |
|---|---|---|---|---|---|---|
| AGDP≤ $\gamma_1$ | 4.77716** | | | -41.84982*** | | |
| | (3.14) | | | (-4.52) | | |
| $\gamma_1$ <AGDP≤ $\gamma_2$ | 0.09629* | | | 0.20395** | | |
| | (2.58) | | | (3.09) | | |
| AGDP> $\gamma_2$ | 3.96169*** | | | 5.98171*** | | |
| | (6.19) | | | (8.55) | | |
| SEP≤ $\gamma_1$ | | 27.52465 | | | 0.11843 | |
| | | (1.66) | | | (1.37) | |
| $\gamma_1$ <SEP≤ $\gamma_1$ | | 0.06884 | | | 0.96213*** | |
| | | (1.60) | | | (4.01) | |
| SEP> $\gamma_2$ | | 0.22321** | | | 0.28022* | |
| | | (2.92) | | | (2.42) | |
| HC≤ $\gamma_1$ | | | 0.08808* | | | 0.13596 |
| | | | (2.26) | | | (1.69) |
| HC> $\gamma_1$ | | | 0.32642* | | | 0.46130*** |
| | | | (2.32) | | | (3.85) |
| *F* | 5.83*** | 5.85*** | 5.84*** | 6.02*** | 5.91*** | 5.88*** |
| *N* | 3575 | 3575 | 3575 | 3575 | 3575 | 3575 |

注：*、**、***分别表示在10%、5%、1%显著性水平下显著。

2. 分区域门槛回归结果

从表4-29中对东、中、西部三大区域的单门槛效应检验结果来看，三个区域的经济发展水平、制度环境和人力资本均都通过了1%、5%和10%水平上的显著性检验，三个变量均至少存在一个门槛值。接着分别对三个变量继续进行双门槛效应检验，以判断是否存在第二个门槛值，检验结果如表4-30所示。从表4-30对双门槛效应检验的结果来看，东部城市的经济发展水平、中部区域的经济发展水平和制度环境变量以及西部区域的经济发展水平、人力资本和制度环境三个变量均未通过显著性检验，表明这几个变量只存在一个门槛值。

表 4-29　　东、中、西三大区域单门槛效应检验结果

| | 门槛变量 | F 统计量 | P 值 | 临界值 | | |
|---|---|---|---|---|---|---|
| | | | | 10% | 5% | 1% |
| 东部 | AGDP | 37.61 | 0.0267 | 23.8055 | 30.1498 | 47.6531 |
| | SEP | 7.31 | 0.0333 | 4.8674 | 6.7853 | 13.1525 |
| | HC | 2.15 | 0.0800 | 1.9438 | 2.8988 | 4.4985 |
| 中部 | AGDP | 77.25 | 0.0000 | 28.8807 | 32.9689 | 40.8308 |
| | SEP | 4.36 | 0.0600 | 3.7345 | 4.3959 | 5.3058 |
| | HC | 5.56 | 0.0600 | 3.2334 | 5.6792 | 18.4440 |
| 西部 | AGDP | 19.50 | 0.0300 | 1.6959 | 1.6959 | 8.9636 |
| | SEP | 8.49 | 0.0033 | 2.4540 | 3.5273 | 5.9070 |
| | HC | 12.71 | 0.0900 | 11.3316 | 18.3751 | 39.4062 |

表 4-30　　双门槛效应检验结果

| | 门槛变量 | F 统计量 | P 值 | 临界值 | | |
|---|---|---|---|---|---|---|
| | | | | 10% | 5% | 1% |
| 东部 | AGDP | 14.71 | 0.2933 | 59.1611 | 75.5663 | 93.4093 |
| | SEP | 7.59 | 0.0700 | 6.5559 | 8.9943 | 16.9620 |
| | HC | 7.73 | 0.0400 | 5.1824 | 6.6213 | 14.3267 |
| 中部 | AGDP | 10.14 | 0.4367 | 155.6494 | 180.5433 | 216.9714 |
| | SEP | 2.02 | 0.3400 | 4.3576 | 6.4034 | 16.6779 |
| | HC | 5.31 | 0.0400 | 3.5751 | 4.6582 | 7.0294 |
| 西部 | AGDP | 5.44 | 0.2400 | 8.9390 | 10.8809 | 31.9680 |
| | SEP | 0.59 | 0.7267 | 3.8546 | 6.6817 | 20.8406 |
| | HC | 0.20 | 0.9733 | 2.8694 | 3.7128 | 11.1958 |

对其余几个变量进行三门槛效应检验判断是否存在第三个门槛值，检验结果如表 4-31 所示。

表 4-31　　　　三门槛效应检验结果

| | 门槛变量 | F 统计量 | P 值 | 临界值 | | |
|---|---|---|---|---|---|---|
| | | | | 10% | 5% | 1% |
| 东部 | SEP | 0.82 | 0.8633 | 13.6492 | 18.9769 | 28.4634 |
| | HC | 0.92 | 0.8000 | 7.3035 | 9.0593 | 17.2668 |
| 中部 | HC | 0.92 | 0.7100 | 5.4605 | 7.1916 | 9.9019 |

从表 4-31 中对三门槛效应测算结果进行分析，东部区域的制度、人力因素和西部区域的人力资本变量均未通过显著性检验，说明这三个变量只存在双门槛效应。基于以上对三个变量门槛效应的检验结果，分别对三大区域的经济发展水平、制度环境和人力资本的门槛值进行估计，结果如表 4-32 所示。

表 4-32　　　　三大区域门槛值估计结果

| | 变量 | 门槛数目 | 门槛估计值 | 95%置信区间 |
|---|---|---|---|---|
| 东部 | AGDP | 1 | 18.9018 | [18.7677, 19.1879] |
| | | 1 | 0.8693 | [0.8687, 0.8710] |
| | SEP | 2 | 0.9849 | [0.9819, 0.9862] |
| | | 1 | 36.3075 | [27.0560, 36.4537] |
| | HC | 2 | 39.5196 | [18.0971, 39.9075] |
| 中部 | AGDP | 1 | 17.1216 | [16.9715, 17.4924] |
| | SEP | 1 | 0.6292 | [0.6284, 0.6301] |
| | HC | 1 | 12.1066 | [12.0040, 12.2118] |
| | | 2 | 17.4624 | [17.4411, 17.5121] |

续表

| | 变量 | 门槛数目 | 门槛估计值 | 95%置信区间 |
|---|---|---|---|---|
| 西部 | AGDP | 1 | 11.3076 | [11.1802，11.5384] |
| | SEP | 1 | 0.5136 | [0.5095，0.5347] |
| | HC | 1 | 14.3380 | [14.1788，14.4448] |

从表4-32中东、中、西部三个区域的三个变量门槛值估计结果中可以看到，东部城市代表经济发展水平的第一个门槛值为18.9018，其95%的置信区间为[18.7677，19.1879]；制度环境指数的第一个门槛值为0.8693，其95%的置信区间为[0.8687，0.8710]，第二个门槛值为0.9849，其95%的置信区间为[0.9819，0.9862]；用以代理人力资本变量的每万人中高等在校生人数的门槛值为36.3075，其95%的置信区间为[27.0560，36.4537]。类似地，中部城市的经济发展水平变量的门槛值为17.1216，制度环境指数的门槛值为0.6292，人力资本变量的第一个门槛值为12.1066，第二个门槛值为17.4624；西部城市的经济发展水平变量的门槛值为11.3076，制度环境指数的门槛值为0.5136，人力资本变量的门槛值为14.3380。

从表4-33中对东部城市门槛效应估计的结果中可以看到，当经济发展水平即人均地区生产总值低于18.9018万元时，通过两种创新模式均对全要素生产率提升有显著影响，不同的是，对模仿式创新有负向影响，对自主式创新有正向影响，人均地区生产总值每增加1万元，全要素生产率大约分别降低0.0888和提升0.1995个百分点，当跨越第一个门槛值，即人均地区生产总值超过18.9018万元时，采用两种创新模式都对全要素生产率有正向促进作用，人均地区生产总值每增加1万元，采用模仿式创新和自主式创新分别促使全要素生产率提升4.0045和5.5875个百分点。

表 4-33　　　　东部城市门槛模型回归结果

| | (MTI) | (MTI) | (MTI) | (SEI) | (SEI) | (SEI) |
|---|---|---|---|---|---|---|
| _cons | 3.60598*** | 3.59283*** | 3.60567*** | 3.53619*** | 3.54425*** | 3.63339*** |
| | (11.28) | (11.05) | (11.09) | (11.14) | (10.91) | (11.21) |
| IS | -1.30884*** | -1.37406*** | -1.37209*** | -1.23290*** | -1.36960*** | -1.38348*** |
| | (-8.43) | (-8.71) | (-8.69) | (-7.99) | (-8.72) | (-8.80) |
| CE | 0.00831*** | 0.00889*** | 0.00896*** | 0.00791*** | 0.00898*** | 0.00896*** |
| | (10.46) | (11.08) | (11.18) | (10.01) | (11.26) | (11.22) |
| IC | 0.01494 | 0.02293 | 0.02144 | 0.01809 | 0.02583* | 0.02144 |
| | (1.19) | (1.80) | (1.69) | (1.46) | (2.03) | (1.69) |
| IR | -0.09846 | -0.13574 | -0.14971 | -0.15023 | -0.12510 | -0.16813 |
| | (-0.37) | (-0.50) | (-0.55) | (-0.57) | (-0.47) | (-0.63) |
| AGDP$\leq \gamma_1$ | -0.08878* | | | 0.19950** | | |
| | (-2.24) | | | (2.85) | | |
| AGDP$> \gamma_2$ | 4.00453*** | | | 5.58754*** | | |
| | (6.05) | | | (7.73) | | |
| SEP$\leq \gamma_1$ | | -0.05363 | | | -0.18393 | |
| | | (-1.13) | | | (-1.29) | |
| $\gamma_1$ <SEP$\leq \gamma_1$ | | -20.21288 | | | 0.52593* | |
| | | (-1.27) | | | (2.32) | |
| SEP$> \gamma_2$ | | 0.21407** | | | 0.37120*** | |
| | | (2.90) | | | (4.24) | |
| HC$\leq \gamma_1$ | | | 0.09278* | | | -0.09490 |
| | | | (2.29) | | | (-1.06) |
| $\gamma_1$ <HC$\leq \gamma_1$ | | | 0.06646 | | | 1.0512*** |
| | | | (0.55) | | | (4.65) |
| HC$> \gamma_1$ | | | 0.18331** | | | 0.28014** |
| | | | (2.38) | | | (2.03) |
| F | 5.61*** | 5.76*** | 5.53*** | 5.55*** | 5.69*** | 5.79*** |
| *N* | 1430 | 1430 | 1430 | 1430 | 1430 | 1430 |

注：*、**、***分别表示在 10%、5%、1%显著性水平下显著。

总的来说，采用自主式创新比模仿式创新对全要素生产率的正向促进作用更大。对于制度环境而言，当小于0. 8693 时，不论模仿式创新还是自主式创新模式，对全要素生产率都未发现有显著作用；当跨越第一个门槛值0. 8693 时，采用自主创新模式对全要素生产率提升有显著的促进作用，制度环境每提升 1 个百分点，全要素生产率提升 0. 5259 个百分点；当跨越第二个门槛值 0. 9849 时，自主式创新模式对全要素生产率提升的作用较大。对于人力资本而言，每万人中高等在校生人数小于 36. 3075 人时，采用模仿式创新对全要素生产率的提升作用较为显著，即每万人中高等在校生人数每增加 1 个百分点，模仿式创新条件下的全要素生产率提升 0. 0928 个百分点，当跨越第一个门槛值 36. 3075 时，自主式创新对全要素生产率的提升有显著作用；当跨越第二个门槛值 39. 5196 时，两种创新模式均对东部城市全要素生产率提升有显著的促进作用，但是自主创新下的促进作用更大。

控制变量方面，产业结构、文化环境两个变量在两种创新模式下，均对全要素生产率提升有正向促进作用，基础设施和投资率则未发现有显著影响。

表 4-34 中部城市门槛效应估计的结果显示，当经济发展水平即人均地区生产总值低于 17. 1216 万元时，两种创新模式下对全要素生产率提升均有显著的正向影响。当跨越该门槛值，即人均地区生产总值超过 17. 1216 万元时，采用模仿式创新对全要素生产率有促进作用，人均地区生产总值每增加 1 万元，采用模仿式创新和自主式创新分别促使全要素生产率提升 4. 79123 个百分点。

从经济发展水平变量来看，更适宜采用模仿式创新。对制度环境而言，当跨越门槛值 0. 6292 时，采用自主创新对全要素生产率提升有显著的促进作用，制度环境每提升 1 个百分点，全要素生产率提升 0. 2158 个百分点。对人力资本而言，其门槛值不论是小于 12. 1066，还是介于第一个门槛值 12. 1066 和第二个门槛值 17. 4624 之间，或跨越第二个门槛值 17. 4624 后，采用两种创新模式均对中部城市全要素生产率有正向影响。总体来看，自主式创新模式下，人力资本对全要素生产率提升的作用更大。从控制变量来看，基础设施对城市全要素生产率有正向影响，产业结构的作用显著为负，文化环境和投资率未通过显著性检验，这也进一步证实，产业结构高级化并不适合中部城市的经济发展状况。

表 4-34　　中部城市门槛模型回归结果

| | (MTI) | (MTI) | (MTI) | (SEI) | (SEI) | (SEI) |
|---|---|---|---|---|---|---|
| _cons | 2.11764*** | 2.04698*** | 2.06264*** | 2.11650*** | 2.05220*** | 2.05961*** |
| | (9.10) | (8.83) | (8.89) | (9.14) | (8.83) | (8.87) |
| IS | -0.43223*** | -0.41953*** | -0.42855*** | -0.42820*** | -0.42488*** | -0.42670*** |
| | (-3.72) | (-3.60) | (-3.68) | (-3.70) | (-3.65) | (-3.66) |
| CE | 0.00040 | 0.00038 | 0.00038 | 0.00041 | 0.00038 | 0.00037 |
| | (0.59) | (0.57) | (0.56) | (0.61) | (0.57) | (0.56) |
| IC | 0.12465*** | 0.12870*** | 0.12815*** | 0.12557*** | 0.12870*** | 0.12851*** |
| | (13.60) | (14.12) | (14.06) | (13.80) | (14.11) | (14.10) |
| IR | 0.32074 | 0.32409 | 0.32895 | 0.31072 | 0.31517 | 0.32068 |
| | (1.86) | (1.87) | (1.90) | (1.81) | (1.82) | (1.86) |
| AGDP≤ $\gamma_1$ | 0.12813* | | | 0.23098* | | |
| | (2.30) | | | (2.29) | | |
| AGDP> $\gamma_2$ | 4.79123* | | | 3.97109 | | |
| | (2.20) | | | (1.81) | | |
| SEP≤ $\gamma_1$ | | -0.10556 | | | 0.41635 | |
| | | (-1.83) | | | (0.46) | |
| SEP> $\gamma_2$ | | -0.38727 | | | 0.21581* | |
| | | (-1.73) | | | (2.10) | |
| HC≤ $\gamma_1$ | | | 0.08156*** | | | 0.288554*** |
| | | | (2.73) | | | (5.54) |
| $\gamma_1$ <HC≤ $\gamma_2$ | | | 0.17233*** | | | 0.81334*** |
| | | | (3.66) | | | (6.68) |

续表

| | (MTI) | (MTI) | (MTI) | (SEI) | (SEI) | (SEI) |
|---|---|---|---|---|---|---|
| HC> $\gamma_1$ | | | 0.16701** | | | 0.21200* |
| | | | (2.04) | | | (7.43) |
| F | 6.01*** | 5.87*** | 5.99*** | 6.00*** | 5.97*** | 5.98*** |
| *N* | 1404 | 1404 | 1404 | 1404 | 1404 | 1404 |

注：*、**、***分别表示在10%、5%、1%显著性水平下显著。

从表4-35对西部城市门槛效应的估计结果可以看到，当经济发展水平跨越门槛值11.3076，即人均地区生产总值超过11.3076万元时，采用模仿式创新对全要素生产率的正向促进作用更大。从经济发展水平变量来看，更适宜采用模仿式创新。对于制度环境而言，当小于门槛值0.5136时，采用两种创新模式的差别不大，模仿式创新对全要素生产率的提升作用略大于自主型创新；当跨越门槛值后，在模仿式创新下对全要素生产率的作用显著为正值。

表4-35　　　　　　　　**西部城市门槛模型回归结果**

| | (MTI) | (MTI) | (MTI) | (SEI) | (SEI) | (SEI) |
|---|---|---|---|---|---|---|
| _cons | 1.52641** | 1.52618** | 1.53652** | 1.70523*** | 1.65054** | 1.62879** |
| | (3.04) | (2.99) | (2.99) | (3.33) | (3.21) | (3.15) |
| IS | 0.31648 | 0.31394 | 0.32458 | 0.25142 | 0.30495 | 0.30929 |
| | (1.56) | (1.54) | (1.58) | (1.24) | (1.49) | (1.51) |
| CE | -0.00199 | -0.00126 | -0.00181 | -0.00132 | -0.00160 | -0.00198 |
| | (-0.88) | (-0.55) | (-0.79) | (-0.58) | (-0.70) | (-0.87) |
| IC | 0.23195*** | 0.23053*** | 0.23943*** | 0.22637*** | 0.22603*** | 0.23668*** |
| | (8.24) | (8.05) | (8.34) | (7.81) | (7.86) | (8.25) |
| IR | 0.11261 | 0.08227 | 0.08335 | 0.05410 | 0.07571 | 0.07411 |
| | (0.68) | (0.49) | (0.49) | (0.32) | (0.45) | (0.44) |

续表

| | (MTI) | (MTI) | (MTI) | (SEI) | (SEI) | (SEI) |
|---|---|---|---|---|---|---|
| AGDP≤ $\gamma_1$ | 0.37952 | | | 0.84704* | | |
| | (1.33) | | | (2.03) | | |
| AGDP> $\gamma_2$ | 4.09693** | | | 0.74960*** | | |
| | (2.38) | | | (4.48) | | |
| SEP≤ $\gamma_1$ | | 2.86714** | | | 2.64788* | |
| | | (2.01) | | | (1.83) | |
| SEP> $\gamma_2$ | | 1.03786** | | | 0.44291 | |
| | | (2.08) | | | (1.42) | |
| HC≤ $\gamma_1$ | | | 0.40629 | | | 0.77349 |
| | | | (1.16) | | | (-1.65) |
| HC> $\gamma_1$ | | | 0.68169 | | | 1.22687*** |
| | | | (1.30) | | | (2.75) |
| F | 5.70*** | 5.96*** | 5.68*** | 5.83*** | 5.67*** | 5.69*** |
| *N* | 741 | 741 | 741 | 741 | 741 | 741 |

注：*、**、***分别表示在10%、5%、1%显著性水平下显著。

但是未跨越门槛之前，这可能是因为西部城市在市场化程度、金融发展程度等方面还较为落后，更适合模仿式创新，在制度环境提升的过程中损失了部分效率，导致跨越门槛值后的正向促进作用反而变小；对于人力资本而言，可以明显看到更适宜采用自主型创新模式。

从控制变量来看，基础设施对城市全要素生产率有正向影响，其余几个变量均未发现有显著影响，也说明西部城市在基础设施的建设上取得了一定的成效，但是在产业结构、文化环境等各方面仍需进一步提升和完善。

三个区域的城市估计结果表明：第一，东部城市门槛值高于中部城市，中部城市又高于西部城市，形成了阶梯式分层；第二，东部城市最适合自主式创新模式，中部城市的经济发展水平成为制约自主创新的瓶颈，西部城市要素禀赋水平更适宜模仿式创新模式。

3. 据城市规模分组的门槛回归结果

从表4-36中单门槛效应检验结果来看，特大型城市、大型城市、中型城市的经济发展水平、制度环境和人力资本三个变量均分别通过了1%、5%和10%水平上的显著性检验，说明这三组城市的这三个变量均至少存在一个门槛值；小型城市的经济发展水平和制度环境都通过了10%和5%水平上的显著性检验，但是人力资本未通过显著性检验，说明小型城市组中的人力资本变量不存在门槛效应。

接着对以上变量继续进行双门槛效应检验，以判断是否存在第二个门槛值，检验结果如表4-37所示。

表4-36　　**依据城市规模分组的单门槛效应检验结果**

| | 门槛变量 | *F*统计量 | *P*值 | 临界值 | | |
|---|---|---|---|---|---|---|
| | | | | 10% | 5% | 1% |
| 特大型城市 | AGDP | 25.57 | 0.0700 | 21.3963 | 31.6705 | 51.8126 |
| | SEP | 6.68 | 0.0400 | 5.0044 | 6.2306 | 16.1781 |
| | HC | 2.38 | 0.0000 | 0.6076 | 0.7209 | 0.9322 |
| 大型城市 | AGDP | 5.53 | 0.0600 | 3.9594 | 5.6580 | 8.3083 |
| | SEP | 16.63 | 0.0000 | 3.9923 | 4.7300 | 6.4706 |
| | HC | 4.74 | 0.0900 | 4.2605 | 6.2025 | 12.9423 |
| 中型城市 | AGDP | 53.86 | 0.0267 | 25.9656 | 37.1248 | 63.1773 |
| | SEP | 13.73 | 0.0000 | 4.5387 | 5.0911 | 10.5491 |
| | HC | 6.56 | 0.0000 | 2.1308 | 2.7922 | 4.0967 |
| 小型城市 | AGDP | 1.86 | 0.0900 | 1.3333 | 6.3574 | 13.6984 |
| | SEP | 26.25 | 0.0400 | 10.4868 | 23.1370 | 50.5293 |
| | HC | 0.62 | 0.6933 | 3.1210 | 5.2476 | 8.3971 |

从表4-37对四组城市双门槛效应检验的结果来看，以上通过单门槛检

验的变量均未通过双门槛检验，说明除了小型城市人力资本变量以外，特大型城市、大型城市和中型城市的三个门槛变量，以及小型城市的经济发展水平和制度环境两个变量均只存在一个门槛值。

表 4-37 双门槛效应检验结果

| | 门槛变量 | $F$ 统计量 | $P$ 值 | 临界值 | | |
|---|---|---|---|---|---|---|
| | | | | 10% | 5% | 1% |
| 特大型城市 | AGDP | 5.74 | 0.4467 | 16.5019 | 22.0414 | 38.9051 |
| | SEP | 0.24 | 0.8700 | 2.7765 | 4.2760 | 5.9657 |
| | HC | 1.04 | 0.1300 | 1.1283 | 1.3847 | 2.1743 |
| 大型城市 | AGDP | 2.07 | 0.3800 | 3.5683 | 6.4866 | 8.8662 |
| | SEP | 1.54 | 0.5633 | 4.8507 | 7.7310 | 17.0913 |
| | HC | 1.59 | 0.3300 | 3.6164 | 5.1727 | 11.6766 |
| 中型城市 | AGDP | 7.63 | 0.4967 | 22.3990 | 26.7474 | 45.3563 |
| | SEP | 2.7521 | 0.40 | 0.5800 | 1.4828 | 2.0046 |
| | HC | 1.06 | 0.4100 | 1.9541 | 2.9780 | 4.9246 |
| 小型城市 | AGDP | 0.64 | 0.4900 | 1.4104 | 1.6196 | 1.9720 |
| | SEP | 3.86 | 0.2067 | 7.7971 | 10.5324 | 19.3000 |

接着分别对四组城市的经济发展水平、制度环境和人力资本三个变量的门槛值进行估计，结果如表 4-38 所示。特大型城市经济发展水平的门槛值为 18.9018，其 95%的置信区间为[18.8218，19.2030]，制度环境指数的门槛值为 0.9922，其 95%的置信区间为[0.9889，0.9934]，人力资本的门槛值为 38.9082，其 95%的置信区间为[38.8614，38.9806]；大型城市经济发展水平的门槛值为 11.3076，制度环境的门槛值为 0.9614，人力资本的门槛值为 18.5448；中型城市经济发展水平的门槛值为 10.4584，制度环境的门槛值为 0.6306，人力资本的门槛值为 3.3392 ；小型城市经济发展水平的门槛值为 5.6701，制度环境的门槛值为 0.5136，人力资本不存在

门槛效应。从门槛值大小来看，四组城市呈现“梯度式”特征。

表 4-38 依据城市规模分组的城市门槛值估计结果

| | 变量 | 门槛数目 | 门槛估计值 | 95%置信区间 |
|---|---|---|---|---|
| 特大型城市 | AGDP | 1 | 18.9018 | [18.8218, 19.2030] |
| | SEP | 1 | 0.9922 | [0.9889, 0.9934] |
| | HC | 1 | 38.9082 | [38.8614, 38.9806] |
| 大型城市 | AGDP | 1 | 11.3076 | [11.1802, 11.5384] |
| | SEP | 1 | 0.9614 | [0.9591, 0.9641] |
| | HC | 1 | 18.5448 | [16.5548, 18.5959] |
| 中型城市 | AGDP | 1 | 10.4584 | [10.3517, 10.5852] |
| | SEP | 1 | 0.6306 | [0.6301, 0.6310] |
| | HC | 1 | 3.3392 | [3.3010, 3.3564] |
| 小型城市 | AGDP | 1 | 5.6701 | [5.6212, 5.6819] |
| | SEP | 1 | 0.5136 | [0.5095, 0.5347] |

表 4-39 对特大型城市门槛回归的估计结果显示，不论经济发展水平是否跨越门槛值 18.9018，在自主型创新模式下，经济发展水平对城市全要素生产率的作用都显著为正值，在跨越门槛值后，促进作用更大；对制度环境而言，同样地，不论制度环境是否跨越门槛值 0.9922，在自主型创新模式下，制度环境对城市全要素生产率的作用都显著为正值，在跨越门槛值后，促进作用更大；人力资本在跨越门槛值 38.9082 前，对自主型创新有显著的正向作用，在跨越门槛值后，两种创新模式下都对城市全要素生产率提升有正向作用，但是自主型创新模式下的作用大于模仿式创新，这说明，特大型城市在三个变量作用下，采用自主型创新模式都是最适宜的。控制变量方面，产业结构、文化环境对城市全要素生产率有正向影响，基础设施影响不显著，投资率为显著的负向影响，这并不能说明特大型城市的基础设施条件不好，可能是因为特大型城市大多为人口净流入城

市，大量的人口聚集降低了基础设施的利用效率，导致城市效率被拉低。

表 4-39 特大型城市组门槛回归结果

| | (MTI) | (MTI) | (MTI) | (SEI) | (SEI) | (SEI) |
|---|---|---|---|---|---|---|
| _cons | 10.34568*** | 11.50153*** | 11.31881*** | 9.88091*** | 11.77150*** | 11.59708*** |
| | (7.18) | (7.85) | (7.84) | (6.95) | (8.11) | (7.98) |
| IS | 5.24246*** | 6.16177*** | 6.02978*** | 5.29195*** | 6.30817*** | 6.21664*** |
| | (6.07) | (7.04) | (6.99) | (6.23) | (7.29) | (7.17) |
| CE | 0.00576*** | 0.00612*** | 0.00656*** | 0.00518*** | 0.00617*** | 0.00637*** |
| | (4.73) | (4.86) | (5.28) | (4.29) | (4.95) | (5.10) |
| IC | -0.05308 | -0.02952 | -0.04764 | -0.01410 | -0.03580 | -0.04258 |
| | (-1.02) | (-0.55) | (-0.90) | (-0.28) | (-0.68) | (-0.80) |
| IR | -3.44988*** | -4.35628*** | -4.02941*** | -3.32475*** | -4.33583*** | -4.11469*** |
| | (-3.46) | (-4.27) | (-4.02) | (-3.45) | (-4.36) | (-4.14) |
| $AGDP \leq \gamma_1$ | 0.51690 | | | 0.21801** | | |
| | (1.48) | | | (2.15) | | |
| $AGDP > \gamma_2$ | 0.20913 | | | 0.48309** | | |
| | (1.40) | | | (2.53) | | |
| $SEP \leq \gamma_1$ | | 0.19124 | | | 0.45127*** | |
| | | (1.19) | | | (3.09) | |
| $SEP > \gamma_2$ | | 0.16472 | | | 1.24125** | |
| | | (1.24) | | | (3.06) | |
| $HC \leq \gamma_1$ | | | 0.12836 | | | 0.38326* |
| | | | (1.08) | | | (2.24) |
| $HC > \gamma_1$ | | | 0.18040** | | | 0.31652*** |
| | | | (2.60) | | | (4.09) |
| F | 4.11*** | 4.29*** | 4.04*** | 3.99*** | 4.39*** | 4.30*** |
| *N* | 416 | 416 | 416 | 416 | 416 | 416 |

注：*、**、***分别表示在10%、5%、1%显著性水平下显著。

表 4-40　　大型城市组门槛回归结果

| | (MTI) | (MTI) | (MTI) | (SEI) | (SEI) | (SEI) |
|---|---|---|---|---|---|---|
| _cons | 2.67864*** | 2.59471*** | 2.59135*** | 2.78206*** | 2.53166*** | 2.58814*** |
| | (10.19) | (9.87) | (9.81) | (10.57) | (9.58) | (9.79) |
| IS | 0.37921** | 0.37881** | 0.38014** | 0.43725*** | 0.37688** | 0.38302** |
| | (3.10) | (3.10) | (3.10) | (3.58) | (3.08) | (3.12) |
| CE | -0.00069 | -0.00055 | -0.00057 | -0.00067 | -0.00053 | -0.00054 |
| | (-0.72) | (-0.57) | (-0.59) | (-0.70) | (-0.55) | (-0.56) |
| IC | 0.10631*** | 0.11276*** | 0.11430*** | 0.10790*** | 0.11824*** | 0.11543*** |
| | (9.45) | (10.03) | (10.11) | (9.66) | (10.44) | (10.19) |
| IR | -0.32085 | -0.36006 | -0.37438 | -0.36853 | -0.35688 | -0.39681 |
| | (-1.50) | (-1.68) | (-1.74) | (-1.74) | (-1.67) | (-1.85) |
| AGDP≤ $\gamma_1$ | 0.02665 | | | 0.40949*** | | |
| | (0.27) | | | (5.29) | | |
| AGDP> $\gamma_2$ | 0.44281** | | | 1.83745*** | | |
| | (2.81) | | | (4.48) | | |
| SEP≤ $\gamma_1$ | | 0.10635 | | | 0.15358 | |
| | | (1.55) | | | (1.46) | |
| SEP> $\gamma_2$ | | 0.74235*** | | | 2.11536*** | |
| | | (3.30) | | | (3.93) | |
| HC≤ $\gamma_1$ | | | 0.06057 | | | 0.20127 |
| | | | (0.57) | | | (1.37) |
| HC> $\gamma_1$ | | | 0.12522* | | | 0.17744* |
| | | | (2.00) | | | (1.86) |
| F | 4.94*** | 4.93*** | 4.88*** | 4.89*** | 5.07*** | 5.03*** |
| *N* | 1534 | 1534 | 1534 | 1534 | 1534 | 1534 |

注：*、**、*** 分别表示在 10%、5%、1%显著性水平下显著。

从表 4-40 对大型城市组门槛效应估计的结果可以看到，经济发展水平、制度环境和人力资本三个变量分别跨越门槛值 5.6701、0.9614、

18.5448 后，采用自主式创新模式显然更为合适，这也与特大型城市类似；从控制变量来看，产业结构和基础设施对城市全要素生产率有正向影响，文化环境和基础设施的影响不显著，这说明产业结构高级化发展方向对大型城市也是适宜的。

从表 4-41 中型城市组门槛回归的结果可以看到，经济发展水平在跨越门槛 10.4584 后，采用模仿型创新模式对城市全要素生产率提升的作用更大，对于制度环境变量而言，在跨越门槛值 0.6306 后，采用自主型创新模式能对城市全要素生产率产生显著的正向影响；当人力资本变量小于门槛值 3.3392 时，采用自主型创新对全要素生产率提升有正向作用，在跨越门槛值 3.3392 后，仍然适宜采用自主创新模式，所不同的是，在跨越门槛值后，对全要素生产率提升的作用更为明显。从控制变量来看，产业结构对城市全要素生产率提升有显著的负向影响，文化环境、基础设施和投资率则存在显著的正向影响。这可能是因为，中型城市与特大型城市、大型城市相比，工业化水平较低，盲目提升第三产业比重并不能提升城市全要素生产率水平，“反向高级化”可能更适合中型城市当前的产业结构发展特征，与其他要素禀赋更为匹配，中型城市的人口相对较少，文化设施和基础设施的利用率较高，另外，中型城市在厂房、设备等方面的生产成本较低，在招商引资中给予的优惠条件也较多，投资率也较高。

表 4-41　　**中型城市门槛回归结果**

| | (MTI) | (MTI) | (MTI) | (SEI) | (SEI) | (SEI) |
|---|---|---|---|---|---|---|
| _cons | 1.05557*** | 0.97647*** | 0.97717*** | 1.30494*** | 0.98414*** | 0.98876*** |
| | (4.08) | (3.68) | (3.68) | (4.93) | (3.74) | (3.74) |
| IS | -0.28539* | -0.35220* | -0.34727* | -0.37939** | -0.36563** | -0.35558* |
| | (-2.10) | (-2.53) | (-2.50) | (-2.79) | (-2.65) | (-2.56) |
| CE | 0.00520*** | 0.00625*** | 0.00628*** | 0.00550*** | 0.00632*** | 0.00638*** |
| | (4.49) | (5.30) | (5.33) | (4.72) | (5.40) | (5.42) |

续表

| | (MTI) | (MTI) | (MTI) | (SEI) | (SEI) | (SEI) |
|---|---|---|---|---|---|---|
| IC | 0. 18036*** | 0. 19864*** | 0. 19650*** | 0. 17569*** | 0. 19694*** | 0. 19691*** |
| | (12. 55) | (13. 60) | (13. 48) | (11. 99) | (13. 63) | (13. 55) |
| IR | 0. 36854* | 0. 41219* | 0. 40893* | 0. 28468 | 0. 42723** | 0. 43327** |
| | (2. 28) | (2. 49) | (2. 47) | (1. 74) | (2. 60) | (2. 62) |
| AGDP≤ $\gamma_1$ | 0. 02575 | | | 0. 26168* | | |
| | (0. 54) | | | (1. 73) | | |
| AGDP> $\gamma_2$ | 2. 44653** | | | 0. 27461* | | |
| | (2. 69) | | | (1. 82) | | |
| SEP≤ $\gamma_1$ | | 0. 04401 | | | 87. 54393 | |
| | | (0. 86) | | | (1. 28) | |
| SEP> $\gamma_2$ | | 0. 22270 | | | 0. 33425* | |
| | | (1. 29) | | | (2. 21) | |
| HC≤ $\gamma_1$ | | | 83. 11894 | | | 0. 33458* |
| | | | (1. 46) | | | (2. 19) |
| HC> $\gamma_1$ | | | 0. 05984 | | | 3. 25233* |
| | | | (1. 22) | | | (1. 71) |
| F | 9. 82*** | 9. 80*** | 9. 77*** | 9. 83*** | 9. 76*** | 9. 77*** |
| *N* | 1118 | 1118 | 1118 | 1118 | 1118 | 1118 |

注：*、**、***分别表示在10%、5%、1%显著性水平下显著。

从表4-42小型城市组的门槛回归结果中可以看出，经济发展水平在跨越门槛值11. 3076后，采用模仿型创新模式对城市全要素生产率的提升作用更大，对制度环境而言，不论在跨越门槛值之前还是之后，两种创新模式均对城市全要素生产率产生显著的促进作用，但是模仿式创新的正向作用更大，这也说明，对小型城市当前的要素禀赋条件来说，“适宜性创新”是不存在的。从控制变量来看，基础设施对城市全要素生产率提升有显著的正向影响，文化环境、产业结构和投资率的作用均不显著。

表 4-42 小型城市门槛回归结果

| | (MTI) | (MTI) | (MTI) | (SEI) | (SEI) | (SEI) |
|---|---|---|---|---|---|---|
| _cons | 2.71576*** | 2.78675*** | 2.77494*** | 2.84422*** | 2.82830*** | 2.87003*** |
| | (5.70) | (6.09) | (5.86) | (5.97) | (5.89) | (6.02) |
| IS | -0.20136 | -0.22173 | -0.16229 | -0.18549 | -0.14246 | -0.18206 |
| | (-1.10) | (-1.26) | (-0.89) | (-1.01) | (-0.76) | (-1.00) |
| CE | -0.00351 | -0.00345 | -0.00490* | -0.00493* | -0.00577** | -0.00517** |
| | (-1.68) | (-1.84) | (-2.57) | (-2.58) | (-2.99) | (-2.70) |
| IC | 0.11654*** | 0.10616*** | 0.10919*** | 0.11095*** | 0.11031*** | 0.10872*** |
| | (7.01) | (6.85) | (6.79) | (6.80) | (6.88) | (6.77) |
| IR | -0.00563 | 0.00285 | 0.02677 | 0.01039 | 0.03071 | 0.00982 |
| | (-0.04) | (0.02) | (0.17) | (0.07) | (0.20) | (0.06) |
| AGDP $\leqslant \gamma_1$ | 0.05278 | | | 0.50952 | | |
| | (0.39) | | | (1.35) | | |
| AGDP $> \gamma_2$ | 1.13785** | | | 37.42444 | | |
| | (2.34) | | | (0.74) | | |
| SEP $\leqslant \gamma_1$ | | 2.41449** | | | 2.66828* | |
| | | (2.10) | | | (2.28) | |
| SEP $> \gamma_2$ | | 5.29324*** | | | 1.73932*** | |
| | | (27.26) | | | (11.37) | |
| F | 8.48*** | 8.47*** | 8.99*** | 9.12*** | 8.37*** | 8.43*** |
| $N$ | 507 | 507 | 507 | 507 | 507 | 507 |

注：*、**、***分别表示在10%、5%、1%显著性水平下显著。

对四组城市的分析结果表明，第一，特大型城市、大型城市、中型城市、小型城市的门槛值也呈现出阶梯式分层，小型城市的人力资本不存在门槛效应。第二，小城市适宜模仿式创新，其余三组城市适宜自主式创新。通过本章实证分析，总体来看，我国城市存在“适宜性创新”，但是不同区域、不同规模的城市又存在明显的异质性。其中，中部城市的经济发展水平是制约创新能力的瓶颈，而小型城市的主要制约因素则是人力资源的欠缺。

# 第五章　中国战略性新兴产业全要素生产率及其影响因素研究

随着我国人口红利逐渐消失，能源和环境问题日益凸显，发展初期采用的高能耗、低效率、劳动密集型的粗放式生产方式出现了越来越多的问题，为了使我国经济能健康持续发展，必须进行结构升级和发展转型。在此背景下，我国政府做出了发展战略性新兴产业的选择，并出台了相关政策积极推动其发展。而受到资源禀赋等因素的限制，要想提高该产业的产出，唯有提升该产业的全要素生产率。因此，科学地测算战略性新兴产业的全要素生产率及分析其影响因素具有现实意义。

该产业是由我国学者根据我国当前经济和产业现状提出来的，国际上很多国家也称之为新兴产业或者战略产业等。关于该产业的具体界定学术界尚未统一，2010 年国务院发布的相关决定中将战略性新兴产业界定为：以重大发展需求和重大技术突破为基础，对经济社会全局和长远发展具有重大引领带动作用，成长潜力大、物质资源消耗少、知识技术密集、综合效益好的产业。① 也就是说，该产业代表一国或者一个区域在特定阶段的经济发展方向，由新的市场、新的技术、新的政策等条件催生的产业，其来源于科技的突破性发展，具有知识密集型、发展潜力巨大、高效益等特点。

① 《国务院关于加快培育和发展战略性新兴产业的决定》(国发〔2010〕32 号)。

# 第一节　中国战略性新兴产业 TFP 的测算及分析

## 一、Färe-Primont 指数方法

### (一)效率及其分解

数据包络分析方法分为投入导向型和产出导向型，由于各样本单位的资源禀赋、地域特征和经济发展水平不同，因而采用的生产策略各不相同，投入的生产要素比例也不同，所以本部分将选取以投入为导向的 Färe-Primont 指数来对战略性新兴产业的 TFP 进行测算，该指数可以得到在产出相同情况下投入最小的效率评估值。在此选择下，TFP 指数将被分解为技术效率、规模效率和残余混合效率，分别记为 ITC、ISE、RME。

$$\mathrm{ITE}_{it} = \frac{Y_{it}/X_{it}}{Y_{it}/\bar{X}_{it}} = \frac{\bar{X}_{it}}{X_{it}} \leqslant 1 \tag{5.1}$$

$$\mathrm{ISE}_{it} = \frac{Y_{it}/X_{it}}{\tilde{Y}_{it}/\tilde{X}_{it}} \leqslant 1 \tag{5.2}$$

$$\mathrm{RME}_{it} = \frac{\tilde{Y}_{it}/\tilde{X}_{it}}{\mathrm{Tech}_t^{\cdot}} \leqslant 1 \tag{5.3}$$

式中，$Y_{it}=Y(y_{it})$ 和 $X_{it}=X(x_{it})$ 分别表示单元 $i$ 在 $t$ 时期的产出总量函数和投入总量函数；$\bar{X}_{it}=X_{it}D_I(x_{it}, y_{it}, t)^{-1}$ 表示生产 $y_{it}$ 时的最小投入量 $x_{it}$；$\tilde{Y}_{it}$ 和 $\tilde{X}_{it}$ 表示在技术水平达到最大时对应的产出 $y_{it}$ 和投入向量 $x_{it}$。规模效率(ISE) 反映规模经济相关的生产绩效；残余混合效率(RME) 反映的是生产决策单元在改变投入比例时对产出变量带来的影响。

## （二）TFP 测度及其分解

根据前文的分析，比较跨期的技术水平，就能测算出 TFP 指数。比较 $i$ 生产决策单元 $t$ 与 $h$ 在 $s$ 时期的技术水平比值即可测度出相对全要素生产率指数，即：

$$\mathrm{TFP}_{hs,\ it}=\frac{\mathrm{Tech}_{it}}{\mathrm{Tech}_{hs}}=\frac{Y_{it}/X_{it}}{Y_{hs}/X_{hs}}=\frac{Y_{hs,\ it}}{X_{hs,\ it}} \tag{5.4}$$

$Y_{hs,\ it}=Y_{it}/Y_{hs}$ 反映出总产出比值，$X_{hs,\ it}=X_{it}/X_{hs}$ 反映出总投入比值。全要素生产率指数可以通过投入和产出的增长函数表示出来。产出函数和投入函数分别可以表示为以下式子：

$$Y(y)=D_0(x_0,\ y,\ t_0),\ X(x)=D_I(x,\ y_0,\ t_0) \tag{5.5}$$

(5.5) 式中，$D_0(\cdot)$ 和 $D_I(\cdot)$ 分别是产出和投入的距离函数。本部分采用 Shephard 距离函数来测算总量函数。基于 Färe-Primont 指数方法，全要素生产率可以表示为：

$$\mathrm{TFP}_{hs,\ it}=\frac{D_O(x_0,\ y_{it},\ t_0)}{D_O(x_0,\ y_{hs},\ t_0)}\frac{D_I(x_{hs},\ y_0,\ t_0)}{D_I(x_{it},\ y_0,\ t_0)} \tag{5.6}$$

对(5.6) 式进行变形，$\mathrm{Tech}_{it}=E_{it}\times\mathrm{Tech}_t^*$，同样地，对 $s$ 期单元 $h$ 进行变形，可得到 $\mathrm{Tech}_{it}=E_{hs}\times\mathrm{Tech}_s^*$。(5.6) 式就可改写成：

$$\mathrm{TFP}_{hs,\ it}=\frac{\mathrm{Tech}_{it}}{\mathrm{Tech}_{hs}}=\left(\frac{E_{it}}{E_{hs}}\right)\left(\frac{\mathrm{Tech}_t^*}{\mathrm{Tech}_s^*}\right) \tag{5.7}$$

将(5.7) 式拆分成两个部分，第一个部分是最右边式子中的第一个括号，表示总体效率的比值，第二个括号表示技术最大水平下的比值，用以反映技术增长水平，进一步分解可以得到(5.8) 式。

$$\begin{aligned}\mathrm{TFP}_{hs,\ it}&=\left(\frac{\mathrm{ITE}_{it}}{\mathrm{ITE}_{hs}}\right)\left(\frac{\mathrm{ISE}_{it}}{\mathrm{ISE}_{hs}}\right)\left(\frac{\mathrm{RME}_{it}}{\mathrm{RME}_{hs}}\right)\left(\frac{\mathrm{Tech}_t^*}{\mathrm{Tech}_s^*}\right)\\&=\mathrm{ITECH}\times\mathrm{ISECH}\times\mathrm{RMECH}\times\mathrm{TECHCH}\end{aligned} \tag{5.8}$$

由此可见，TFP 指数最终被分解成四项：技术效率增长率指数，记作

ITECH；规模效率增长率指数，记作 ISECH；残余混合效率增长率指数，记作 RMECH；技术进步指数，记作 TECHCH。

## 二、中国战略性新兴产业 TFP 的测算指标

由于战略性新兴产业在我国提出时间不久，尚处于起步阶段，很多相关概念界定不够清晰，数据难以获得，且准确性无法保证，所以，本部分以高技术产业作为该产业的依托，使用高技术产业的统计数据来近似替代战略性新兴产业的统计数据，数据主要来源于《中国高技术产业统计年鉴》。根据数据的完整性，本书最终选取了除西藏以外我国大陆 30 个省份 2004 年到 2014 年的数据并进行数据分析，共有 330 个样本。投入产出变量的选择如下。

产出水平：在已有相关研究中，产出多采用增加值来表示，但是根据数据的易得性，本部分选取主营业务收入来衡量，并以 2004 年为基期按照出厂价格折算不变价。

资本投入：本部分用永续盘存法对新增固定投资项进行测算，资本折旧率为 6%。同样，以 2004 年为基期按照各地区固定资产投资指数折算成不变价。

劳动投入：根据已有的相关研究发现，学者们多采用从业人数度量劳动投入，分析数据的易得性，本部分也将用从业人员平均数来衡量该项指标。各指标描述统计结果如表 5-1 所示。

表 5-1　　**投入、产出变量的统计特征**

| 变量 | 指标 | 个数 | 最小值 | 最大值 | 均值 | 标准差 |
| --- | --- | --- | --- | --- | --- | --- |
| 劳动投入 | 从业人员平均数 | 330 | 3678 | 3872690 | 329245 | 644177 |
| 资本投入 | 资本存量 | 330 | 9.9 | 8493.0 | 613.4 | 943.3 |
| 产出 | 主营业务收入 | 330 | 5 | 28311.9 | 2105.4 | 4208.8 |

## 三、战略性新兴产业的效率差异及 TFP 增长分解

根据整个观察期内所有省份该产业的投入产出数据，测算出我国战略性新兴产业的效率并对其进行分解，详细结果如表 5-2 所示。

表 5-2　　2004—2014 年我国战略性新兴产业效率及其分解指数

| 年度 | 规模效率 | 技术效率 | 残余混合效率 | 效率 |
|---|---|---|---|---|
| 2004 | 0.691 | 0.427 | 0.981 | 0.290 |
| 2005 | 0.674 | 0.436 | 0.896 | 0.263 |
| 2006 | 0.648 | 0.429 | 0.882 | 0.245 |
| 2007 | 0.662 | 0.425 | 0.881 | 0.247 |
| 2008 | 0.689 | 0.442 | 0.889 | 0.271 |
| 2009 | 0.720 | 0.471 | 0.887 | 0.301 |
| 2010 | 0.751 | 0.472 | 0.869 | 0.308 |
| 2011 | 0.785 | 0.529 | 0.864 | 0.359 |
| 2012 | 0.813 | 0.567 | 0.851 | 0.393 |
| 2013 | 0.783 | 0.571 | 0.871 | 0.389 |
| 2014 | 0.789 | 0.618 | 0.859 | 0.419 |
| 平均 | 0.726 | 0.486 | 0.884 | 0.311 |

### （一）各省份战略性新兴产业的效率比较

分析表 5-2 的结果发现，我国该产业的整体效率水平偏低，平均值为 0.3113，但处于上行趋势中；其分解指数中的残余混合效率和规模效率相对较高，平均值分别为 0.8839 和 0.7255，但是技术效率水平相对较低，平均值仅有 0.4855。不难发现，我国战略性新兴产业的发展主要受到技术

效率水平的限制。

根据本节的总量测算，可以得到2004年到2014年整个观察期内投入产出比最大的省份，也即生产效率最高的省份，根据表5-3，整个观察期内北京市在11年中有9年投入产出比都排名第一，为最佳经营省份，2005年和2013年天津市成为最佳经营省份。

表5-3　　**2004—2014年最佳经营省份**

| 年份 | 2004 | 2005 | 2006 | 2007 | 2008 | 2009 | 2010 | 2011 | 2012 | 2013 | 2014 |
|---|---|---|---|---|---|---|---|---|---|---|---|
| 最佳经营 | 北京 | 天津 | 北京 | 北京 | 北京 | 北京 | 北京 | 北京 | 北京 | 天津 | 北京 |

## (二)各省份战略性新兴产业的TFP测算

### 1. TFP变化趋势

采用Färe-Primont指数法对我国各省份该产业的TFP指数(记作TFPCH)进行测算并分解。分解指数包括技术进步指数、技术效率增长率指数、规模效率增长率指数和残余混合效率增长率指数四个部分，分别记作：TECHCH、ITECH、ISECH、RMECH。对观察期内我国该产业下各省份TFP及其分解指标求几何平均数，具体结果如表5-4所示。

表5-4　　**2004—2014年中国战略性新兴产业TFP增长率及其分解**

| 年份 | TFPCH | ISECH | TECHCH | RMECH | ITECH |
|---|---|---|---|---|---|
| 平均值 | 1.08 | 1.01 | 1.04 | 0.99 | 1.04 |
| 2013—2014 | 1.06 | 1.01 | 0.99 | 0.99 | 1.08 |
| 2012—2013 | 1.09 | 0.96 | 1.10 | 1.02 | 1.01 |
| 2011—2012 | 1.09 | 1.04 | 1.00 | 0.99 | 1.07 |
| 2010—2011 | 1.09 | 1.05 | 0.94 | 0.99 | 1.12 |

续表

| 年份 | TFPCH | ISECH | TECHCH | RMECH | ITECH |
|---|---|---|---|---|---|
| 2009—2010 | 1.06 | 1.04 | 1.03 | 0.98 | 1.00 |
| 2008—2009 | 1.15 | 1.05 | 1.04 | 1.00 | 1.06 |
| 2007—2008 | 0.99 | 1.04 | 0.91 | 1.01 | 1.04 |
| 2006—2007 | 1.09 | 1.02 | 1.08 | 1.00 | 0.99 |
| 2005—2006 | 1.08 | 0.96 | 1.16 | 0.98 | 0.99 |
| 2004—2005 | 1.11 | 0.97 | 1.22 | 0.91 | 1.02 |

根据表 5-4 的结果进行分析，中国 2004 年到 2014 年战略新兴行业的全要素生产率水平增长了约 8.14%，增长动力大多来源于技术水平的快速发展，TECHCH 平均增长幅度达到了 4.20%；其次是 ITECH 增加了 3.77%，即技术效率显著提升；此外，ISECH 增长缓慢，达到了 1.33%，即规模效率也在一定程度上促进了全要素生产率的增长。但是 RMECH 呈现负增长，年均下降幅度达到了 1.32%，对全要素生产率的发展起到了阻碍作用。总体来看，我国在战略新兴产业的全要素生产率呈现下降后上升至稳定的发展趋势，2004 年到 2008 年该产业的全要素生产率整体上呈下行趋势，在 2008 年达到最低点，2009 年回至 1.151，而后稳呈现小幅波动整体稳定的态势。

2. 各地区全要素生产率指数的比较

现在将研究的 30 个省份划分成东部、中部和西部三个区域，① 用以比较该行业全要素生产率指数是否受区域差异的影响。2009 年我国出台了一系列对于战略新兴产业的扶植政策，并正式将其作为一个新的产业提出，为了对比分析政策前后该产业全要素的变化情况，本书将研究样本分为 2004—2009 年和 2010—2014 年两个阶段。分析结果如表 5-5 所示。

① 东部指京、津、冀、辽、沪、苏、浙、闽、鲁、粤、琼 11 个省份；中部指晋、吉、黑、皖、赣、豫、鄂、湘 8 个省份；西部指蒙、桂、渝、川、黔、滇、陕、甘、青、宁、疆 11 个省份。

表 5-5　　东部、中部、西部区域 TFP 指数及其分解(单位:%)

| | 2004—2014 年 | | | 2004—2009 年 | | | 2010—2014 年 | | |
|---|---|---|---|---|---|---|---|---|---|
| | 东部 | 中部 | 西部 | 东部 | 中部 | 西部 | 东部 | 中部 | 西部 |
| ISECH | 1.65 | 17.63 | 25.43 | -3.17 | 8.23 | 9.03 | 0.02 | 7.25 | 8.97 |
| TECHCH | 51.21 | 51.21 | 51.21 | 44.09 | 44.09 | 44.09 | 1.56 | 1.56 | 1.56 |
| RMECH | -10.84 | -14.45 | -12.59 | -9.97 | -9.93 | -8.98 | 1.94 | -2.47 | -3.26 |
| ITECH | 14.76 | 72.51 | 60.76 | -0.64 | 13.50 | 19.68 | 14.58 | 47.95 | 36.85 |
| TFPCH | 57.27 | 162.51 | 166.50 | 24.80 | 59.44 | 71.14 | 18.64 | 57.16 | 46.50 |

首先，分析 2004 年到 2014 年我国该行业各地区全要素生产率的变动情况，有如下规律：

(1)这十年间三个区域的全要素生产率都呈现了不同程度的增长，西部区域的全要素生产率增长幅度为 166.50%，排名第一；其次是中部区域，为 162.51%；东部地区的增长幅度最小，为 57.27%。

(2)对三个地区全要素生产率增长促进作用最大的是技术进步和技术效率两个因素，但是残余混合效率增长率对全要素生产率的增长产生了反向作用。此外，规模效率变化对中、西部区域的全要素生产率增长影响作用显著，但是对东部区域影响效果不明显。

其次，以 2009 年为分界点对三个区域的战略新兴产业的全要素生产率的增长情况进行分析，在正式提出战略新兴产业概念之前，东部、中部、西部区域的全要素生产率分别增长了 24.80%、59.44%、71.14%。但是在 2009 年之后，东部、中部和西部区域的 TFP 相较于 2010 年分别增加了 18.64%、57.16%、46.50%，这表明三个区域的全要素生产率整体都呈现增长的态势，但是在政策出台之后增长速度都有所放缓。

再次，全要素生产率增长的原因在不同地区和不同阶段都不相同，政府相关政策出台前东部地区全要素生产率的增长动力主要来源于技术进步，中部、西部区域的全要素生产率的发展则是由技术效率、规模效率和技术进步共同推进的。由于政府相关政策，技术进步的增长变化明显减缓，仅增加了 1.56%。本阶段东部区域全要素生产率增长的主要动因是技术效率的增长；而中部、西部区域的全要素生产率增长由规模效率和技术效率共同作用，残余混合效率则在两个阶段都呈负增长趋势。

最后，我国该产业全要素生产率的地域差异在逐渐缩小。2009 年前后西部区域、东部区域全要素生产率的增长幅度都高于东部区域的增长幅度。中部区域和西部区域生产水平整体上低于东部区域，而 TFP 的增长率则高于东部区域，呈现出明显的追赶现象，生产水平的差异性逐渐缩小。

## 四、中国战略性新兴产业 TFP 的影响因素

结合前面对于我国 30 个省份战略新兴产业全要素生产率测算和分解的研究，本部分将从地区层面展开对本行业全要素生产率及其分解指标影响因素的相关研究，以期为战略新兴产业的路径提升提供依据。

### （一）模型设定

根据数据的可靠性和易得性，本书将选取政府支持程度、人力资本水平、产业竞争程度、市场化程度、企业规模、金融发展水平和经济发展水平这 7 个因素来探究全要素生产率的提升路径。为了研究各因素对于该产业全要素生产率和分解指标的影响，建立下面四个模型并进行分析：

$$\ln \text{TFPCH}_{it} = \beta_1 \ln \text{govern}_{it} + \beta_2 \ln \text{market}_{it} + \beta_3 \ln \text{size}_{it} + \beta_4 \ln \text{human}_{it} + \beta_5 \ln \text{compet}_{it} + \beta_6 \ln \text{economic}_{it} + \beta_7 \ln \text{fir} + u_i + v_t + \varepsilon_{it} \tag{5.9}$$

$$\ln \text{ITECH}_{it} = \beta_1 \ln \text{govern}_{it} + \beta_2 \ln \text{market}_{it} + \beta_3 \ln \text{size}_{it} + \beta_4 \ln \text{human} + \beta_5 \ln \text{compet}_{it} + \beta_6 \ln \text{economic}_{it} + \beta_7 \ln \text{fir} + u_i + v_t + \varepsilon_{it} \tag{5.10}$$

$$\ln \text{ISECH}_{it} = \beta_1 \ln \text{govern}_{it} + \beta_2 \ln \text{market}_{it} + \beta_3 \ln \text{size}_{it} + \beta_4 \ln \text{human}_{it} + \beta_5 \ln \text{compet}_{it} + \beta_6 \ln \text{economic}_{it} + \beta_7 \ln \text{fir} + u_i + v_t + \varepsilon_{it} \tag{5.11}$$

$$\ln \text{RMECH}_{it} = \beta_1 \ln \text{govern}_{it} + \beta_2 \ln \text{market}_{it} + \beta_3 \ln \text{size}_{it} + \beta_4 \ln \text{human}_{it} + \beta_5 \ln \text{compet}_{it} + \beta_6 \ln \text{economic}_{it} + \beta_7 \ln \text{fir} + u_i + v_t + \varepsilon_{it} \tag{5.12}$$

其中，$i$ 表示地区，$t$ 表示时间，$\varepsilon$ 为随机扰动项。TFPCH、ITECH、ISECH、RMECH 分别为四个模型的被解释变量，其中，ITECH、ISECH 和 RMECH 是 TFPCH 的分解指标。govern 为政府支持程度，market 为市场化程度，size 为企业规模，human 为人力资本水平，compet 为产业竞争程度，economic 和 fir 分别为各地区的经济发展水平和金融发展水平。

### (二)数据来源与数据处理

本部分选取我国不包含西藏和青海的 29 个省份 2004—2014 年的数据来进行研究,① 数据来源于《中国统计年鉴》和《中国高技术产业统计年鉴》。

1. 政府支持程度(govern)

政府扶植是该产业发展的主要推动力，对该产业的发展和成长有着指导性的作用。借鉴已有研究的实践经验，选取研发内部经费支出中政府资金所占的比例来表示政府支持程度。

2. 市场化程度(market)

市场一方面能通过市场价格的引导使得资源配置更为合理，另一方面能激励和筛选出有效的约束机制，该因素对于 TFP 的发展存在促进作用。本书借鉴孙晓华等已有的研究，通过市场化得分来测算市场化程度，并采用增量测算法对其缺失的部分进行补充。

① 本节对中国 30 个省份(不含西藏)战略性新兴产业的 TFP 进行了测算，但是由于青海省在政府支持方面的数据缺失较多，所以本部分的研究也删除了青海省。

3. 企业规模(size)

企业规模不论大小，其对生产率都具有一定的影响。对于大型企业来说，其拥有的资源更为充足，能够投入更多的人、财、物去进行研究开发，有较强的抗风险能力，同时，其员工专业化水平较高，工作效率和质量都更高，这对于生产力有显著的促进作用。但是相比于小型企业来说，规模较大的企业管理结构复杂，管理效率低，面对突发事件的灵活反应度差，生产效率在此种情况下有所降低。因此，企业规模对于 TFP 的影响需要具体分析。本书选取各地区战略性新兴产业的主营业务收入与企业数量的比值来表示企业规模。

4. 人力资本水平(human)

人力是经济增长和生产效率提升的关键因素，教育水平高的人力处理知识和信息的能力相对更强，对于全要素生产率的推动力更大。同时人力是科技发展的前提，人力资本水平与该区域技术发展水平存在紧密的关系。尤其是对战略新兴产业来说，该产业的管理和生产均处于开发阶段，急需高素质人在知识和信息上给予支持，使产业的发展更加高效和合理，从而推动该产业生产效率的发展。在本书中，选取各地区每十万人中高等学校的在校生人数来表示人力资本水平。

5. 产业竞争程度(compet)

在市场规模不断扩大的情况下，各地区发展战略性新兴产业的相关企业逐渐增加，行业的竞争压力也越来越大。产业的竞争程度通常和企业数量关系密切。行业竞争程度高时，企业之间员工和资源的流动性越强，技术扩散速度快。同时，行业内企业的技术与管理创新要求相应也会高很多，从而促进企业生产效率的提升。本书选取各地区企业数量来表示产业竞争程度。

6. 经济发展水平(economic)

地区经济发展水平决定当地企业接收到的扶持力度的强弱，以及人、财、物的充裕程度。同时，经济发展水平越高的地区，消费追求相对更高，对于当地企业产品开发、服务管理的创新度要求更高，无形之中推动企业更加高效地开发新产品，从而推进了企业创新、技术发展和生产率水平的提升。在本书中，选取各地区人均地区生产总值来表示经济发展水平。

7. 金融发展水平(fir)

战略新兴产业相较于其他行业来说投入更高、风险也更大，需要的金融支持更多。一个区域的金融发展水平影响了该区域政府和各金融机构能够提供的资金容量以及便宜程度，该行业得到的支持越多其技术成果孵化越快，相应的行业生产力提升越快。同时，金融机构支持过程中，对于企业的资产评估、管理规范化审查严格，对于企业的高效率生产存在一定的积极作用。总体上来说，一个区域的金融发展水平对于生产力的发展存在促进作用。在本书中，关于金融发展水平的选取各地区金融机构存贷款余额占地区生产总值的比重来表示。各变量描述统计如表 5-6 所示。

表 5-6　　观察期内各影响因素的统计特征

| 变量 | 观测样本 | 平均值 | 标准差 | 最小值 | 最大值 |
|---|---|---|---|---|---|
| market | 319 | 7. 243 | 1. 478 | 11. 320 | 3. 910 |
| human | 319 | 2269. 127 | 1074. 781 | 6897. 000 | 745. 215 |
| economic | 319 | 15817. 540 | 8531. 901 | 43922. 280 | 4077. 613 |
| govern | 319 | 0. 123 | 0. 110 | 0. 545 | 0. 002 |
| size | 319 | 1. 917 | 1. 443 | 7. 548 | 0. 342 |
| compet | 319 | 809. 035 | 1151. 050 | 5874. 000 | 14. 000 |
| fir | 319 | 2. 635 | 0. 10604 | 0. 732 | 8. 722 |
| ISECH | 319 | 0. 808 | 0. 225 | 1. 000 | 0. 140 |
| ITECH | 319 | 0. 545 | 0. 286 | 1. 000 | 0. 137 |
| RMECH | 319 | 0. 892 | 0. 118 | 1. 000 | 0. 454 |
| TFP | 319 | 0. 522 | 0. 321 | 1. 535 | 0. 091 |

## (三)实证分析

本部分先采用同根条件下的 LLC 检验和不同根情况下的 ADF 检验对模型中的变量进行平稳测试，以避免出现伪回归的情况。检验结果表明，各时间序列均平稳。此外，还采用了 KAO 检验方法对变量的样本数据进行了协整检验，发现各变量间有长期稳定的均衡关系。在上述检验的基础上，进一步检验各因素对战略性新兴产业 TFP 及其分解指标的影响。

经豪斯曼检验后，采用时间和个体双固定效应模型进行估计的结果如表 5-7 表示。在以下四个模型中，不论是 2004—2009 年还是 2010—2014 年两个阶段金融发展水平变量的系数均不显著，且剔除金融发展水平变量之后其他变量符号的方向以及显著性均不发生改变，所以在接下来的模型研究中都会剔除该变量。

分析表 5-7 的模型结果，得到各影响因素对该产业下全要素生产率作用的方向和程度，具体结论如下：

第一，从政府支持程度这个变量因素来进行分析，其对全要素生产率指数和分解量的影响有正向的也有负向的作用，且系数均不显著，也就是政府支持程度对于战略新兴产业的全要素生产率的影响无法确定。

表 5-7 **战略性新兴产业 TFP 及其分解的影响因素分析**

| 变量 | ln TFP | ln RME | ln ISECH | ln ITECH |
|---|---|---|---|---|
| 观测值 | 319 | 319 | 319 | 319 |
| 常数项 | -8. 2065*** | 1. 5428** | -4. 0304*** | -6. 042 |
| | (-9. 2343) | -2. 801 | (-5. 081) | (-5. 3032) |
| ln govern | -0. 016 | -0. 009 | -0. 014 | 0. 006 |
| | (-1. 5681) | (-1. 3464) | (-1. 506) | -0. 475 |
| ln human | 0. 2194*** | -0. 004 | 0. 2642*** | -0. 040 |
| | -2. 839 | (-0. 0888) | -3. 829 | (-0. 4074) |

续表

| 变量 | ln TFP | ln RME | ln ISECH | ln ITECH |
|---|---|---|---|---|
| ln size | 0.4548*** | 0.009 | 0.1252*** | 0.3204*** |
| | -17.686 | -0.574 | -5.453 | -9.720 |
| ln economic | 0.4150*** | -0.155 | 0.1861* | 0.3839*** |
| | -3.662 | (-2.2094) | -1.840 | -2.642 |
| ln compet | 0.1543*** | -0.024 | -0.044 | 0.2223*** |
| | -4.426 | (-1.1023) | (-1.4256) | -4.975 |
| ln market | 0.3122*** | -0.019 | 0.070 | 0.2617* |
| | -2.751 | (-0.2712) | -0.688 | -1.799 |
| $R^2$ | 0.974 | 0.848 | 0.956 | 0.947 |

注：*、**、***分别表示在10%、5%、1%显著性水平下显著。

第二，从市场化程度这个变量因素进行分析，其对该产业下的全要素生产率的促进作用显著。市场化程度每提高1%，该产业的全要素增长率相应地提高0.31%。与此同时，技术效率分解指数受该因素影响显著，同样，市场化程度每提升1%时，技术效率指数的增长率将提升0.26%。但是规模效率与该变量的正相关关系和残余混合效率与该变量的负相关关系均不显著，影响不明显。这意味着市场化程度主要是通过改善该产业的技术效率来提升全要素生产率的。

第三，从企业平均规模这个变量因素进行分析，其对战略性新兴产业全要素生产率有明显的正向促进作用。企业平均规模每增加1%时，相应的全要素生产率增长近0.45%。而其他三个分解指标也与企业平均规模呈现正向的相关关系。其中，规模效率和技术效率与该变量因素显著正相关，企业平均规模每扩大1%时，技术效率和规模效率分别增长0.32%和0.13%。但是，参与混合效率受企业平均规模影响不显著。这意味着，当企业平均规模扩大时，规模效率和技术效率也随之提升，从而推进了该产业全要素生产率的增长。

第四，从人力资本水平这一变量因素来进行分析，这个因素对该产业的全要素生产率有显著的促进作用。人力资源水平每提升 1%，战略新兴产业的全要素生产率将提高 0.22%。而该因素主要是通过效率规模的途径来推进全要素生产率增长的，其对技术效率和其余混合效率呈负相关关系且影响不显著。人力资源水平每增加 1%，相应的规模效率将会增加 0.26%。

第五，从产业竞争程度这一变量水平来进行分析，这个因素对该产业的全要素生产率有显著的促进作用。该变量每增加 1%，战略性新兴产业的全要素生产率将提高 0.15%。其中产业竞争程度主要是通过促进技术效率增长来促进全要素生产率增加的，当产业竞争程度没增加 1%，技术效率将增加 0.22%。而该因素对于规模效率和残余混合效率为不显著的负向影响，这说明该因素对于剩余两个指数的作用相对较小。

第六，从当地经济发展水平这个因素来进行分析，其对该产业的全要素生产率有显著的促进作用，当经济发展水平增加 1%时，相应地，该产业全要素生产率将增加 0.42%。其中，该因素对于技术效率和规模效率存在显著的正向影响，对于残余混合效率有显著的负向作用。当地经济发展水平每增加 1%，技术效率和规模效率将相应地显著增加 0.38%和 0.19%，而残余混合效率将显著地减少 0.16%。这表明，某地的经济发展将通过推动技术效率和规模效率来促进新兴产业全要素生产率的增长，同时也会阻碍残余混合效率的发展，对生产率的发展起到抑制作用。但是，从整体上说，多因素抵消之后，经济的发展对与新兴战略产业全要素的发展还是有显著的正向影响。

为了比较 2009 年政策出台前后各因素的影响情况，下面将对 2004 年到 2009 年、2010 年到 2014 年两个阶段的样本分别进行研究。分析结果如表 5-8 和表 5-9 所示。从表中的结果可以分析得出，各影响因素在政策出台前后两个阶段的影响情况。为便于叙述，现将 2004—2009 年称为观察期的第一阶段，将 2010—2014 年称为观察期的第二阶段。

第一，从政府支持的因素来进行分析，2004 年到 2014 年整个观察期内这个因素对于该产业全要素生产率作用影响不显著。分阶段来进行分析，第一阶段政府支持因素对于全要素生产率产生了显著的抑制作用；第二阶段政府支撑因素在模型中的系数为正值，但是不能通过显著性检验，这说明第二阶段政府对全要素生产率的影响不明显。从分析可以看出，2009 年政策出台前后，政府对全要素生产率增长的负向影响作用逐渐减弱。

第二，从市场化程度因素来进行分析，在 2004 年到 2014 年整个观察期中，这个因素对于该产业下的全要素生产率增长有明显的促进作用。分阶段来看，第一阶段和第二阶段市场化程度对于全要素生产率的增长都有正向的促进作用，但是第二阶段影响显著，第一阶段影响不显著。同时，第一阶段该因素主要是通过提升技术效率的途径来刺激全要素生产率增长的；第二阶段则是通过规模效率来刺激生产率增长的。

表 5-8 战略性新兴产业全要素生产率及其分解的影响因素分析(2004—2009)

| 变量 | ln RME | ln ISECH | ln ITECH | ln TFP |
|---|---|---|---|---|
| 观测值 | 174 | 174 | 174 | 174 |
| 常数项 | 1. 218 | −2. 719 | −6. 9352*** | −8. 162 |
| | −1. 226 | (−2. 3436) | (−3. 4203) | (−5. 2255) |
| ln govern | 0. 010 | −0. 015 | −0. 021 | −0. 0251* |
| | −1. 104 | (−1. 3714) | (−1. 1172) | (−1. 7649) |
| ln human | 0. 035 | −0. 019 | −0. 047 | −0. 031 |
| | −0. 459 | (−0. 2134) | (−0. 3001) | (−0. 2571) |
| ln size | 0. 035 | 0. 1647*** | 0. 1848** | 0. 3843*** |
| | −0. 877 | −3. 558 | −2. 285 | −6. 166 |
| ln economic | −0. 1651* | 0. 2242** | 0. 4815** | 0. 5410*** |
| | (−1. 8006) | −2. 094 | −2. 572 | −3. 752 |
| ln compet | −0. 015 | 0. 1153** | 0. 1751** | 0. 2752*** |
| | (−0. 3849) | −2. 474 | −2. 149 | −4. 385 |

续表

| 变量 | ln RME | ln ISECH | ln ITECH | ln TFP |
|---|---|---|---|---|
| ln market | 0. 050 | -0. 166 | 0. 4194* | 0. 303 |
| | -0. 417 | (-1. 1977) | -1. 732 | -1. 622 |

**表 5-9　战略性新兴产业 TFP 及其分解的影响因素分析结果(2010—2014)**

| 变量 | ln RME | ln ISECH | ln ITECH | ln TFP |
|---|---|---|---|---|
| 观测值 | 145 | 145 | 145 | 145 |
| 常数项 | 1. 598 | -3. 983 | 0. 653 | -3. 045 |
| | -0. 988 | (-1. 583) | -0. 193 | (-1. 0486) |
| ln govern | -0. 0348*** | -0. 0402*** | 0. 0748*** | 0. 003 |
| | (-3. 3249) | (-3. 0228) | -4. 183 | -0. 182 |
| ln human | -0. 207 | -0. 029 | 0. 8933*** | 0. 6298*** |
| | (-1. 6292) | (-0. 1797) | -4. 186 | -3. 438 |
| ln size | -0. 010 | 0. 1388*** | 0. 3826*** | 0. 5428*** |
| | (-0. 3852) | -3. 587 | -7. 352 | -12. 152 |
| ln economic | -0. 057 | 0. 296 | -0. 9640** | -0. 541 |
| | (-0. 3013) | -0. 954 | (-2. 3136) | (-1. 5114) |
| ln compet | -0. 016 | 0. 023 | 0. 1735* | 0. 1572** |
| | (-0. 3252) | -0. 343 | -1. 908 | -2. 014 |
| ln market | 0. 205 | 0. 3860* | -0. 048 | 0. 6710*** |
| | -1. 571 | -1. 879 | (-0. 1743) | -2. 831 |

注：*、**、***分别表示在 10%、5%、1%显著性水平下显著。

第三，从市场竞争程度和企业平均规模两个因素来进行分析，这两个因素对于全要素生产率的促进作用在整个考察期和第一阶段、第二阶段均较为显著。它们对全要素生产率的刺激作用的路径不尽相同，第一阶段市场竞争程度是在推进技术效率和规模效率增长的基础上促进生产率增长的，但是第二阶段则是通过技术效率路径来提升的。

第四，从人力资本的因素来进行分析，在整个研究期间，其对全要素生产率的促进作用显著。第一阶段人力资本对全要素生产率和分解指标作用都不显著，第二阶段该因素对于全要素增长率和技术效率正向促进作用显著，对于其他两个分解指标没有显著影响。这表明，政策出台之后人力资本对于生产率的促进作用逐渐显现，且主要通过技术效率的路径来促进全要素生产率的增长。

第五，分析经济发展水平的作用，从2004年到2014年整个观察期来看，其对该产业的全要素增长率有明显的促进作用。在观察期的第一阶段，该因素主要通过技术效率和规模效率的路径提升全要素生产率的增长，但是残余混合效率在一定程度上抑制了全要素生产率的增长。而第二阶段，这个因素对于新兴产业全要素生产率的促进作用并不明显。

## 第二节　中国战略性新兴产业企业TFP及其影响因素分析

本部分主要是从战略新兴产业企业的微观角度来分析全要素生产率的变化和影响因素。通过使用Färe-Primont指数法对该产业的全要素生产率进行测度和分解，并考虑在不同产权性质、不同地区、不同规模下上市公司TFP的差异及变动趋势。

### 一、中国战略性新兴产业全要素生产率样本与数据

#### （一）样本选择

本部分以2006年到2014年为观察期，根据中证指数有限公司和上海证券交易所发布的中国战略性新兴产业综合指数样本股列表，① 将其中所

① http：//www. sse. com. cn/market/sseindex/diclosure/c/c _ 20161230 _ 4223361. shtml，2016-12-30.

列上市公司作为初始样本。

剔除观察期内数据缺失和曾为ST和*ST的公司，同时，考虑到战略新兴产业概念在2010年前后成熟，所以，以2011年为筛选期，筛选出属于该产业七大行业或者主营业务属于该产业的公司。

最终选取出204家上市公司作为研究对象，一共1836个观测数据，投入产出数据来源于Wind数据库。样本中部分企业涉及该产业下七大行业的多个领域，因此，此时不再对样本进行行业分类，而按产权性质和区域分布对样本公司进行分析，选取的204家战略新兴产业的上市公司具体性质、分布情况如表5-10所示。

表5-10 **中国战略性新兴产业上市公司样本的分布情况**

| 特征 | 分类 | 数量(个) | 占比(%) |
|---|---|---|---|
| 产权性质 | 民营企业 | 79 | 38.73 |
| | 国有企业 | 100 | 49.02 |
| | 其他 | 25 | 12.25 |
| 区域分布 | 西部 | 22 | 10.78 |
| | 中部 | 36 | 17.65 |
| | 东部 | 146 | 71.57 |

## (二)变量选取与数据处理

### 1. 变量选取

TFP的测算基础是各个单元的投入产出额度，所以投入产出数据的选择将直接影响生产率测算的准确性和科学性。参照TFP宏观测算指标以及相关文献，投入选择以劳动要素和资本要素为主，其中以企业年平均从业人数来衡量劳动要素的投入，用固定资产净额来衡量资本要素投入；以主营业务收入作为产出的衡量指标。

2. 数据处理

固定资产净额减掉了折旧且考虑了摊销的问题，所以该项指标只需要剔除物价的变化影响，所以使用固定资产投资价格指数对这项指标进行平减。主营业务收入则使用商品零售价格指数来进行平减。这两项指标都去除了物价因素，折算成2006年的不变价。

## 二、中国战略性新兴产业全要素生产率测度结果分析

本部分对多选对象和指标将采用Färe-Primont指数法，测算出各单元的全要素生产率增长率（TFPCH）和它的分解项规模效率增长率指数（ISECH）、技术进步指数（TECHCE）、残余混合效率增长率指数（RMECH）以及技术效率增长率指数（ITECH），得出2006年到2014年该产业下的204家企业TFP及其分解指数的变化情况。

### （一）全要素生产率的整体分析

在分解出全要素生产率的分解指标之后，按年份对2006年到2014年所有上市企业的各项指标求几何平均，计算出样本单位TFP及其分解指标的年平均值，计算结果如表5-11所示。

1. TFP变化分析

根据结果分析可得，2006年到2014年所有样本企业TFP的年平均值为1.0061，这表明观察期内TFP年均增长率为0.61%，累积增长率为5.01%。在整个观察期内，TFP变化较为波动，2006年到2009年，整体呈下行趋势；2009年到2010年，其平均值为1.1214，为整个观察期内TFP增长速度最快的一年；2010年之后的两年间TFP变化又降至1以下，即TFP呈现负增长；在2012年之后TFP呈现出小幅增长。

表 5-11 **中国战略性新兴产业企业 TFP 增长及其分解**

| 年份 | 技术效率增长率指数（ITECH） | 规模效率增长率指数（ISECH） | 技术进步指数（TECHCH） | 残余混合效率指数（RMECH） | TFP 指数（TFPCH） |
|---|---|---|---|---|---|
| 2013—2014 | 1.050 | 1.039 | 0.918 | 1.022 | 1.023 |
| 2012—2013 | 1.127 | 0.994 | 0.865 | 1.033 | 1.001 |
| 2011—2012 | 0.970 | 1.068 | 0.989 | 0.905 | 0.928 |
| 2010—2011 | 0.910 | 0.782 | 1.372 | 1.015 | 0.991 |
| 2009—2010 | 1.221 | 0.838 | 1.090 | 1.005 | 1.121 |
| 2008—2009 | 0.962 | 0.884 | 0.750 | 1.501 | 0.957 |
| 2007—2008 | 1.158 | 0.886 | 1.054 | 0.870 | 0.941 |
| 2006—2007 | 1.226 | 1.035 | 0.957 | 0.908 | 1.103 |
| 平均值 | 1.072 | 0.935 | 0.985 | 1.018 | 1.006 |

2. TFP 变化的各分解指标分析

由表 5-11 分析可得，观察期内该产业下的样本企业 TECHCH 指数年均值为 1.48%，在 2006 年到 2011 年，整体呈现波动上升的趋势。2010 年到 2011 年，技术进步水平达到峰值，年均增长率将近 37.22%。随后技术进步水平出现下滑趋势，年均下滑 13.54%。观察期内样本企业的 ITECH 指数年均值为 1.0722，这表明 2006 年到 2014 年年均增长率为 7.22%。在整个观察期内技术效率变化呈现“U”字形变化趋势，2011 年之前，该指数逐年下降，2011 年年均下降幅度为 8.97%；2011 年之后技术效率呈现大幅攀升的趋势，年均增长率达到 12.74%。观察期内样本企业的 ISECH 指数年均值为 0.935，即观察期内该项指数平均减少 6.47%，整个观察期内仅有三年的变化率大于 1，其余年度均呈现负增长。2010 年到 2011 年该项指数下降幅度最大，达到 21.83%。RMECH 指数在整个观察期内均值均大于 1，整体呈上升趋势，其中，残余混合效率变化除了 3 个年份外，其余年份均大于 1，表现为增长趋势。

3. TFP 变动的来源分析

根据上面平均值的分析来看，观察期内样本企业主要是通过残余混合效率和技术效率这两条路径来促进 TFP 增长的，规模效率和技术进步则对其起抑制作用，这意味着企业在充分利用范围经济和技术效率优势的同时，也需要加强技术提升的速度和规模效率的改进。

为了更加详细地分析样本单位，按各样本企业在观察期内各项指标是否增长进行分类，分类结果如表 5-12 所示，根据表内结果来分析，有 116 家企业的 TFP 呈现增长的态势，这主要是因为一半以上的企业在残余混合效率以及技术效率上都表现为稳中有增的态势，但是 84.80%的企业规模效率表现为下行趋势，成为抑制全要素生产率增长的主要原因。

表 5-12　**2006—2014 年样本企业 TFP 及其分解的增长率的分类统计**

| 划分标准 | ITECH | ISECH | RMECH | TFPCH |
|---|---|---|---|---|
| 企业数量(个) | 88 | 173 | 44 | 83 |
| 占总样本比例(%) | 43.14 | 84.80 | 21.57 | 40.69 |
| 企业数量(个) | 116 | 31 | 160 | 121 |
| 占总样本比例(%) | 56.86 | 15.20 | 78.43 | 59.31 |

## (二)不同类型的企业的全要素生产率的比较分析

1. TFP 的区域比较

为了分析该产业下样本企业 TFP 变化的区域差异性，将 204 家样本企业按总部所在区域划分为东部、中部、西部三个类别，研究三个区域内企业的差异。

根据表 5-13 中显示的结果来进行分析，中部、西部、东部区域 TFP 与其分解项和整体变化情况基本接近，主要是通过残余混合效率和技术效率两条路径来提升全要素生产率发展的。其中中部、西部区域的 TFP 呈正增长态势，年均增长率分别为 2.09%和 3.46%，东部区域却表现为下降趋势，降低了 0.17%。技术效率和残余混合效率是三个区域生产率增长的主要路径，其中中部和西部区域技术效率优势比东部区域更为明显，但是东部区域的残余混合效率高于中、西部区域。规模效率对三个区域都存在抑制效应，西部区域尤其严重，年均下降幅度为 7.64%。因此，注重规模扩张的效率是三个区域的企业在该产业下高效发展的重要途径。接下来采用 Färe-Primont 指数法测算法将各区域 TFP 转换成以 2006 年为基期的累计指数，基于此研究三大区域间 TFP 及其分解指数的变化趋势。

表 5-13　三大地区战略性新兴产业企业 TFP 增长率及其分解的平均值

| | ITECH | RMECH | TECHCH | ISECH | TFPCH |
|---|---|---|---|---|---|
| 西部 | 1.121 | 1.014 | 0.985 | 0.924 | 1.035 |
| 中部 | 1.089 | 1.007 | 0.985 | 0.945 | 1.021 |
| 东部 | 1.061 | 1.022 | 0.985 | 0.935 | 0.998 |

图 5-1 中所示为全国和三大区域该产业下企业 TFP 累计指数变动趋势，从整体上分析，东部区域表现出下行的态势，中、西部区域则高速发展。与 2016 年相比，2014 年东部、中部、西部区域分别为-1.36%、18.02%、

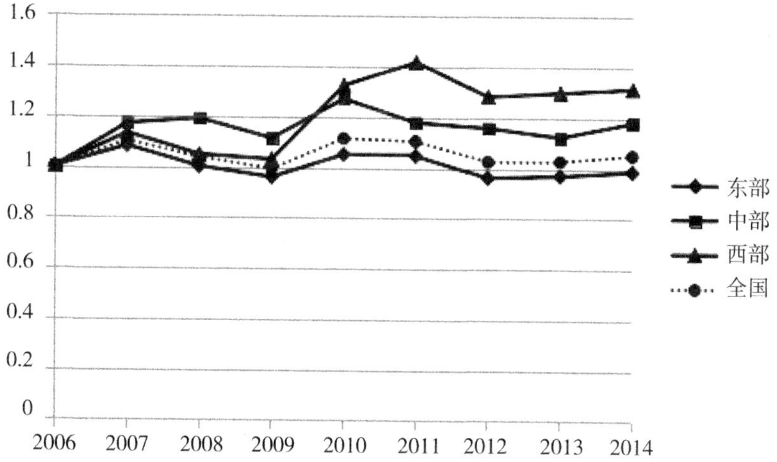


图 5-1　观察期内战略性新兴产业累积相对全要素生产率指数

31.32%。2006年到2010年期间，中部、东部区域与全国全要素生产率变化趋势都呈现上升与下降交替变化的状态，东部区域TFP发展水平低于全国，中部发展均速高于全国，而西部区域在2006年到2009年期间发展水平低于中部高于全国，在2010年之后呈现迅猛增长的态势。其主要原因可能是国家加大了西部大开发的力度，出台了西部新兴战略产业发展规划和政策，促使西部区域在该产业的增长率上表现出强劲的态势。

结合图5-2的趋势图分析可知，全国以及三个区域的技术效率变化趋势都呈高速发展的态势，与2006年相比，2014年三个地区的技术效率增长率分别为60.61%(东部)、97.19%(中部)和149.24%(西部)。整个观察期间西部区域的技术效率发展水平始终高于全国，在2010年后成为增长速度最快的区域；东部区域始终低于全国发展水平，但是也处于稳步增长态势。

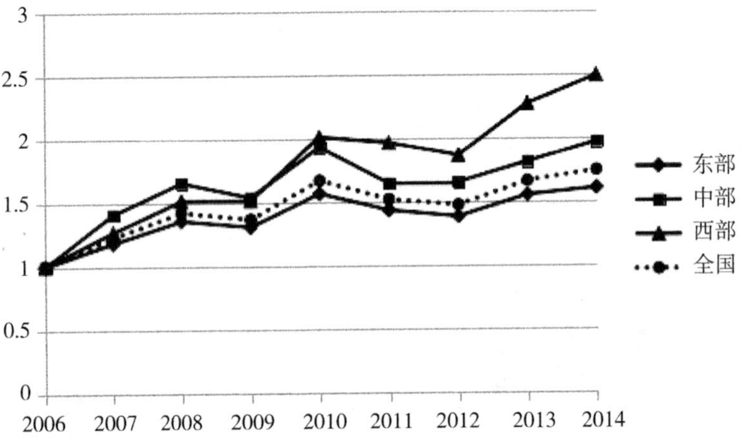

图5-2　观察期内战略性新兴产业累积相对技术效率指数

分析图5-3中三个区域样本企业战略性新兴产业下累积规模效率指数的变化，全国和三个区域在整个观察期内都是下行趋势。2014东部、中部、西部区域年规模效率相比于2006年分别下降了41.74%、36.36%和47.05%。其中，西部区域的规模效率一直低于全国平均水平，而东部区域增速与全国发展水平相当。2007 年到 2011 年三个区域的技术效率一直处于下行趋势，在 2011 年开始反弹，但是无法追回前期下降程度，最终 2014 年的发展水平还是低于 2006 年的初期水平。

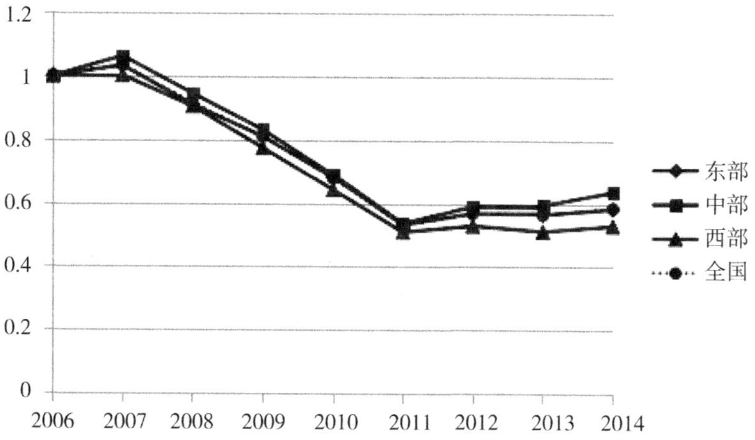


图 5-3　观察期内战略性新兴产业累积相对规模效率指数

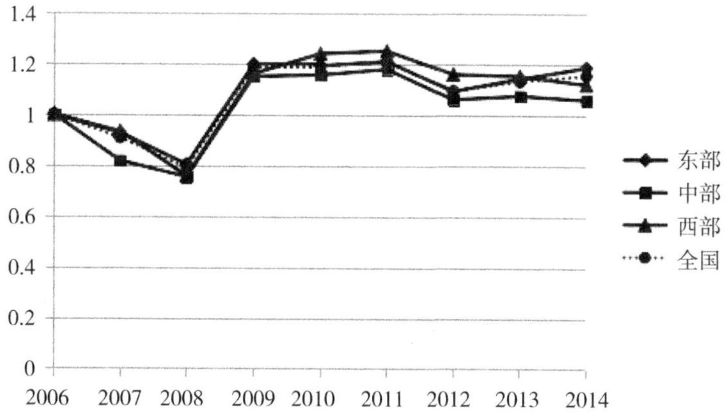


图 5-4　观察期内战略性新兴产业累积相对残余混合效率指数

结合图 5-4 累积相对残余混合效率指数来进行分析，全国以及三个区域的残余混合效率指数都呈增长态势，2014 年相较于 2006 年三个区域的增长率分别为 18.71%(东部)、5.92%(中部)和 12.05%(西部)。2006 年到 2008 年三个区域的残余混合效率指数先下降，到 2008 年开始反弹，呈现波动增长的趋势。2012 年到 2014 年东部区域该指数持续增长，而西部和中部区域则出现小幅度的下行趋势。

2. 不同产权性质企业 TFP 分析

本部分将按产权性质对样本公司进行分类，并对各类别的 TFP 及其分解指标进行测算和比较。

分析表 5-14 中的测算结果可知，国有企业和民营企业的 TFP 整体上表现为上行趋势，其中国有企业增长最快，民营企业其次，其他企业则表现下降趋势。就分解指数来进行分析，技术效率、残余混合效率是企业 TFP 增长的主要推动路径，尤其是民营企业在这两方面表现更为突出。但是所有企业的规模效率和技术进步变化率均小于 1，即表现为下行趋势。因此，规模效率成为企业 TFP 发展的主要抑制因素，注重各企业的规模效率的发展是提升战略性新兴产业的生产率的主要途径。

表 5-14　**战略性新兴产业不同产权性质企业 TFP 增长率及其分解的平均值**

| | ITECH | RMECH | TECHCH | ISECH | TFPCH |
|---|---|---|---|---|---|
| 国有企业 | 1.067 | 1.012 | 0.985 | 0.949 | 1.009 |
| 民营企业 | 1.086 | 1.025 | 0.985 | 0.916 | 1.005 |
| 其他企业 | 1.050 | 1.022 | 0.985 | 0.945 | 0.999 |

为了更加清晰地反映该产业下不同产权性质的样本企业的 TFP 变化趋势，现分析三类企业的累积 TFP 增长率变化趋势，具体情况如图 5-5 所示。

分析图 5-5 中的趋势图可知，各产权性质企业的 TFP 发展水平均表现为上升的态势，2006—2014 年各产权性质企业的全要素生产率累积增长率分别为 3.81%(民营企业)、7.46%(国有企业)和 18.42%(其他企业)。其中其他企业的 TFP 增长率远高于其他产权性质企业，国有企业和民营企业 TFP 累积增长率变化趋势接近，呈现波动增长的状态。2006 年到 2011 年

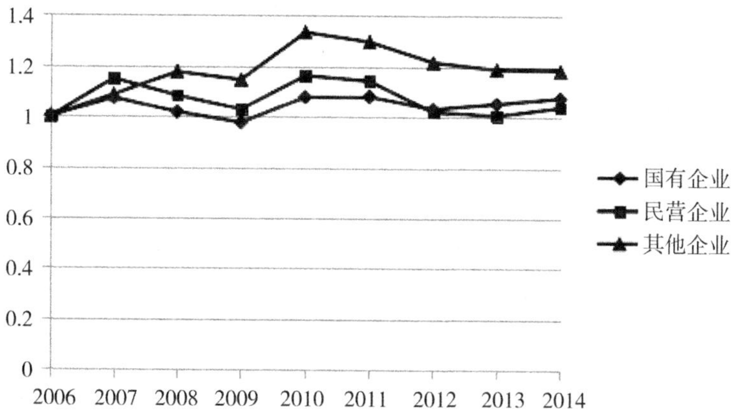


图 5-5 观察期内战略性新兴产业不同产权性质企业累积相对全要素生产率指数

期间民营企业增长率高于国有企业，2011 年之后国有企业略高于民营企业。其他企业在 2006 年到 2010 年迅猛增长，2010 年之后出现下行趋势，整体来看，在观察期内其 TFP 增长率仍然高于国有企业、民营企业。

3. 不同规模企业 TFP 分析

将样本公司在 2014 年总资产进行三等分，以三分位点将公司分为大型企业、中型企业和小型企业，对三个不同规模类型的企业进行 TFP 增长变化分析。具体测算结果如表 5-15 所示，中型企业和小型企业的 TFP 表现为增长态势，大型企业的 TFP 表现为下降趋势。中型企业年均增长率最高，为 1.28%，小型企业年均增长率为 0.95%；大型企业下降率为 0.39%。中型企业和小型企业的 TFP 增长主要是通过技术效率和参与混合效率两条路径来实现的，且小型企业这两项年均增长率要高于中型企业的增长。同时，三个类型的企业规模效率的增长率都小于 1，其中，大型企业的下降率要低于中小型企业。因此，三个类型的企业范围的经济优势和技术效率增长比较明显，但是规模效率成为阻碍企业生产率发展的主要因素，提升企业的规模效率将成为促进战略性新兴产业企业经济发展的重要途径。

结合图 5-6 中显示的各类型企业 TFP 累计增长率的发展趋势，可以发现三个类型企业的 TFP 发展速度快，整体上表现为波动上升的趋势，相比于 2006 年，2014 年累积增长率分别达到 31.53%(大型企业)、33.75%(中型企业)和46.41%(小型企业)。在整个观察期内，小型企业的全要素生产率指数要高于其他两个类型的企业，仅在2007年小于大型企业，在2009年之后远高于其他两个类型企业。而2006年到2009年大型企业的全要素生产率的增长水平远高于中型企业，2009年之后两者增长情况逐渐趋同。

表5-15　**战略性新兴产业不同规模企业全要素生产率增长率及其分解的平均值**

| | ITECH | RMECH | TECHCH | ISECH | TFPCH |
|---|---|---|---|---|---|
| 大型企业 | 1.026 | 0.998 | 0.985 | 0.987 | 0.996 |
| 中型企业 | 1.066 | 1.022 | 0.985 | 0.944 | 1.013 |
| 小型企业 | 1.127 | 1.035 | 0.985 | 0.878 | 1.010 |

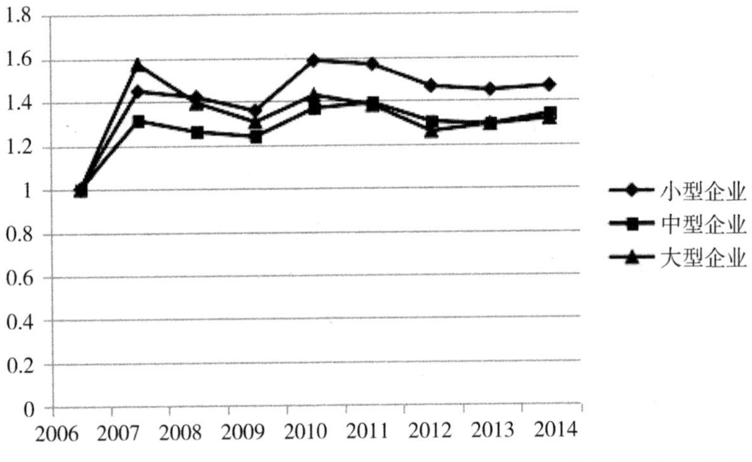


图5-6　观察期内战略性新兴产业不同规模企业累积相对全要素生产率指数

## 三、中国战略性新兴产业企业TFP的影响因素

### (一)研究方法与模型设定

本节将通过分位数回归的方法研究不同发展程度的企业的TFP主要受

到哪些因素的影响。本书选择分位数回归模型是为了更好地刻画因变量在不同分位点的特征，相比于传统的均值回归模型，可以得到一簇曲线，能更好地刻画自变量与因变量之间的变化特征，同时，还能更好地避免异常值的影响，具有更强的稳健性。

基于此，可给出分位数的定义，随机变量 $Y$ 的 $\tau$ 分位数可以定义为：

$$Q(\tau) = \inf\{y: F(y) \geqslant \tau\} \tag{5.13}$$

式中，$\tau$ 的取值范围为(0，1)。其表达的意思为随机变量 $Y$ 的分布中大于 $Q(\tau)$ 的比例为 $(1-\tau)\times 100\%$，小于 $Q(\tau)$ 的比例为 $\tau \times 100\%$。此时，就称 $Q(\tau)$ 为 $Y$ 的 $\tau$ 分位数，特别地，$Q(0.5)$ 表示的是随机变量 $Y$ 的中位数。

不同于均值回归模型用残差平方和最小的方法来估计模型的参数，分位数回归方程主要是使检验函数最小来求得模型参数的估计值。其中，“检验函数”$\rho_\tau(\mu)$ 的定义如下：

$$\rho_\tau(\mu) = \mu(\tau - I_{(\mu<0)}) \tag{5.14}$$

同上，$0<\tau<1$，$I_{(\mu<0)}$ 为示性函数：$I_{(\mu<0)} = \begin{cases} 1, & \mu < 0 \\ 0, & \mu \geqslant 0 \end{cases}$

检验函数也可以写成：

$$\rho_\tau(\mu) = \tau\mu I_{(\mu\geqslant 0)} + (\tau - 1)\mu I_{(\mu<0)}) \tag{5.15}$$

基于上述模型，分位数回归模型($QR$) 可以表示成以下形式：

$$Q_{Y|X}(\tau \mid X) = X'\beta(\tau),\ \tau \in (0,\ 1) \tag{5.16}$$

在分位数回归的模型中，通常采用线性规划法来估计它的最小加权的绝对偏差，以估计出自变量的回归系数，也就是所求的 $\beta(\tau)$ 的估计值：

$$\widehat{\beta}(\tau) = \operatorname{argmin} \sum_{\beta} \rho_\tau(y_i - x_i{}'\beta(\tau)) \tag{5.17}$$

也可以写成：

$$\widehat{\beta}(\tau) = \operatorname{argmin}\Big\{ \sum_{i:\ y_i \geqslant x_i'\beta(\tau)} \tau \left| y_i - x_i{}'\beta(\tau) \right| + \sum_{i:\ y_i < x_i'\beta(\tau)} (1 - \tau \mid) y_i - x_i{}'\beta(\tau) \mid \Big\}$$

上式中 argmin{·} 为括号中函数值最小时对应的 $\tau$ 的取值，$x_i$ 为自变量，$y_i$ 为因变量，$\tau$ 为分位点，取值范围为(0，1)。

基于数据的科学性和易得性，本书将选取运营能力(asturn)、政府补贴(govern)、资产负债率(dcr)、企业规模(scale)、金融发展水平(fir)、市场化程度(market)、地区人力资本水平(human)和资本密集度(captin)这 8 个因素对该产业下样本企业的 TFP 影响因素进行分析，分析的计量模型如式(5.18)所示。

$$\ln \text{index}_{it} = \beta_1 \ln \text{govern}_{it} + \beta_2 \ln \text{scale}_{it} + \beta_3 \ln \text{captin}_{it} + \beta_4 \ln \text{dcr}_{it} + \beta_5 \ln \text{asturn}_{it} + \beta_6 \ln humnan_{it} + \beta_7 \text{market} + \beta_8 \ln \text{fir} + u_i + v_t + \varepsilon_{it} \tag{5.18}$$

## (二)数据来源与数据处理

由于部分企业的变量数据缺失，尤其是 2006 年政府补贴数据完整性较差，最终筛选出 2007 年到 2014 年 175 家企业的完整数据，因此，接下来将以 2007—2014 年为观察期，分析 175 家样本企业 TFP 的影响因素，数据主要来源于 wind 数据库和各上市公司年报：①

1. 政府补贴

记为 govern，使用非经常性损益下的政府补助来进行衡量，其中包含 R&D 补助金以及增值税返还等。

2. 企业规模

记为 scale，参考国内学者已有研究，本书选取做自然对数处理后的企业总资产来进行衡量。

3. 资产负债率

记为 dcr，它等于企业的总负债比上总资产，这个比值越大说明企业偿还能力越差，反之则按期偿还能力越强。

① 由巨潮资讯网公布的上市公司年报，http：//www. cninfo. com. cn/new/index.

4. 资本密集度

记为 captin，该变量通过固定资产与总资产的比例得出，固定资产的比例在一定程度上可以反映企业的规模，也可以反映企业的经营物资的充裕度。

5. 运营能力

记为 asturn，运营能力是反映企业将拥有资本转化成利润的能力，本书使用总资产周转率来衡量这一指标。该指标值越大表明企业运营、资金周转能力越强，产生利润的效率也就越高。

6. 地区人力资本水平、金融发展水平以及市场化程度，分别记为 human、fir 和 market，这三个变量分别采用企业总部的人力资本以及金融和市场化水平来衡量。

## （三）实证分析

1. 全样本分析

本部分通过分位数回归的方法，研究 0. 9、0. 75、0. 5、0. 25 和 0. 1 这五个分位点处企业规模等八个因素对样本企业全要素生产率的影响，模型的估计结果如表 5-16 所示，其中第一列为普通最小二乘法参数估计结果，第二列到第六列则为五个分位数回归模型的估计结果。

第一，从政府补贴因素来进行分析，OLS 估计和分位点的估计中系数均为负，且最小二乘估计显著，估计系数为-0. 033，其他分位点的系数仅在 0. 75 分位点处显著，这表明，政府补贴对战略性新兴产业下企业的全要素生产率的影响较小，对生产率中上等水平的企业生产率有明显的负向影响。

第二，从企业规模因素来进行分析，不论是在普通最小二乘估计下还是分位数回归的系数中，该因素对企业的全要素生产率都将产生显著的促进作用。而且，在 0. 9 分位点处系数最小，系数估计值为 0. 1698；在 0. 1 分位点处系数最大，系数估计值为 0. 2215。这表明企业规模每增加一个百分点，对应的企业 TFP 将增长 0.17%～0.22%。且分析分位点和弹性系数的关系发现，对于 TFP 发展较为缓慢的企业来说，企业规模的变化对其生产率的促进作用最强；对于生产率本身相对较高的企业，企业规模的促进效用要低于生产率发展缓慢的企业。

表 5-16　**战略性新兴产业全要素生产率增长的影响因素的估计结果**

**（全样本估计）**

| 变量 | 分位点 | | | | | |
|---|---|---|---|---|---|---|
| | OLS | 0.9 | 0.75 | 0.5 | 0.25 | 0.1 |
| *C* | −5.7588*** | −5.2339*** | −5.3623*** | −5.8486*** | −7.0417*** | −7.89*** |
| | (−11.00) | (−7.03) | (−8.25) | (−8.23) | (−8.84) | (−7.25) |
| ln scale | 0.1950*** | 0.1698*** | 0.1801*** | 0.1919*** | 0.1819*** | 0.2215*** |
| | −9.870 | −4.120 | −7.720 | −7.050 | −6.720 | −8.190 |
| ln dcr | 0.4264*** | 0.4825*** | 0.4149*** | 0.196 | 0.4860*** | 0.4407*** |
| | −4.200 | −3.480 | −3.130 | −1.390 | −3.470 | −2.270 |
| ln human | 0.1792*** | 0.2165*** | 0.1588** | 0.2078*** | 0.2681*** | 0.2732*** |
| | −3.360 | −2.240 | −2.110 | −2.870 | −4.670 | −2.720 |
| ln fir | 0.007 | 0.3597*** | 0.1892*** | −0.082 | −0.2485*** | −0.149 |
| | −0.130 | −4.130 | −2.600 | (−1.12) | (−3.94) | (−1.27) |
| ln govern | −0.0333*** | −0.016 | −0.024 | −0.0276* | −0.011 | −0.011 |
| | (−2.62) | (−0.63) | (−1.36) | (−1.86) | (−0.79) | (−0.51) |
| ln capint | −1.7581*** | −2.1519*** | −1.7740*** | −1.5384*** | −1.2929*** | −1.0885*** |
| | (−17.33) | (−20.71) | (−17.5) | (−15.05) | (−11.4) | (−6.22) |
| ln asturn | 0.7556*** | 0.9553*** | 0.9214*** | 0.8425*** | 0.7473*** | 0.5414*** |
| | −23.160 | −21.070 | −13.760 | −14.850 | −17.220 | −6.310 |
| ln market | 0.016 | −0.137 | −0.009 | −0.033 | 0.166 | 0.015 |
| | −0.140 | (−0.73) | (−0.08) | (−0.22) | −1.320 | −0.070 |
| $R^2$ | 0.485 | 0.371 | 0.317 | 0.298 | 0.258 | 0.203 |

注：*、**、*** 分别表示在 10%、5%、1%显著性水平下显著。

第三，从资本密集度这一因素来进行分析，不论是普通最小二乘回归还是分位数回归分析，其系数的估计参数都显著为负，这说明资本密集度对该产业下企业的全要素生产率有明显的抑制作用。其主要原因可能是部分企业在注重资本引进的情况下对于资本的使用效率较为低下，且分位数与系数呈反向变化，也就是说，TFP 增长率越高的企业，资本密集度产生的负向影响越大。

第四，从资本负债率这一因素来进行分析，除了 0.5 分位点以外，OLS 和剩余分位数回归的系数估计值都显著为正，这说明资产负债的增加将对企业全要素生产率的增长起促进作用。且该因素对于 TFP 的影响程度随着分位数的变化先降低后增加，当企业全要素生产率发展水平处于中位的时候，该因素对于 TFP 影响的效果最小。

第五，从资本周转率的因素来进行分析，该因素的系数不论是在 OLS 还是分位数回归的情况下都显著为正，也就是说，当企业的资本周转率提高时，其 TFP 将会出现显著的增长。且该因素随着分位数的变化，对企业全要素生产率的影响也将逐渐增强，0.1 分位点处的弹性系数为 0.5414，随着分位点增加到 0.9，弹性系数也增加到 0.9553。这表明 TFP 发展水平越高的企业，资本周转率带来的促进作用越明显。

第六，从地区人力资本来进行分析，不论是 OLS 还是分位数回归，该因素的估计参数都显著为正，也就是说地区人力资本对于该产业下企业的 TFP 增长起明显的促进作用，且地区人力资本每增长 1%，对应企业的 TFP 增加 0.16%~0.27%。此外，随着分位点从 0.1 增加至 0.9，地区人力资源促进程度呈现“U”形，先降低后增强，因此通过增强地区人力资本来提高企业全要素生产水平是一条重要的途径。

第七，从市场化水平这一因素来进行分析，不论是在 OLS 还是分位数回归的过程中，该影响因素的估计系数均不显著，这说明市场化水平对于战略性新兴产业下的企业全要素生产率发展水平的作用不明显。

第八，从金融发展水平这一因素来进行分析，OLS 估计和 0.1 与 0.5 分位点下该因素的估计参数均不显著，但是在 0.25、0.75 和 0.9 分位点处金融发展水平这一因素的参数估计显著，其估计值为-0.2485、0.1892和0.3597。当企业全要素生产率水平较高时，金融发展水平对其生产率的增长将会有明显的推动作用。

2. 按地区分析

结合本章第一节的研究结果，该产业的全要素生产率的发展存在显著的区域差异性，因此将各企业按照其总部所在地进行分类，分为东部和中西部两个类别，再结合分位数回归方法分析各因素对企业全要素生产率的影响，模型结果如表5-17、表5-18所示。

表5-17　　战略性新兴产业全要素生产率增长的影响因素的估计结果：分地区估计(1)

| | 分位点 | | | | OLS | |
|---|---|---|---|---|---|---|
| | 0.1 | | 0.25 | | | |
| 变量 | 中西部 | 东部 | 中西部 | 东部 | 中西部 | 东部 |
| *C* | -9.358*** | -10.666*** | -8.134*** | -8.665*** | -5.721*** | -6.405*** |
| | (-7.11) | (-6.16) | (-7.65) | (-7.57) | (-7.29) | (-6.79) |
| ln govern | 0.047** | -0.076*** | 0.036* | -0.046*** | 0.032* | -0.058*** |
| | -2.190 | (-2.37) | -1.900 | (-2.59) | -1.840 | (-3.41) |
| ln capint | -0.506* | -1.338*** | -1.005*** | -1.426*** | -1.182*** | -1.913*** |
| | (-1.89) | (-3.71) | (-6.72) | (-9.19) | (-7.56) | (-15.14) |
| ln asturn | 0.699*** | 0.579*** | 0.879** | 0.730*** | 0.917*** | 0.689*** |
| | -6.980 | -6.740 | -8.350 | -14.200 | -17.810 | -17.200 |
| ln market | -0.064 | 0.652** | -0.139 | 0.605*** | -0.195 | 0.090 |
| | (-0.19) | -2.060 | (-0.61) | -2.560 | (-1.1) | -0.340 |
| ln scale | 0.338*** | 0.259*** | 0.268*** | 0.195*** | 0.245*** | 0.204*** |
| | -5.250 | -7.480 | -6.610 | -5.740 | -8.050 | -8.140 |
| ln dcr | 0.153 | 0.145 | 0.431** | 0.173 | 0.109 | 0.410*** |
| | -0.570 | -0.650 | -2.300 | -0.930 | -0.670 | -3.270 |

续表

| | 分位点 | | | | OLS | |
|---|---|---|---|---|---|---|
| | 0.1 | | 0.25 | | | |
| ln human | 0.019 | 0.533*** | 0.128 | 0.439*** | −0.048 | 0.296*** |
| | −0.180 | −3.030 | −1.370 | −4.800 | (−0.57) | −3.790 |
| ln fir | −0.156 | −0.411 | −0.256* | −0.438*** | −0.207* | −0.110 |
| | (−0.85) | (−1.6) | (−1.70) | (−4.55) | (−1.84) | (−1.33) |
| $R^2$ | 0.202 | 0.202 | 0.366 | 0.241 | 0.620 | 0.460 |

注：*、**、*** 分别表示在 10%、5%、1%显著性水平下显著。

表 5-18　　战略性新兴产业全要素生产率增长的影响因素的估计结果：分地区估计(2)

| | 分位点 | | | | | |
|---|---|---|---|---|---|---|
| | 0.5 | | 0.75 | | 0.9 | |
| 变量 | 中西部 | 东部 | 中西部 | 东部 | 中西部 | 东部 |
| *C* | −5.9077*** | −7.105*** | −3.4769*** | −5.3917*** | −2.0358* | −4.6977*** |
| | (−6.12) | (−6.67) | (−4.01) | (−3.44) | (−1.90) | (−3.03) |
| ln govern | 0.024 | −0.064*** | 0.0325* | −0.020 | 0.0573** | −0.051 |
| | −1.180 | (−3.19) | −1.760 | (−0.77) | −2.150 | (−1.62) |
| ln capint | −1.156*** | −1.6432*** | −1.3334*** | −2.0263*** | −1.0113*** | −2.3171*** |
| | (−6.83) | (−13.01) | (−9.46) | (−13.15) | (−5.32) | (−17.2) |
| ln asturn | 1.0403*** | 0.7526*** | 1.1429*** | 0.7337*** | 1.0455*** | 0.9336*** |
| | −12.650 | −15.740 | −20.540 | −9.090 | −13.520 | −13.440 |
| ln market | −0.167 | 0.349 | −0.256 | −0.067 | −0.447 | −0.288 |
| | (−1.02) | −1.250 | (−1.61) | (−0.15) | (−1.21) | (−0.69) |
| ln scale | 0.2583*** | 0.1811*** | 0.1887*** | 0.1766*** | 0.1311*** | 0.2124*** |
| | −6.780 | −5.360 | −6.080 | −5.160 | −3.660 | −4.470 |
| ln dcr | 0.168 | 0.126 | 0.140 | 0.5870*** | 0.013 | 0.6039*** |
| | −0.710 | −0.770 | −0.730 | −3.380 | −0.090 | −2.780 |

续表

| | 分位点 | | | | | |
|---|---|---|---|---|---|---|
| | 0.5 | | 0.75 | | 0.9 | |
| ln human | -0.064<br>(-0.59) | 0.3957***<br>-4.410 | -0.132<br>(-1.3) | 0.2065*<br>-1.650 | -0.154<br>(-1.01) | 0.148<br>-1.030 |
| ln fir | -0.250<br>(-1.51) | -0.1987***<br>(-2.32) | -0.3728***<br>(-3.16) | 0.152<br>-1.460 | -0.090<br>(-0.47) | 0.3624***<br>-2.590 |
| $R^2$ | 0.436 | 0.274 | 0.474 | 0.287 | 0.501 | 0.357 |

注：*、**、***分别表示在10%、5%、1%显著性水平下显著。

第一，从政府补贴角度来进行分析，东部区域企业的TFP增长率在OLS估计结果中显著地受到政府补贴的负向影响，在分位数回归中0.75和0.9处的分位点不显著，在其他分位点处均显著为负。这说明对于东部地区的企业来说，政府补助对于战略性新兴产业的发展起到抑制作用，当企业本身生产率较高时，这种抑制作用将会减弱。但是，在西部区域，除了在0.5分位点处估计系数不显著外，OLS估计系数和其他分位数系数都显著为正，这说明在中西部区域，政府补贴对战略性新兴产业下的企业发展有明显的促进作用。

第二，从企业规模因素来进行分析，不论是东部区域，还是中西部区域的企业，其TFP增长率均受到企业规模的显著正向作用。其中，在东部区域，该因素的影响程度随着分位点数增长呈现先下降后增长的趋势，这表明生产率发展水平较高和较低的企业TFP增长率受企业规模推动作用的程度更大。但是在中西部区域，各企业TFP增长率受企业规模影响程度随着分位点数增加而减小，也就是说在中西部区域，生产效率越低的企业越容易受到企业规模的正向影响。

第三，从资本密集度因素来进行分析，不论是OLS还是分位数回归，该因素的回归系数均显著为负。这表明资本密集度对中西部区域该产业下的企业均存在明显的负向影响。且在东部区域中，随着分位数增加，资本密集度对于企业的负向抑制作用逐渐加强，也就是说，生产率越高的企业受资本密集因素的抑制作用越强。但是在中西部区域中，随着分位数的增加，该因素的抑制强度先增加后减少。在0.75分位点处的抑制作用最强。同时，对比两大地区的抑制强度，在所有分位点资本密集度对于东部区域中企业的抑制强度都要高于中西部区域中的企业。

第四，聚焦到中西部的数据，OLS中资产负债率系数刚刚触及正值，从分位数回归角度看，除了在0.25分位点处较为明显外，其他均处在正值偏低位置，这些特征表明，对于中西部企业而言，资产负债率对促进全要素生产率增长作用是极其有限的。但是反观东部区域，DCR对其企业的全要素生产率的促进作用是显著的，在OLS中甚至达到了0.41的数值。在分位数回归中，资产负债率系数在某几个分位点的数值不是很突出，但是在0.75和0.9的高分位点处表现都非常突出。这表明资产负债率对东部区域全要素生产率提高的促进作用非常明显。

第五，分析所有的样本企业数据，无论是在OLS还是在分位数回归的各分位点处，资产周转率系数均显著为正。东部区域的数值总体上呈现上升的趋势，从最低处的0.5792到最高处的0.9336，每提高1%的资产周转率，东部企业就能提升0.58%~0.93%的全要素生产率，资产周转率对TFP的促进成正比关系。反观中西部区域，资产周转率系数先上升后下降，在0.1分位点处为最低值，在0.75分位点处最高，资产周转率每提高1%，对TFP有0.70%~1.14%的促动量。相较于东部区域，资产周转率对中西部全要素生产率的影响效果更好。

第六，人力资本水平对东西部区域的影响差异非常显著。对东部区域而言，无论是在OLS还是在分位数回归中，人力资本水平上系数都为正数，东部企业TFP增长态势与当地人力资本水平呈正向关系。但是，随着分位点的提高，人力资本系数却呈下降趋势，这就说明人力资本系数对TFP增长较快的企业比TFP增长较慢的企业的促进作用要小。在中西部区域，人力资本水平系数在OLS及分位数回归中表现得都不是很好，分别略低于零值与正负值相交状态，说明在西部区域，人力资本水平对当地企业的TFP作用效果极其微弱，这与中西部区域人力资本水平整体较东部而言较低，不能满足当地产业的需求有关。

第七，东西部区域市场化水平对东西部企业的 TFP 影响也不尽相同。对于东部区域企业，除了在低分位点 0.1 和 0.25 处市场变化水平的系数在 OLS 表现得较为显著之外，市场变化水平的系数在其他分位点的表现都不显著，表明东部区域市场化水平对全要素生产率增长较慢的企业影响较大，而对全要素生产率增长较快的企业非常微弱。对西部区域而言，市场化水平的系数在 OLS 和分位数回归各点表现都不显著，这表明其对中西部区域企业的 TFP 影响不大。

第八，就地区金融发展水平与新兴产业的全要素生产率增长的关系来看，对东部区域的企业而言，金融发展水平会推动 TFP 增长率较高的企业的发展，同时也会阻碍 TFP 增长率较慢的企业的发展，主要体现在，金融发展系数在 OLS 中除了在分位点 0.9 处有较为显著的正值，在 0.25 及 0.5 两处均不显著。对于西部区域企业来说，无论是在 OLS 中还是在分位数回归中，金融发展系数均为负值，表明其对西部区域企业的 TFP 无任何正向促进作用，甚至有可能阻碍其发展。综合前文的分析可得，对于东西部战略性新兴产业 TFP 影响来说，部分因素对东部和中西部不尽相同，表现出一定的差异性。但是差异的程度有多大？可以构建虚拟变量 DUMdq，当企业总部位于东部区域时，DUMdq=1，反之，DUMdq=0。在模型 5.20 的基础上，加入虚拟变量 DUMdq，同时考虑各个影响因素的交叉变量，从而构建出模型 5.21。如若交叉变量较大，表明其对应变量对企业的全要素增长的影响在东部区域和中西部区域的差异性较为明显。因分析的是差异性影响，表 5-19 给出了在分位点 0.1、0.25、0.5、0.75 和 0.9 处 8 个交叉变量的估计结果。

$$
\begin{aligned}
\text{lnindex}_{it} = {} & \beta_1 \text{lngovern}_{it} + \beta_2 \text{lnscale}_{it} + \beta_3 \text{lncaptin}_{it} + \beta_4 \text{lndcr}_{it} \\
& + \beta_5 \text{lnasturn}_{it} + \beta_6 \text{lnhumnan}_{it} + \beta_7 \text{market}_{it} + \beta_8 \text{lnfir}_{it} \\
& + \beta_9 \text{lngovern}_{it} * \text{DUMdq}_{it} + \beta_{10} \text{lnscale}_{it} * \text{DUMdq}_{it} \\
& + \beta_{11} \text{lncaptin}_{it} * \text{DUMdq}_{it} + \beta_{12} \text{lndcr}_{it} * \text{DUMdq}_{it} \\
& + \beta_{13} \text{lnasturn}_{it} * \text{DUMdq}_{it} + \beta_{14} \text{lnhumnan}_{it} * \text{DUMdq}_{it}
\end{aligned}
$$

$$+\beta_{15}\text{market}_{it} * \text{DUMdq}_{it} + \beta_{16}\text{lnfir}_{it} * \text{DUMdq}_{it} + u_i + v_t + \varepsilon_{it} \tag{5.19}$$

表 5-19 战略性新兴产业全要素生产率增长的影响因素分析：不同区域企业的比较

| 变量 | 分位点 | | | | |
|---|---|---|---|---|---|
| | 0.9 | 0.75 | 0.5 | 0.25 | 0.1 |
| *Pseudo* $R^2$ | 0.3953 | 0.3378 | 0.3207 | 0.28 | 0.2286 |
| lngovern | -0.070 | -0.0521* | -0.0792*** | -0.0801*** | -0.1214*** |
| * DUMdq | (-1.34) | (-1.65) | (-2.73) | (-3.37) | (-3.04) |
| ln *cap* int | -1.4295*** | -0.8199*** | -0.4252* | -0.4021* | -0.8051* |
| * DUMdq | (-5.20) | (-3.95) | (-1.93) | (-1.82) | (-1.75) |
| ln *asturn* | -0.183 | -0.440*** | -0.3115*** | -0.150 | -0.112 |
| * DUMdq | (-1.37) | (-4.61) | (-3.61) | (-1.34) | (-0.96) |
| ln *market* | -0.205 | 0.009 | 0.426 | 0.7454** | 0.582 |
| * DUMdq | (-0.39) | -0.030 | -1.460 | -2.280 | -1.260 |
| ln *scale* | 0.024 | -0.030 | -0.1015** | -0.0838** | -0.0996* |
| * DUMdq | -0.380 | (-0.7) | (-2.31) | (-2.29) | (-1.81) |
| ln *dcr* | 0.8532*** | 0.5968** | 0.054 | -0.244 | 0.081 |
| * DUMdq | -3.310 | -2.360 | -0.200 | (-0.98) | -0.270 |
| ln *human* | 0.139 | 0.1842* | 0.3722*** | 0.2636*** | 0.4250*** |
| * DUMdq | -0.910 | -1.660 | -3.630 | -3.340 | -3.300 |
| ln *fir* | 0.398 | 0.5581*** | 0.082 | -0.156 | -0.191 |
| * DUMdq | -1.510 | -3.840 | -0.440 | (-0.91) | (-0.67) |

注：*、**、*** 分别表示在 10%、5%、1%显著性水平下显著。

分析表 5-19 相关数值可知，DUMdq 的交叉项的系数与政府补贴在 0.1、0.25、0.5、0.75 和 0.9 分位点处均为负值，在分位点 0.1 至 0.75 上较为明显，这就说明东部区域的政府补贴比西部区域的政府补贴对企业全要素生产率的正向影响效果要小一些。

分析企业规模对企业 TFP 的影响情况，在分位点 0.1 至 0.5 处企业规模与 DUMdq 的交叉项系数呈现较为明显的负值，但是在 0.75 和 0.9 两个分位点处却不显著，这说明对于 TFP 增长水平较低的企业来说，企业规模对东部地区的正向影响作用要小于中西部地区，企业全要素生产率的影响具有极其明显的地区差异性。资本密集度与 DUMdq 的交叉项在 0.1、0.25、0.5、0.75 和 0.9 分位点系数都为负值，而人力资本与 DUMdq 的交叉项在其分位点都为正值，说明这两者对东部与中西部地区企业的全要素生产率的影响差异性较大，对东部地区企业而言，前者有抑制作用，后者有促进作用。对于其余变量，它们与 DUMdq 的交叉项的系数也在某些分位点处具有显著特征，表明其与两地区企业的 TFP 影响的差异性明显。

综上而言，各变量对东部及中西部地区企业的全要素生产率的影响的差异性都较为明显，政府补贴与企业规模对东部区域的正向影响要高于中西部，而地区人力资本对两地区的影响效果则刚好相反。

3. 基于政府补贴效应的进一步分析

政府补贴对于战略性新兴产业的兴起过程中起着极其重要的作用。通过上文的研究，已经呈现出政府补贴对企业 TFP 的影响效果，其对东部及中西部两个地区有着地区差异性，对不同所有制企业的 TFP 影响的结果也不一样。这种差异性与其对 TFP 正向影响和抑制影响的作用力度与企业的股份制性质，资源配置的众多因素都有关系。政府补贴对于企业 TFP 的积极影响主要来自两方面。其一，政府对企业科创方面及新产品的投入研发方面进行补贴，不仅增加了企业的研发经费和对科技人员的资金收入，同时也促进了企业在创新方面的积极性，推动了企业技术水平的提高，也促进了整个行业生产效率的提升。其二，政府也对企业的扩大再生产方面的投入进行了补贴，有助于企业发挥优势、提高产量。

政府补贴对企业 TFP 的抑制作用主要提体现在三个方面。

其一，当企业获取了超额利润时，企业将缺乏足够的动力去改善现有的经营状况，也会降低节约成本的意识，这时的政府补贴将导致企业技术效率的下降，企业的技术水平和生产效率将难以提高。

其二，当政府补贴较高时，企业更愿意将用于生产的资源进行模式变化，用来寻找相应政府补贴的机会，比起提升企业生产率，企业经理可能更愿意寻求政府补贴的机会，但这不利于提高企业的生产效率。

其三，为了最大限度地获取政府的补贴，有些企业就会提供虚假的信息进行申报，这会造成政府与企业之间信息的不对称，违背了政府给予企业激励目的的初衷，从而使需要补贴的企业拿不到钱，本身超额利润的企业连年补贴，极大地削弱了企业在创新方面的积极性，造成负向激励。

综合以上分析，政府补贴对于企业全要素生产率的影响程度还有可能取决于企业领导人的发展规划及企业自身的发展水平，即便是相同的政府补贴，也会产生不一样的效果。所以，我们应着重考虑如何提高政府补贴对企业发展的正向激励效果。可以通过企业人力资本、企业规模、资产周转率等五个变量的交互项建立模型进行综合考量，如果交叉项系数为正值，说明政府补贴对企业发展起着积极的激励作用。

较之于前文的分析，本内容模型加入了企业人力资本水平要素，企业人力资本水平主要用全体职工工资及福利支出除以全体职工数量的比值，同时参看居民消费价格指数进行对比来进行衡量。这里将其记为 ln gyhuman，把本章第二节中考虑的地区人力资本水平记为 ln gyhuman，表5-20给出了模型的估计结果。

**表 5-20　政府补贴对中国战略性新兴产业企业 TFP 影响的回归结果**

| | 模型 1 | 模型 2 | 模型 3 | 模型 4 | 模型 5 |
|---|---|---|---|---|---|
| ln govern | −7.469*** | −6.311*** | −11.984*** | −11.085*** | −11.459*** |
| ln scale | (−5.37) | (−5.17) | (−16.87) | (−14.74) | (−15.79) |
| ln dcr | −0.282*** | −0.368*** | 0.015 | −0.031** | −0.013 |
| ln dqhuman | (−3.56) | (−5.40) | −1.560 | (−2.29) | (−1.39) |

续表

| | 模型 1 | 模型 2 | 模型 3 | 模型 4 | 模型 5 |
|---|---|---|---|---|---|
| ln qyhuman | −0.047 | 0.148*** | 0.145*** | 0.149*** | 0.149*** |
| ln fir | (−0.78) | −7.850 | −7.490 | −7.810 | −7.670 |
| ln capint | 0.092 | 0.092 | 0.132** | −0.866** | 0.143** |
| ln asturn | −1.410 | −1.420 | −2.040 | (−1.99) | −2.190 |
| ln market | 0.195*** | 0.235*** | 0.206*** | 0.185*** | 0.191*** |
| ln govern | 0.013*** | | | | |
| * ln scale | (3.53) | | | | |
| lngovern | | 0.033*** | | | |
| * ln human | | (5.38) | | | |
| ln govern | | | −0.076*** | | |
| * ln capint | | | (−2.67) | | |
| ln govern | | | | 0.062*** | |
| * ln dcr | | | | (2.33) | |
| ln govern | | | | | 0.014 |
| * ln asturn | | | | | (1.42) |
| $R^2$ | 0.951 | 0.952 | 0.951 | 0.951 | 0.951 |

注：*、**、***分别表示在10%、5%、1%显著性水平下显著。

由模型1的估计结果可知，政府补贴、企业人力资本水平、企业规模、资产周转率等五个变量的交互项系数呈明显的正值，反映出政府补贴对企业全要素生产率的促进效果与企业的规模呈正比。由模型2的估计结果可知，企业人力资本水平与政府补贴对企业TFP的影响也呈相同变化趋势。究其原因，企业的众多软实力如科技水准、管理组织能力、研发新技术新产品能力都随着人力资本水平的提高而增强，有利于企业生产率的提升。同时，政府补贴的合理利用也因企业人力资本水平的提升而变得更加有效、科学，进而能最大限度地发挥政府补贴的价值，提升企业的TFP水平。对模型 3 的估计结果进行分析可知，对于资本密集度低的企业，政府补贴对于提高企业 TFP 的效果显著。究其原因，相比于资本密集度低的企业，资本密集度高的企业更专注于引进新的设备来提高产量而忽视全要素生产率，造成了资本密集度高的企业获得更多政府补贴的现象。注重生产设备的引进而忽视生产率的提升，这不利于企业全要素生产率的提升。由模型 4 的估计结果可知，资产负债率和政府补贴的交互项与企业的全要素生产率变化趋势一致，政府补贴对资产负债率较高的企业的全要素生产率能够起到积极的影响，因为政府补贴能够缓解其经济压力，在某种程度上释放了企业生产率的提高水平，而模型 5 中表明政府补贴对企业运营能力的影响效果不大。

# 第六章　中国工业绿色全要素生产率增长研究

改革开放40多年来，中国工业发展取得了举世瞩目的成就，现已成为工业大国。然而，工业大国的背后却是“大而不强”。长期以来，中国工业发展主要是以能源消耗和污染排放为代价换来的，具有传统的粗放型工业经济增长方式特征，即“高投入、高能耗、高污染”。工业是能源消耗和污染排放的主体(陈菁泉等，2016)。据陈诗一(2009)估算，改革开放期间只占全国40.1%的工业GDP的取得却消耗了全国67.9%的能源，排放出全国二氧化碳的83.1%。此外，根据美国耶鲁大学和哥伦比亚大学2018年共同发布的《2018环境绩效指数报告》中的环境绩效指数(Environmental Performance Index，EPI)全球排名，中国在180个国家和地区中位列第120位(50.74分)，相比2016年的第109位(65.1分)有所下降，这进一步表明中国的环境状况不容乐观，仍然面临着很大的环境治理压力。

随着资源环境约束趋紧问题日益突出，难以长期支撑传统的粗放型工业经济增长方式，逐渐制约着中国经济的可持续发展。鉴于工业在国民经济发展中的主导作用，要推动中国工业由大转强和实现工业的可持续发展，传统的粗放型工业经济增长方式转型已刻不容缓，唯一的出路就是实现绿色发展。党的十九大报告指出，中国经济已经从高速增长阶段转向高质量发展阶段。要实现中国工业经济的高质量发展，最重要的是提高工业绿色全要素生产率。

可喜的是，面对资源环境的双重约束，中国政府积极地采取了一系列更为严厉的环境规制政策来推动绿色发展，取得了积极的成效。比如，早在2009年中国政府就提出控制温室气体排放的行动目标，决定到2020年单位GDP二氧化碳排放量要比2005年下降40%~45%，首次将其作为约束性指标并纳入国民经济中长期发展规划；堪称“史上最严”的新的《中华人民共和国环境保护法》已于2015年1月1日正式实施；中国官方首次发布2016年各地区绿色发展指数来综合评价各地区发展质量；环保税已于2018年1月1日正式开征，排污费征收制度退出历史舞台，等等。事实上，环境规制作为纠正“市场失灵”缺陷的重要手段，在中国各个地区制定的工业发展规划中均受到高度重视，使得工业能耗和污染排放在一定程度上得到控制，但其对工业绿色全要素生产率的影响绩效越来越受到政府环境政策制定者和学术界的广泛关注。

那么，在资源环境的双重约束背景下，考虑环境污染非期望产出情形后中国工业绿色全要素生产率的真实水平如何？环境规制是否影响了中国工业绿色全要素生产率？如果有影响，这种影响又呈现何种特征和规律？弄清楚这些问题，对加快推动工业绿色转型，推动中国工业经济的高质量发展，实现工业绩效和环境改善的双赢具有重大的理论意义和现实意义。

## 第一节　中国工业绿色全要素生产率的测算及分析

### 一、中国工业绿色全要素生产率测算方法

本节以$CO_2$排放量作为环境污染非期望产出，运用基于非径向、非角度包含非期望产出的DEA-SBM模型并结合GML生产率指数测算了2001—2015年中国30个省份的工业绿色全要素生产率及其分解来源。

在上述SBM方向距离函数模型的基础上，根据Chung等人（1997）的

研究理论方法，在 $t$ 期和 $t+1$ 期之间的 Global Malmquist-Luenberger①生产率指数表示为：

$$\mathrm{GML}_t^{t+1}=\left\{\frac{[1+\overrightarrow{D}_0^t(x^t,\ y^t,\ b^t;\ g^t)]}{[1+\overrightarrow{D}_0^t(x^{t+1},\ y^{t+1},\ b^{t+1};\ g^{t+1})]}\times\frac{[1+\overrightarrow{D}_0^{t+1}(x^t,\ y^t,\ b^t;\ g^t)]}{[1+\overrightarrow{D}_0^{t+1}(x^{t+1},\ y^{t+1},\ b^{t+1};\ g^{t+1})]}\right\}^{\frac{1}{2}} \tag{6.1}$$

GML 生产率指数进一步可以分解为效率变化（GEFFCH）和技术进步(GTECH)两部分：

$$\mathrm{GML}_t^{t+1}=\frac{1+\overrightarrow{D}_0^t(x^t,\ y^t,\ b^t;\ g^t)}{1+\overrightarrow{D}_0^{t+1}(x^{t+1},\ y^{t+1},\ b^{t+1};\ g^{t+1})}\times$$

$$\left\{\frac{[1+\overrightarrow{D}_0^{t+1}(x^t,\ y^t,\ b^t;\ g^t)]}{[1+\overrightarrow{D}_0^t(x^{t+1},\ y^{t+1},\ b^{t+1};\ g^{t+1})]}\times\frac{[1+\overrightarrow{D}_0^{t+1}(x^{t+1},\ y^{t+1},\ b^{t+1};\ g^{t+1})]}{[1+\overrightarrow{D}_0^t(x^{t+1},\ y^{t+1},\ b^{t+1};\ g^{t+1})]}\right\}^{\frac{1}{2}}$$

$$=\mathrm{GEFFCH}_t^{t+1}\times\mathrm{GTECH}_t^{t+1} \tag{6.2}$$

GML 生产率指数大于 1，表明工业绿色全要素生产率增长；GML 生产率指数小于 1，表明工业绿色全要素生产率下降。GEFFCH 指数大于 1，表明技术效率改善；GEFFCH 指数小于 1，表明技术效率恶化。GTECH 指数大于 1，表明技术进步；GTECH 指数小于 1，表明技术倒退。

## 二、中国工业绿色全要素生产率测算指标

考虑到本书的研究目的和数据的可得性，本书采用 2001—2015 年中国 30 个省份(不包括香港、澳门、台湾和西藏地区)的投入产出数据进行分析。投入产出变量及数据处理如下：

① Global Malmquist-Luenberger 生产率指数不仅可以避免传统 Malmquist-Luenberger 线性规划无可行解的问题，又具有满足循环累乘性的优点。

劳动力投入，用各地区规模以上工业企业从业人员年平均人数表示，单位是万人。资本投入，用资本存量表示。由于中国工业部门统计数据难以获得，本书采用固定资产净值来近似表示资本存量，并使用历年各地区固定资产投资价格指数将其调整为以2001年为基期的不变价，以消除价格变动的影响，单位是亿元。能源投入采用各地区能源消费总量表示，单位是万吨标准煤。

期望产出，用各地区规模以上工业企业以当年价格计价的工业销售产值表示，为便于比较，使用历年各地区工业品出厂价格指数(PPI)将其调整为以2001年为基期的不变价，以消除价格变动的影响，单位是亿元。非期望产出，采用$CO_2$排放量表示。本书采用清华大学关大博教授领衔开发的中国碳排放清单(CEADs)所提供的$CO_2$排放量数据，① $CO_2$排放量数据基于中国统计局最新能源数据(2015)和最新碳排放因子通过IPCC Sectoral Approach编制而成，该方法的表述和数据详见参考文献(Shan等，2018)。上述投入产出原始数据(除$CO_2$排放量数据外)来源于相关年份的《中国工业经济统计年鉴》《工业统计年鉴》《中国统计年鉴》和《中国环境年鉴》。

## 三、中国工业绿色全要素生产率结果分析

在规模报酬可变(VRS)的情况下，运用基于非径向、非角度包含非期望产出的DEA-SBM模型，结合GML生产率指数测算了中国30个省份的工业绿色全要素生产率指数及其分解因子，以及工业传统全要素生产率指数(不考虑环境污染非期望产出的情形)。从表6-1中可以看出，在不考虑环境污染非期望产出的情形下，中国工业传统全要素生产率年均增长7.4%，效率变化年均增长-0.5%，技术进步年均增长8%；而在考虑环境污染非期望产出的情形下，中国工业绿色全要素生产率年均增长5.8%，绿色技术效率变化年均增长-0.2%，绿色技术进步年均增长6.1%。在不考虑和

① 数据来源于http：//www.ceads.net/data/。

考虑环境污染非期望产出这两种情形下，都表明中国工业全要素生产率增长主要来源于技术进步。

考虑环境污染非期望产出的情形下，中国工业绿色全要素生产率年均增长由传统全要素生产率的7.4%下降为5.8%，绿色技术进步年均增长由8%下降为6.1%，而绿色技术效率改善略有小幅上升，总体上表明考虑环境污染非期望产出在一定程度上降低了中国工业绿色全要素生产率的增长速度，其原因在于绿色技术进步下降。在考虑环境污染非期望产出的情形下，中国工业绿色全要素生产率表现出明显的区域异质性，仍有个别省市实现了工业绩效和环境质量的协调发展，比如，北京、天津和山东在绿色技术效率的推动下，实现了工业绿色全要素生产率的增长，而上海、江苏、浙江、广东在绿色技术进步的推动下实现了工业绿色全要素生产率的增长。虽然工业传统全要素生产率指数及其分解因子和工业绿色全要素生产率指数及其分解因子从直观上可以看出均具有较大的差异，但是无法确定存在的差异是否具有显著性，故采用配对 $t$ 检验做进一步检验。本书对工业传统全要素生产率指数及其分解因子和工业绿色全要素生产率指数及其分解因子进行样本配对 $t$ 检验，共有3对配对样本，来分析考虑环境污染非期望产出情形对中国工业全要素生产率增长、效率变化和技术进步的均值是否存在显著性差异。

表6-1　**2001—2015年中国工业传统与绿色全要素生产率指数的测算及其分解因子**

| 省、市 | 不考虑非期望产出的GM指数及其分解因子 | | | 考虑非期望产出的GML指数及其分解因子 | | |
|---|---|---|---|---|---|---|
| | GEFFCH | GTECH | GM | GEFFCH | GTECH | GML |
| 北京 | 0.999 | 1.087 | 1.086 | 1.027 | 1.072 | 1.101 |
| 天津 | 1.014 | 1.087 | 1.102 | 1.018 | 1.084 | 1.104 |
| 河北 | 0.996 | 1.086 | 1.082 | 0.994 | 1.076 | 1.070 |
| 山西 | 0.975 | 1.085 | 1.058 | 0.981 | 1.049 | 1.030 |

续表

| 省、市 | 不考虑非期望产出的 GM 指数及其分解因子 | | | 考虑非期望产出的 GML 指数及其分解因子 | | |
|---|---|---|---|---|---|---|
| 内蒙古 | 1.007 | 1.082 | 1.091 | 1.003 | 1.040 | 1.042 |
| 辽宁 | 0.988 | 1.092 | 1.080 | 0.985 | 1.084 | 1.068 |
| 吉林 | 1.016 | 1.085 | 1.102 | 1.020 | 1.062 | 1.083 |
| 黑龙江 | 0.956 | 1.087 | 1.040 | 0.965 | 1.063 | 1.026 |
| 上海 | 0.985 | 1.092 | 1.076 | 0.980 | 1.105 | 1.084 |
| 江苏 | 1.000 | 1.086 | 1.086 | 1.000 | 1.104 | 1.104 |
| 浙江 | 0.979 | 1.087 | 1.064 | 0.971 | 1.104 | 1.071 |
| 安徽 | 1.020 | 1.081 | 1.103 | 1.021 | 1.061 | 1.084 |
| 福建 | 1.015 | 1.082 | 1.098 | 1.013 | 1.080 | 1.094 |
| 江西 | 1.017 | 1.074 | 1.092 | 1.018 | 1.042 | 1.060 |
| 山东 | 1.019 | 1.084 | 1.104 | 1.031 | 1.090 | 1.124 |
| 河南 | 1.007 | 1.082 | 1.090 | 1.010 | 1.074 | 1.085 |
| 湖北 | 1.007 | 1.084 | 1.092 | 1.010 | 1.075 | 1.086 |
| 湖南 | 1.013 | 1.081 | 1.095 | 1.013 | 1.062 | 1.075 |
| 广东 | 1.000 | 1.086 | 1.086 | 1.000 | 1.105 | 1.105 |
| 广西 | 1.012 | 1.078 | 1.091 | 1.011 | 1.044 | 1.055 |
| 海南 | 1.000 | 1.000 | 1.000 | 1.000 | 1.000 | 1.000 |
| 重庆 | 1.017 | 1.076 | 1.094 | 1.024 | 1.045 | 1.070 |
| 四川 | 1.014 | 1.087 | 1.102 | 1.014 | 1.070 | 1.085 |
| 贵州 | 0.995 | 1.076 | 1.070 | 1.000 | 1.028 | 1.028 |
| 云南 | 0.971 | 1.084 | 1.053 | 0.975 | 1.048 | 1.022 |
| 陕西 | 0.989 | 1.085 | 1.073 | 0.987 | 1.052 | 1.038 |
| 甘肃 | 0.973 | 1.077 | 1.048 | 0.981 | 1.036 | 1.017 |
| 青海 | 0.975 | 1.073 | 1.046 | 0.988 | 1.019 | 1.006 |
| 宁夏 | 0.963 | 1.051 | 1.012 | 0.962 | 1.018 | 0.979 |
| 新疆 | 0.930 | 1.093 | 1.016 | 0.935 | 1.045 | 0.977 |
| 全国均值 | 0.995 | 1.080 | 1.074 | 0.998 | 1.061 | 1.058 |

注：中国工业传统与绿色全要素生产率指数的测算及其分解因子均为几何均值。

从表 6-2 的检验结果可以看出，在效率变化(GEFFCH)的配对 $t$ 检验中，其自由度为 29，均值为 0.0028，$P$ 值为 0.0295，在 5%的显著性水平下拒绝原假设 $H_0$。因此，考虑环境污染非期望产出会导致中国绿色技术效率变化指数年均增长发生显著性上升变化，与上文的分析结论一致。在技术进步(GTECH)的配对 $t$ 检验中，其自由度为 29，均值为-0.0184，$P$ 值为 0.0000，在 1%的显著性水平下拒绝原假设 $H_0$，因此，考虑环境污染非期望产出会导致中国绿色技术进步指数年均增长发生显著性下降，与上文的分析结论一致。

表 6-2　**中国工业传统与绿色全要素生产率指数及其分解因子的配对 $t$ 检验**

| 原假设 $H_0$ | 均值 | 标准误差 | 标准差 | 自由度 | $t$ 统计量 | $P$ 值 | 检验结果 |
|---|---|---|---|---|---|---|---|
| GEFFCH = 传统 GEFFCH | 0.0028 | 0.0012 | 0.0068 | 29 | 2.2897 | 0.0295 | 拒绝 |
| GTECH = 传统 GTECH | -0.0184 | 0.0038 | 0.0208 | 29 | -4.8500 | 0.0000 | 拒绝 |
| GML = GM | -0.0153 | 0.0036 | 0.0200 | 29 | -4.1940 | 0.0002 | 拒绝 |

注：表中 EFFCH 和 TECH 为工业绿色全要素生产率指数的分解因子，传统 EFFCH 和 TECH 为工业传统全要素生产率指数的分解因子。

在中国工业全要素生产率增长指数的配对 $t$ 检验中，其自由度为 29，均值为-0.0153，$P$ 值为 0.0002，在 1%的显著性水平下拒绝原假设 $H_0$。因此，考虑环境污染非期望产出会导致中国工业绿色全要素生产率增长指数年均增长发生显著性下降，与上文的分析结论一致。综上所述，在考虑环境污染非期望产出情形下的工业绿色全要素生产率指数及其绿色技术变化因子低于工业传统全要素生产率指数及其技术变化因子，而绿色技术效率改善略有小幅上升。忽视环境污染非期望产出会高估中国的工业绿色全要素生产率增长，技术进步是其增长变动的主要来源。这充分揭示了中国传统的粗放型工业经济增长方式特征，表明中国各地区普遍存在以能源消耗和污染排放为代价换取经济增长的情况，同时也表明在测算中国工业全要素生产率时，非常有必要纳入环境污染非期望产出情形，以准确反映中国工业绿色全要素生产率的真实水平。

## 第二节　环境规制对中国工业绿色全要素生产率非线性影响研究

### 一、研究设计

#### (一)模型设定

环境规制体系，不仅包括正式环境规制，也包括非正式环境规制。正式环境规制是政府通过传统命令和控制方法以及经济手段对污染排放实施控制(傅京燕，2009)。非正式环境规制也有不可忽视的影响作用，这一概念最早由 Pargal 和 Wheeler (1995)提出，即当正式环境规制强度薄弱或者缺失时，社会公众团体为了自身的利益，通过与当地排污企业进行谈判或协商，以减少污染排放和追求更高的环境质量水平。环境规制不仅解决了污染排放问题，同时也会影响企业进行绿色技术创新的积极性以及绿色技术的扩散速度和深度(沈能、刘凤朝，2012)。环境规制作为纠正“市场失灵”缺陷的重要手段，对协调工业经济绿色发展与污染排放发挥了重要的作用。国内外学者基于不同角度对环境规制影响工业绿色全要素生产率效应的路径进行了研究，主要存在以下两个影响路径：第一，严格的环境规制直接导致工业企业污染治理成本增加，企业不得不将有限的资金投入到工业污染治理中，从而会对研发投入形成挤出效应，不利于提高工业绿色全要素生产率；第二，面对严厉的环境规制，一部分企业通过对外投资将“高能耗、高污染”产业转移到环境规制强度相对宽松的“污染避难所”地区，减少在当地的投资和创新投入资金份额(蒋伏心等，2013)，而另一部分企业通过自身或者利用政府资金和政策扶持等鼓励措施进行绿色技术创新和产业升级，在达到了降低污染排放目标的同时，也提高了企业的核心竞争力，企业所产生的“创新补偿效应”就会大于“遵循成本”，从而提高工业绿色全要素生产率。因此，从上述影响路径分析可知，环境规制对工业绿色全要素生产率的影响是不确定的。

基于上述分析，为研究环境规制对中国工业绿色全要素生产率可能存在的非线性效应关系，进而验证“波特假说”在中国是否真实有效，在本书中，分别以正式、非正式环境规制强度作为转换变量，运用González等人(2005)提出的面板平滑转换模型(PSTR)对二者的非线性关系进行实证检验。基于“波特假说”和González等构建PSTR模型原理的基础上，本书构建的两区制PSTR模型设定如下：

$$\mathrm{TFP}_{it}=\mu_i+\alpha_{11}\mathrm{ER}_{it}+\sum_{j=2}^{6}\alpha_{1j}X_{it}+\left(\beta_{11}\mathrm{ER}_{it}+\sum_{j=2}^{6}\beta_{1j}X_{it}\right)h(q_{it};\ \gamma,\ c)+\varepsilon_{it} \tag{6.3}$$

式中，$i$ 为省份；$t$ 为时间；$\mu_i$ 为个体固定效应；$\varepsilon_{it}$ 为残差项；被解释变量 $\mathrm{TFP}_{it}$ 为工业绿色全要素生产率；关键解释变量 $\mathrm{ER}_{it}$ 分别为正式、非正式环境规制强度；转换变量 $q_{it}$ 分别为正式、非正式环境规制强度；控制变量 $X_{it}$ 包括外商直接投资、产业结构、人力资本、研发投入和交通设施条件。

转换函数 $h(q_{it};\ \gamma,\ c)$ 通常采取逻辑函数形式：

$$h(q_{it};\ \gamma,\ c)=\left(1+\exp\left(-\gamma\prod_{j=1}^{m}(q_{it}-c_j)\right)\right)^{-1},\quad (c_m\geqslant\cdots\geqslant c_2\geqslant c_1,\ \gamma>0) \tag{6.4}$$

式中，$q_{it}$ 为转换变量，$c$ 为位置参数，$\gamma$ 为转换斜率参数，决定转换函数发生转换的速度或者平滑程度。在转换函数 $h(q_{it};\ \gamma,\ c)$ 中，$m$ 为位置参数的个数，一般取值为1和2。当 $m=1$ 时，表明转换函数 $h(q_{it};\ \gamma,\ c)$ 存在一个位置参数。在模型存在一个位置参数的情形下，当转换函数 $h(q_{it};\ \gamma,\ c)$ 取值为0时，模型处于低区制；当转换函数 $h(q_{it};\ \gamma,\ c)$ 取值为1

时，模型处于高区制。转换函数 $h(q_{it};\gamma,c)$ 的值在 0~1 之间平滑转换时，模型估计系数以位置参数 $c$ 为中心，随着转换变量 $q_{it}$ 的变化，在高、低区制之间进行平滑转换。此外，在 $\gamma\to+\infty$ 的情形下，如果 $q_{it}<c$，则 $\lim\limits_{\gamma\to+\infty}h(q_{it};\gamma,c)=0$；如果 $q_{it}>c$，则 $\lim\limits_{\gamma\to+\infty}h(q_{it};\gamma,c)=1$，即转换函数 $h(q_{it};\gamma,c)$ 的值直接突变为 0 或 1，PSTR 模型退变为其特殊形式 PTR 模型。在 $\gamma\to0$ 的情形下，转换函数 $h(q_{it};\gamma,c)$ 的值为 0.5，PSTR 模型退变为一般固定效应模型。在 PSTR 模型中，相关变量的估计系数为线性部分回归系数加上非线性部分回归系数与转换函数值的乘积，即 $\alpha_1+\beta_1*h(q_{it};\gamma,c)$。在应用 PSTR 模型进行估计前，先对模型进行"线性检验"，以确定模型是否满足非线性关系。具体而言，就是检验模型为线性固定效应模型（$H_0: r=0$）或者模型为非线性固定效应模型（$H_1: r=1$）。其思路是对转换函数 $h(q_{it};\gamma,c)$ 在 $\gamma=0$ 处进行一阶泰勒公式展开，在原文模型的基础上，构造辅助回归式，即：

$$\mathrm{TFP}_{it}=\alpha_i+\beta'_1Z_{it}+\beta'_2Z_{it}q_{it}+\cdots+\beta'_mZ_{it}q_{it}^m+\varepsilon_{it}^*,\ \varepsilon_{it}^*=\varepsilon_{it}+R_m\beta'_1Z_{it}\tag{6.5}$$

式中，$Z_{it}$ 包括正式、非正式环境规制强度以及控制变量；$R_m$ 为泰勒公式展开式的余项；对原文模型进行原假设检验 $H_0: r=0$ 等价于检验式(6.5)中的 $H_0^*: \beta'_1=\beta'_2=\cdots=\beta'_m=0$。为保证检验结果的稳健性，González 等(2005)、Colletaz 和 Hurlin(2006)构造如下检验统计量进行检验：

$$\mathrm{LM}=\frac{\mathrm{TN}(\mathrm{SSR}_0-\mathrm{SSR}_1)}{\mathrm{SSR}_0}\sim\chi^2_{mk}\tag{6.6}$$

$$F=\frac{(\mathrm{SSR}_0-\mathrm{SSR}_1)/mk}{\mathrm{SSR}_0/(\mathrm{TN}-N-mk)}\sim F(mk,\ \mathrm{TN}-N-mk)\tag{6.7}$$

$$\mathrm{LRT}=-2[\log(\mathrm{SSR}_{ur}-\mathrm{SSR}_0)]\sim\chi^2_{mk}\tag{6.8}$$

式中，$\mathrm{SSR}_0$ 和 $\mathrm{SSR}_1$ 分别为在原假设和备择假设条件下的残差平方和；$\mathrm{SSR}_{ur}$ 为无约束条件下辅助回归方程（线性化无约束回归模型）的残差平方和；$N$ 为个体数；$T$ 为样本时间长度。如果在"线性检验"中拒绝原假设，则需要进行"剩余非线性检验"，以确定模型最优的转换函数个数。具体而言，就是检验模型只存在 1 个转换函数( $H_0$： $r = 1$)，或者模型至少存在 2 个转换函数( $H_1$： $r = 2$)。为保证检验结果的稳健性，同样构造 LM、LMF 和 LRT 三个检验统计量来进行剩余非线性关系检验。如果模型拒绝原假设，则需要对模型继续进行剩余非线性关系检验( $H_0$： $r = 2$ vs $H_1$： $r = 3$)，以此类推，直至不能拒绝原假设 $H_0$： $r = r^*$ 为止。此时，$r^*$ 为原文模型最优的转换函数个数。

## (二)变量设置和数据来源

如表 6-3 所示，本书主要变量的定义和统计描述如下：

1. 被解释变量

在本书中，工业绿色全要素生产率(TFP)作为被解释变量。由于在上文中测算得到的 GML 指数为各年度之间的环比增长，为客观真实地描述中国工业绿色全要素生产率的实际水平，需要将 GML 生产率指数转换为工业绿色全要素生产率(TFP)，其思路是借鉴陈超凡(2016)的经验做法，假定 2001 年为基期的工业绿色全要素生产率 TFP 为 1，2002 年的工业绿色全要素生产率 TFP 为 2001 年的 TFP 乘以 2002 年的 GML 生产率指数，通过该方法以此类推，得到 2001—2015 年中国 30 个省份的工业绿色全要素生产率(TFP)。

2. 关键解释变量和转换变量

在本书中，正式、非正式环境规制强度的代理变量既是关键解释变量，又是转换变量。正式环境规制在一定程度上体现了政府对环境污染治理的重视程度，而非正式环境规制反映了社会公众以及其他利益相关者对环境保护的关注程度(邝嫦娥等，2017)。环境规制强度代理变量的选择是分析环境规制与中国工业绿色全要素生产率之间可能存在的非线性效应关系，进而验证“波特假说”在中国是否真实有效的基础。正是由于环境规制强度的代理变量选择不同，导致对环境规制与工业绿色全要素生产率之间关系的研究结论存在很大差异。然而，环境规制强度的代理变量选择不同的主要原因在于政府干预模式不固定和政府环境规制工具的多样性(陈超凡，2016)。关于正式环境规制方面，现有文献主要采用以下三种方法来衡量正式环境规制强度：①用内生变量代替环境规制强度，如人均收入水平(陆旸，2009)。虽然人均收入水平和环境规制强度之间具有高度相关性，但是人均收入水平对环境规制强度的影响及作用方向存在不确定性。②选用环境保护相关法律法规数量(王兵等，2010)、排污费收入(Levinson，1996)或者工业污染治理投资(原毅军、谢荣辉，2016)来衡量。环境保护法律法规并不能明显降低污染排放，只有在当地污染相对严重或者环保法律法规执法严格时，才能达到环境质量改善的效果(包群等，2013)。排污费收入和工业污染治理投资，会受到一国(地区)本身的环境治理能力和技术水平的影响(傅京燕等，2018)，不能长期准确地反映环境规制强度。③傅京燕和李丽莎(2010)、韩晶等(2014)选用污染物排放强度指标构建综合评价指数来衡量环境规制强度，该方法能够全面地反映环境规制强度。前两种方法不仅存在指标选择单一的问题，而且也无法准确反映环境规制所达到的效果等情形问题，因此，考虑到我国的实际情况和数据的可得性，本书借鉴傅京燕和李丽莎(2010)的思路，对污染物排放强度指标进行进一步优化调整，选取地区工业废水中的COD去除率、工业$SO_2$去除率和工业固体废弃物综合利用率构建综合评价指数并作为正式环境规制强度的代理变量(ER1)。具体测算方法如下：

(1)对工业废水中COD去除率、工业$SO_2$去除率和工业固体废弃物综合利用率进行0~1区间的线性标准化，即无量纲化处理，以消除不同指标之间的度量口径问题。由于所选指标均为正向指标，因此，标准化计算公式为：

$$X_{ij}(t) = \frac{x_{ij}(t) - m_j(t)}{M_j(t) - m_j(t)} \tag{6.9}$$

式中，$i$为省份；$j=1, 2, 3$分别为三种污染物排放强度指标；$t$为年份；$X_{ij}(t)$为无量纲标准化后的数值；$x_{ij}(t)$为在$t$年第$i$个省份的第$j$个污染物排放强度指标数值；$M_j(t)$为在$t$年第$j$个污染物排放强度指标数值的最大值；$m_j(t)$ 为在 $t$ 年第 $j$ 个污染物排放强度指标数值的最小值。

(2)对不同指标赋予权重。为使构建的环境规制强度综合评价指数既在“横向”和“纵向”上都具有可比性，又没有任何的主观色彩，本书利用“纵横向”拉开档次综合评价法(郭亚军，2002)计算最优权重。计算与实对称矩阵 $H$ 相对应的最大特征值相对应的特征向量，并进行归一化处理，即为最优权重系数 $\lambda=(\lambda_1, \lambda_2, \lambda_3)^T$。

$$H=\sum_{t=2001}^{2015} X_t^{\mathrm{T}} X_t \tag{6.10}$$

式中，$H$ 为 3×3 阶实对称矩阵；$X_t^{\mathrm{T}}$ 为 $X_t$ 的转置矩阵；

$$X_t=\begin{bmatrix} X_{11}(t) & X_{12}(t) & X_{13}(t) \\ \vdots & \vdots & \vdots \\ X_{31}(t) & X_{32}(t) & X_{33}(t) \end{bmatrix}。$$

(3)根据最优权重系数计算环境规制强度综合评价指数。将无量纲化后 $X_{ij}(t)$ 和最优权重系数 $\lambda$ 代入公式 $y_i^*(t)=\sum_{j=1}^{3}\lambda_j X_{ij}(t)$ 中，并将 $y_i^*$ 值平移、扩大化处理，以保证计算得到的环境规制强度综合评价指数大于 0，即为各省份的正式环境规制强度。各地区环境规制强度综合评价指数越大，表明正式环境规制强度越大。

环境污染治理，同样也需要新闻媒体、社会公众以及其他利益相关者的广泛参与，以弥补政府在环境污染治理中“政府失灵”的缺陷。随着互联网技术和多媒体的普及，我国各类污染事件新闻媒体报道的透明度越来越高(徐圆，2014)。新闻媒体报道是一个重要的指标，由于缺乏相关数据，因此，无法作为本书中非正式环境规制强度的定量指标。而社会公众以及其他利益相关者参与环境污染治理的方式主要有环境污染信访、人大建议和政协提案等。由于社会公众自身的经济水平、受教育程度、政治参与受限等因素制约，社会公众以及其他利益相关者能够直接参与环境污染治理的方式主要集中于环境污染信访。在环境污染信访中，环境污染来访由于偶然性较大，其次数远远低于环境污染来信总数。根据我国的实际情况和数据的可得性，非正式环境规制指标(ER2)，借鉴张江雪等(2015)的经验做法，选用各地区环境信访来信总数(单位是：件数)作为非正式环境规制强度的代理变量。各地区环境信访来信总数越多，表明非正式环境规制强度越大。

3. 控制变量

由于中国幅员辽阔，地区间经济发展水平、产业结构和资源禀赋等存在较大差异，必然导致环境规制对中国工业绿色全要素生产率的效应呈现截面异质性。因此，为得到稳健的模型估计结果，在借鉴相关文献的基础上，同时为避免因控制变量过多而出现多重共线性的问题，本书选取以下控制变量：①外商直接投资(FDI)，选用各地区实际利用外商直接投资额占地区生产总值的比值来表示。由于各地区实际利用外商直接投资额以美元为单位，因此利用国家统计局公布的相应年份的人民币汇率(年平均价)进行调整。②产业结构(IS)，选用各地区工业增加值占地区生产总值的比值来表示。③人力资本(HR)，选用各地区就业人员中大专以上学历占比来表示。④研发投入(R&D)，选用各地区规模以上工业企业 R&D 经费支出数额来表示，并使用历年各地区 GDP 平减指数将其调整为以 2001 年为基期的不变价，以消除价格变动的影响。⑤交通设施条件(TRF)，选用各地区单位面积公路里程来表示。为了消除异方差对模型估计结果造成的影响，对上述变量均取对数处理。考虑到一些地区的 TFP 指数小于 1，取对数处理后为负值，本书借鉴 Managi 和 Jena (2008)的经验做法，对 TFP 指数加 1 后再取对数处理。各变量描述统计结果如表 6-3 所示。

表 6-3 **各变量的描述性统计**

| 变量 | 样本数 | 均值 | 标准差 | 最小值 | 最大值 | 数据来源 |
|---|---|---|---|---|---|---|
| lnTFP | 420 | 0.941 | 0.255 | 0.517 | 1.818 | 从上文测算结果得出 |
| lnER1 | 420 | 2.373 | 0.196 | 1.609 | 2.663 | 《中国环境年鉴》 |
| lnER2 | 420 | 8.697 | 1.450 | 3.912 | 11.660 | 《中国环境年鉴》 |

续表

| 变量 | 样本数 | 均值 | 标准差 | 最小值 | 最大值 | 数据来源 |
|---|---|---|---|---|---|---|
| lnFDI | 420 | -4.016 | 0.992 | -7.290 | -1.874 | 《中国统计年鉴》、Wind 数据库 |
| lnIS | 420 | -0.937 | 0.245 | -2.031 | -0.571 | 《中国统计年鉴》 |
| lnHR | 420 | -2.332 | 0.593 | -3.912 | -0.582 | 《中国劳动统计年鉴》 |
| ln(R&D) | 420 | 12.710 | 1.557 | 7.108 | 16.060 | 《中国科技统计年鉴》 |
| lnTRF | 420 | -0.619 | 0.860 | -3.368 | 0.733 | 《中国统计年鉴》 |

## 二、实证结果及分析

### (一)线性检验与剩余非线性检验

在应用 PSTR 模型时，首先需要对正式、非正式环境规制与中国工业绿色全要素生产率之间是否满足非线性关系进行检验。检验结果如表 6-4 所示。在本书线性检验中，为保证检验结果的稳健性，通过运用 LM、LMF 和 LRT 三个检验统计量来进行线性关系检验（ $H_0$： $r=0$ vs $H_1$： $r=1$ ）。从表 6-4 中的检验结果可以看出，在线性关系检验中，无论位置参数 $m=1$ 还是 $m=2$，LM、LMF 和 LRT 三个检验统计量均在 1%的显著性水平上拒绝模型的线性假设，表明正式、非正式环境规制均对中国工业绿色全要素生产率存在显著的非线性效应关系，即存在门槛效应，同时也说明选用 PSTR 模型用于研究不同类型环境规制对中国工业绿色全要素生产率的非线性效应关系是必要的。其次，进一步进行剩余非线性检验，同样地，为保证检验结果的稳健性，通过运用 LM、LMF 和 LRT 三个检验统计量来进行剩余非线性关系检验，直至确定 PSTR 模型最优的转换函数个数。在剩余非线性检验中，为避免出现复杂的非线性模型，通常将显著性水平设置为 5%。通过表 6-4 的剩余非线性检验结果，按照 AIC 和 BIC 的准则大小，同时结合两区制的 PSTR 模型，已能够充分反映样本面板数据的非线性和截面异质性，故在本书中确定最优的转换函数个数为 1，最优的位置参数个数为 1。

表 6-4　　**线性检验与剩余非线性检验结果**

| 转换变量 | | 正式环境规制 | | 非正式环境规制 | |
|---|---|---|---|---|---|
| 位置参数的个数 | | $m=1$ | $m=2$ | $m=1$ | $m=2$ |
| 线性检验 $H_0$：$r=0$ vs $H_1$：$r=1$ | LM | 52.632*** | 65.524*** | 69.279*** | 83.310*** |
| | | (0.000) | (0.000) | (0.000) | (0.000) |
| | LMF | 9.169*** | 5.823*** | 12.642*** | 7.794*** |
| | | (0.000) | (0.000) | (0.000) | (0.000) |
| | LRT | 56.234*** | 71.238*** | 75.710*** | 92.859*** |
| | | (0.000) | (0.000) | (0.000) | (0.000) |
| 剩余非线性检验 $H_0$：$r=1$ vs $H_1$：$r=2$ | LM | 7.750 | 18.928* | 12.320* | 22.175** |
| | | (0.257) | (0.090) | (0.055) | (0.036) |
| | LMF | 1.166 | 1.439 | 1.874* | 1.700* |
| | | (0.324) | (0.146) | (0.084) | (0.065) |
| | LRT | 7.822 | 19.368** | 12.504* | 22.782** |
| | | (0.251) | (0.080) | (0.052) | (0.030) |
| 最优的转换函数个数 $r^*$ | | 1 | 1 | 1 | 1 |
| AIC | | -4.314 | -4.307 | -4.288 | -4.289 |
| BIC | | -4.179 | -4.163 | -4.153 | -4.145 |

注：①*** 为 1%的显著性水平，** 为 5%的显著性水平，* 为 10%的显著水平。下表同。②括号内数值为 $p$ 值；③ $r^*$ 为最优的转换函数个数，$m$ 为位置参数个数。④数据结果由笔者通过 Matlab 程序计算得出。

## (二)PSTR 模型的估计结果与分析

接下来，在上文最优的转换函数和位置参数个数的基础上，运用网格搜索法及迭代法求得残差平方和最小条件下的转换函数位置参数 $c$ 和斜率参数 $\gamma$ 的最优估计，然后使用非线性最小二乘法(NLS)对 PSTR 模型进行参数的最优估计。模型参数估计结果如表 6-5 所示。

从表 6-5 中模型 A 的估计结果可知，以正式环境规制强度为转换变量时，位置参数 $c$ 为 2.460，由于最优的位置参数个数为 1，模型 A 存在两个转换区制。其中，当正式环境规制强度低于门槛值 2.460 时，转换函数 $h(q_{it};\ \gamma,\ c)$ 取值趋于 0，共有 271 个样本观察值，占全部样本观察值的比重为 64.52%；当正式环境规制强度跨过门槛值 2.460 后，转换函数 $h(q_{it};\ \gamma,\ c)$ 取值趋于 1，共有 149 个样本观察值，占全部样本观察值的比重为 35.48%。模型 A 在两区制之间转换的斜率参数 $\gamma$ 为 62.261，转换速度较大(结合转换函数图 6-1(a))，正式环境规制强度的影响效应以位置参数 2.460 为中心，以 62.261 的转换斜率在高、低区制之间进行平滑转换。

正式环境规制对中国工业绿色全要素生产率的影响效应，为表 6-5 中线性部分回归系数加上非线性部分回归系数与转换函数值的乘积，即 $\alpha_{11} + \beta_{11} * h(q_{it};\ \gamma,\ c)$。

表 6-5 **面板平滑转换模型(PSTR)估计结果**

| | | | 模型 A | 模型 B |
|---|---|---|---|---|
| | 转换变量 | | 正式环境规制 | 非正式环境规制 |
| | $(m, \gamma^*)$ | | (1，1) | (1，1) |
| | 斜率参数 | $\gamma$ | 62.261 | 0.254 |
| | 位置参数 | $c$ | 2.460 | 6.269 |
| 线性部分参数估计 | lnER | $\alpha_{11}$ | −0.250***(−4.835) | −0.330**(−2.279) |
| | lnFDI | $\alpha_{12}$ | 0.048***(6.058) | 0.344***(7.573) |
| | lnIS | $\alpha_{13}$ | 0.037(0.694) | 0.672***(3.053) |
| | lnHR | $\alpha_{14}$ | −0.089***(−4.223) | 0.009(0.098) |
| | ln(R&D) | $\alpha_{15}$ | 0.099***(8.832) | 0.037(0.620) |
| | lnTRF | $\alpha_{16}$ | 0.013(1.008) | −0.055(−0.839) |

续表

| | | | 模型 A | 模型 B |
|---|---|---|---|---|
| 非线性部分参数估计 | lnER | $\beta_{11}$ | 0.246$^{**}$(2.154) | 0.044(0.667) |
| | lnFDI | $\beta_{12}$ | −0.085$^{***}$(−5.017) | −0.492$^{***}$(−6.909) |
| | lnIS | $\beta_{13}$ | −0.042(−0.424) | −1.178$^{***}$(−3.659) |
| | lnHR | $\beta_{14}$ | 0.166$^{***}$(5.964) | 0.018(0.134) |
| | ln(R&D) | $\beta_{15}$ | −0.035$^{**}$(−2.137) | 0.122(1.360) |
| | lnTRF | $\beta_{16}$ | 0.101$^{***}$(3.513) | 0.119(1.219) |
| 系数 $\alpha_1+\beta_1$ | lnER | $\alpha_{11}+\beta_{11}$ | −0.004 | −0.286 |
| | lnFDI | $\alpha_{12}+\beta_{12}$ | −0.037 | −0.148 |
| | lnIS | $\alpha_{13}+\beta_{13}$ | −0.005 | −0.506 |
| | lnHR | $\alpha_{14}+\beta_{14}$ | 0.077 | 0.027 |
| | Ln(R&D) | $\alpha_{15}+\beta_{15}$ | 0.064 | 0.159 |
| | lnTRF | $\alpha_{16}+\beta_{16}$ | 0.114 | 0.065 |

注：①括号内数值为对应的 $t$ 统计量；②数据结果由作者通过 Matlab 程序计算得出。

具体而言，结合总效应动态特征图 6-1(a)可知，当转换函数 $h(q_{it};\gamma, c)$ 取值为 0 时，模型 A 处于低区制，此时正式环境规制对工业绿色全要素生产率的影响效应为−0.250，在 1%的显著性水平上表现显著，表明正式环境规制对工业绿色全要素生产率存在负向的抑制效应。其原因在于，当正式环境规制强度相对较低时，环境规制成本在企业总成本中所占比重较小，环境规制成本对污染排放企业约束较小，企业为获得高额利润，缺乏动力去进行绿色技术创新和机器设备的更新改造升级，企业一般会选择寻租，或者抽取部分研发投入经费，采用末端治理污染的方式以规避环境规制约束，从而导致生产率的下降。当转换函数 $h(q_{it};\gamma, c)$ 取值为 1 时，模型 A 处于高区制，此时正式环境规制对工业绿色全要素生产率的影响效应为 $\alpha_{11}+\beta_{11}$，结果为−0.004，表明正式环境规制仍然对工业绿色全要素生产率存在负向的抑制效应。当正式环境规制强度跨过门槛值后，正式环境规制对工业绿色全要素生产率的影响效应通过转换函数的作用由-0.250提高至-0.004，可见正式环境规制对提高工业绿色全要素生产率的影响明显。其原因在于，由于治理环境污染和更新机器设备会增加企业的成本，环境规制成本在企业总成本中所占比重较大，面对严厉的环境规制和边际绩效递减的末端治理污染方式，企业将逐步加大绿色技术研发强度，以获得高额利润，再从企业利润中拿出更多的资金用于污染治理（沈能和刘凤朝，2012）。此外，由于我国正式环境规制具有"强制性"的特征，一般采取"一刀切"的政策执行方式，就会有一部分"高能耗、高污染"企业因不达标而被关停取缔，剩余企业只有增加研发投入进行绿色技术创新、淘汰落后产能和更新改造升级机器设备才能不被淘汰，这激励企业不断开展绿色技术创新，提高清洁生产水平，提高企业的竞争力。从长期来看，企业产生的"创新补偿效应"就会逐渐接近甚至超过"遵循成本"，从而提高企业的生产率。在2015年，只有北京、天津、上海、江苏、浙江、安徽、福建、山东、河南、广东和海南11个省份的正式环境规制强度跨过门槛值，主要集中在东部区域。综上所述，正式环境规制对工业绿色全要素生产率存在负向的抑制效应，随着正式环境规制强度的不断增强，会弱化其对工业绿色全要素生产率负向影响的边际效应。正式环境规制对促进工业绿色全要素生产率增长的影响作用明显。在样本期内，中国还处于"创新补偿效应"小于"遵循成本"的阶段，但二者差距在不断缩小，从长期来看，随着正式环境规制强度的不断增强，在中国存在实现"波特假说"的可能性。

从表6-5中模型B的估计结果可知，以非正式环境规制强度为转换变量时，位置参数 $c$ 为6.269，由于最优的位置参数个数为1，模型B存在两个转换区制。其中，当非正式环境规制强度低于门槛值6.269时，转换函数 $h(q_{it}; \gamma, c)$ 取值趋于0，共有27个样本观察值，占全部样本观察值的比重为6.43%；当非正式环境规制强度跨过门槛值6.589后，当转换函数 $h(q_{it}; \gamma, c)$ 取值趋于1时，共有393个样本观察值，占全部样本观察值

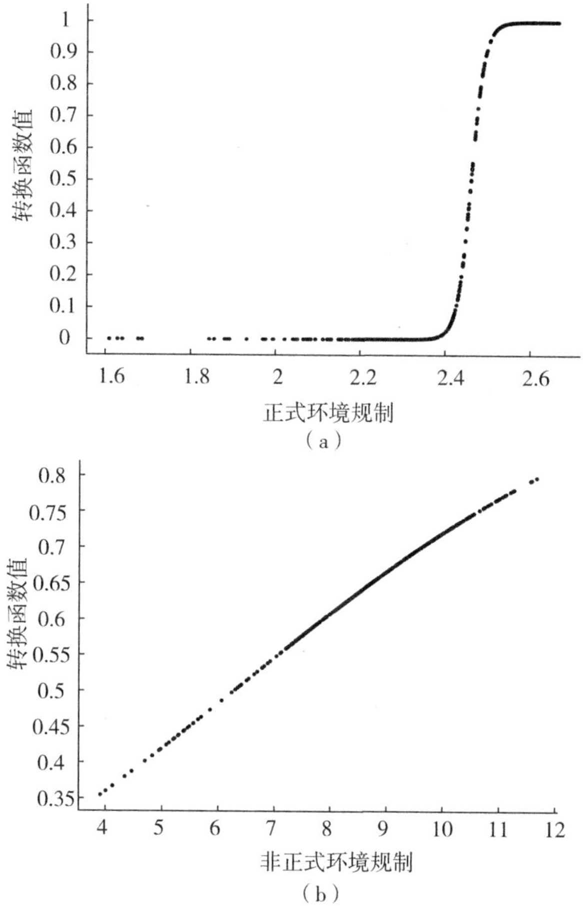


图 6-1　PSTR 模型的转换函数图

的比重为 93. 57%。模型 B 在两区制之间转换的斜率参数 $\gamma$ 为 0. 254，转换速度比较平缓，结合转换函数图 6-1(b)，非正式环境规制的影响效应以位置参数 6. 269 为中心，以 0. 254 的转换斜率在高、低区制之间进行平滑转换。

类似地，也可以得出非正式环境规制对工业绿色全要素生产率的影响效应。具体而言，结合总效应动态特征图 6-2(b)可知，当转换函数 $h(q_{it};$

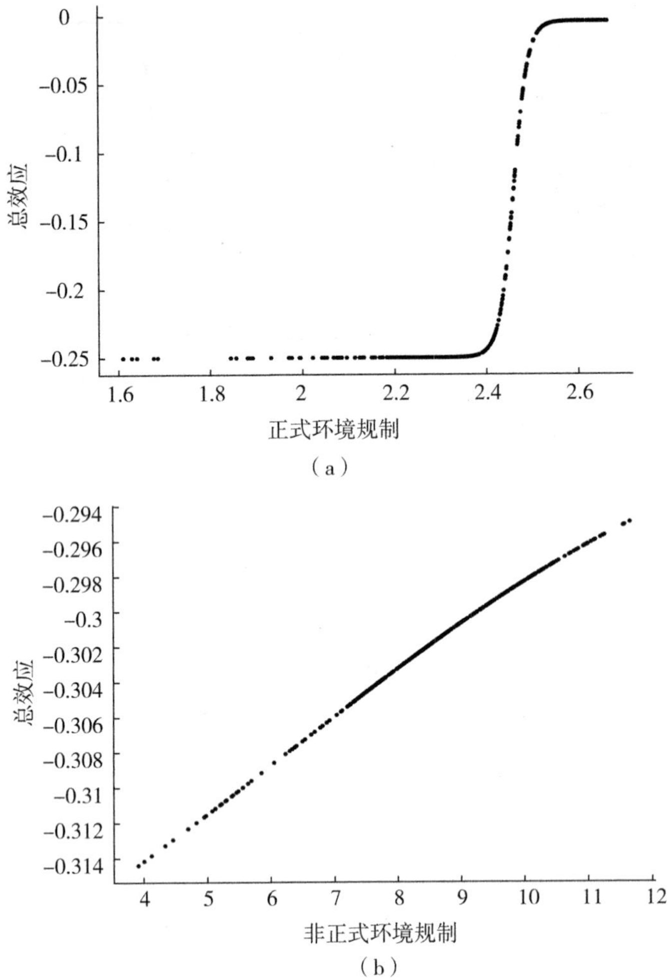


（a）



（b）

图 6-2　以环境规制为转换变量的总效应动态特征图

$\gamma$，$c$）取值为 0 时，模型 B 处于低区制，此时环境规制对工业绿色全要素生产率的影响效应为-0.330，在 5%的显著性水平上显著，表明非正式环境规制对工业绿色全要素生产率存在负向的抑制效应。当转换函数 $h(q_{it}$；$\gamma$，$c$）取值为 1 时，模型 B 处于高区制，此时环境规制对工业绿色全要素生产率的影响效应为 $\alpha_{11}+\beta_{11}$，结果为-0.286，表明非正式环境规制仍然对工业绿色全要素生产率存在负向的抑制效应，但非正式环境规制对提高工业绿色全要素生产率的影响非常有限(影响效应通过转换函数的作用由-0.330提高至-0.286)。其原因可能是：第一，社会监督体制不完善，社会公众对社会公共事务的参与长期流于形式(中国社会科学院工业经济研究所课题组，2011)，社会公众表达环境污染排放诉求的信息流通渠道不畅通，不能有效发挥社会公众参与环境污染治理的重要作用；第二，目前中国社会公众的环保意识仍然相对薄弱，相关环保活动参与率低。社会公众参与环境污染治理的关键是由其社会经济条件决定的，当个人经济条件促使社会公众对所处的环境质量要求较高时，公众对环境污染排放的关注度就会增加(曾婧婧、胡锦绣，2015)。社会公众以及其他利益相关者对企业污染排放的日益关注，在无形中给政府监管机构和排污企业带来巨大压力，不仅可以增加政府监管机构介入排污企业的可能性，也可能使排污企业面临形象和声誉受损的负面影响，将迫使排污企业逐步增加研发投入进行绿色技术创新，从而提高工业绿色全要素生产率。

综上所述，在样本期内，中国还处于“创新补偿效应”小于“遵循成本”的阶段，从长期来看，随着非正式环境规制强度的不断增强，会弱化其对工业绿色全要素生产率负向影响的边际效应，虽然存在实现“波特假说”的可能性，但是非正式环境规制对其的影响作用非常有限。

从控制变量对中国工业绿色全要素生产率的影响来看，随着环境规制强度由低区制向高区制转变时，控制变量系数也发生了相应变化。本书中，以正式环境规制强度为转换变量并以此为例进行分析，第一，外商直接投资对工业绿色全要素生产率的影响效应由正向的促进效应平滑转换为负向的抑制效应。正如李小平和卢现祥（2010）得出的研究结论，从发达国家转移到中国的产业不仅有污染产业，也有“干净”产业。虽然引进外资有利于加强对外交流与合作，充分利用国外的先进技术、资源和资金等来提高自身的发展和竞争力，但外资引进也消耗了大量的资源环境(屈小娥、席瑶，2012)，随着环境规制强度的不断增强，外商直接投资对工业绿色全要素生产率的影响出现负向的抑制效应，可见，“污染天堂假说”在中国是成立的。第二，产业结构对工业绿色全要素生产率的影响不显著，这表明中国工业绿色全要素生产率增长与产业结构比重大小没有直接关联关系。第三，人力资本对工业绿色全要素生产率的影响效应由负向的抑制效应平滑转换为正向的促进效应。其原因可能在于，在资源和环境的双重约束下，工业企业越来越重视人才的作用，因此，在严厉的环境规制下，人力资本在工业绿色全要素生产率增长中发挥着重要的作用。第四，研发投入对工业绿色全要素生产率始终具有正向的促进效应。这与大多数文献的结论一致。第五，交通设施条件对工业绿色全要素生产率始终具有正向的促进效应，促进效应有所提高。交通设施条件能够降低运输成本，有利于提高区域间生产要素的资源配置效率，是促进工业绿色全要素生产率增长的重要因素。

### （三）正式、非正式环境规制之间的互动分析

前文基于正式、非正式环境规制两个相互独立的角度，研究了环境规制对中国工业绿色全要素生产率的非线性效应关系。事实上，正式环境规制与非正式环境规制二者之间存在着密切的双向互动。一方面，通过正式与非正式环境规制之间的协同性有助于实现降低污染排放的目标，引导企业进行绿色技术创新，进而提高工业绿色全要素生产率。另一方面，当正式环境规制强度薄弱或者缺失时，社会公众以及其他利益相关者对企业污染排放的日益关注，不仅可以在无形中给政府监管机构和排污企业形成巨大压力，增加政府监管机构介入排污企业的可能性，也可以促使政府提高正式环境规制强度。面对严厉的环境规制，企业将逐步增加研发投入进行绿色技术创新，进而提高工业绿色全要素生产率。因此，本书利用耦合与协调模型探讨正式与非正式环境规制二者之间的互动对中国工业绿色全要素生产率增长的影响。本书借鉴郑强(2017)的经验做法，建立了一个正式与非正式环境规制互动的耦合与协调模型，其表达式为：

$$C = 2 \times \sqrt{(U_1 \times U_2)} / (U_1 + U_2) \tag{6.11}$$

式中，$U_1$、$U_2$ 分别为正式、非正式环境规制的综合序参量，$C$ 为正式与非正式环境规制之间的耦合程度，其值介于 0 到 1 之间。当 $C=0$ 时，表明正式环境规制与非正式环境规制之间的关联性较小；当 $C=1$ 时，表明正式环境规制与非正式环境规制之间的耦合度最大。在耦合度模型的基础上，构建正式与非正式环境规制二者之间的耦合协调度模型，其表达式为：

$$\begin{cases} D = \sqrt{C \times T} \\ T = \alpha U_1 + \beta U_2 \end{cases} \tag{6.12}$$

式中，$D$ 为正式与非正式环境规制之间的耦合协调度，$T$ 为正式与非正式环境规制之间的综合协调指数。$\alpha$、$\beta$ 为待定系数，二者的取值通常取决于各自在系统中的重要程度。随着社会公众以及其他利益相关者越来越多地参与环境污染治理，其影响效果越来越明显。与此同时，正式环境规制与非正式环境规制之间的互动不断加强，非正式环境规制的影响也同样重要。因此，在计算耦合协调度时，将 $\alpha$、$\beta$ 均取值为 0.5。借鉴相关研究结论，将耦合协调度 $D$ 划分为四个阶段：当 $0 < D \leqslant 0.3$ 时，为低度耦合协调阶段；当 $0.3 < D \leqslant 0.5$ 时，为中度耦合协调阶段；当 $0.5 < D \leqslant 0.8$ 时，为高度耦合协调阶段；当 $0.8 < D \leqslant 1$ 时，为极度耦合协调阶段。

在本书中，首先计算样本期内正式环境规制和非正式环境规制强度的几何均值，然后对数据序列进行标准化处理，通过耦合协调度模型计算得到中国 30 个省份的正式环境规制与非正式环境规制二者之间的耦合协调度水平。通过测算结果发现，只有江苏、浙江、山东和广东的正式与非正式环境规制处于极度耦合协调阶段，山西、吉林、甘肃、宁夏和新疆处于中度耦合协调阶段，海南、贵州和青海处于低度耦合协调阶段，其余 18 个省份处于高度耦合协调阶段。在样本期内，正式与非正式环境规制二者之间的耦合协调度水平表现出明显的区域异质性，中国大部分省份的正式与非正式环境规制形成了良好的协同互动的局面，耦合协调度水平较佳的地区主要集中于西部地区。此外，通过与中国工业绿色全要素生产率的匹配对比，发现正式环境规制与非正式环境规制之间具有较高耦合协调度的地区往往具有较高的工业绿色全要素生产率。由此可得，在我国工业发展过程中，在提高环境规制强度的同时，实现正式环境规制与非正式环境规制的良好协同互动，将有助于促进中国工业绿色全要素生产率的持续增长。

# 第七章　结　　语

## 一、研究结论

本书深入探究了在资源环境约束的条件下我国全要素生产率的增长情况，主要内容包括：全要素生产率增长的国际比较分析，对我国省际层面、城市层面以及战略性新兴产业和工业行业层面的全要素生产率增长研究。得出如下结论：

### （一）资源环境约束下全要素生产率增长的国际比较分析

资源环境约束下的全要素生产率指数普遍不高于无约束条件下的指数；从全要素生产率和分解因子在国际比较间的差异来看，纯效率变化和规模效率变化的差异较小，但是技术变化、规模技术的差异较大，且技术变化与全要素生产率的变化趋势基本相同；不同要素对于全要素生产率作用的方向及程度有一定差别，尤其是经济发展水平、投入结构、能源结构、资源因素、环境因素、贸易结构这六个指标对其影响显著。

### （二）基于省际层面的全要素生产率增长研究

（1）从 30 个省份来看，GML 指数普遍不超过 GM 指数，这表明在不考虑资源环境约束的情况下全要素生产率增长水平会被高估；分区域看，东、中、西部的 TFP 增长差异显著，其中东部和西部的平均生产率提高，而中部区域的平均生产率降低；从 TFP 增长来源看，只有西部的技术效率指数大于技术进步指数，说明技术进步是东部和中部区域平均 TFP 增长的主要动力；从时间趋势上看，2004—2016 年东、中、西部的 TFP 变化呈现出共同的阶段性特征。这种趋势变化与对应年份污染排放量的变化、环保政策的实施、全球的经济环境是息息相关的。污染排放的动态变化与三大区域的 TFP 波动大体一致的现象进一步表明，非期望产出在 TFP 的测算中不容忽视。

(2)从全国范围整体来看，GML 指数普遍不超过 GM 指数，这表明在不考虑资源环境约束的情况下全要素生产率增长水平会被高估；从 GML 指数的大小来看，只有 2005—2008 年以及 2015—2016 年的 GML 指数大于 1，也就是全国平均生产率处于提高状态，而其余年份全国平均生产率有所下降。与前述分东部、中部、西部三大区域讨论的随时间变化趋势大体保持一致，这与全球的经济环境以及我国出台实施的环境政策是密不可分的；从 TFP 增长来源看，技术变化指数 TC 随时间的变动趋势几乎与 GML 指数一致，而技术效率指数 EC 随时间的变动趋势与 GML 指数相差甚远，说明技术进步主导了我国 TFP 增长，是其主要因素。

(3)收敛性检验表明，不论是分时间段还是进行连续时间分析，全国与东部和中部区域 TFP 的绝对 $\beta$ 收敛性都显著存在；TFP 水平相对欠缺的省份对于环境 TFP 水平相对发达的省份存在显著的“追赶效应”，缓慢收敛至相同的稳定状态水平；东部区域省份具有“俱乐部收敛”特性。但是，西部区域 TFP 却不存在显著的绝对 $\beta$ 收敛趋势，这表明西部区域的省份之间不存在明显的 TFP“追赶”状况，这与 $\delta$ 收敛性的检验结果基本一致。总体来说，全国与东、中、西部区域的 TFP 的条件 $\beta$ 收敛性显著存在。这表明全国各省份的 TFP 会逐渐向各自的稳定状态趋同，而且东部、中部和西部区域的省份也因为经济环境的不同而具有各自不同的稳定状态。

(4)不同要素对于全要素生产率增长作用的方向及程度有一定差别。

①经济发展水平、禀赋结构、资源因素、外资因素对全要素生产率增长有制约作用。②产业结构、科技因素对全要素生产率增长有促进作用。其中，对全要素生产率增长影响效应最大的是产业结构，最小的是禀赋结构。③环境因素的影响在统计上不显著，表明本书选取的样本期内环境治理投资对全要素生产率增长的影响不明确，这与环境数据的获取受限有关。

## （三）中国战略性新兴产业 TFP 及其影响因素研究

(1)从全国范围来看战略性新兴产业下的全要素生产率的变化，在整个观察期内我国该产业的 TFP 效率较低，平均值为 0.311，但是处于上行趋势中。TFP 的残余混合效率指数和规模效率指数较高，技术效率指数相对较低。相较于 2006 年我国 2014 年该产业下的全要素生产率增长了 8.14%，规模效率和技术进步是其发展的主要路径。分地区来看，在整个观察期内三个区域战略性新兴产业的 TFP 都呈现不同程度的增长，技术效率和技术进步的发展是促进生产率发展的主要路径。此外，中部、西部的 TFP 指数增长幅度均高于东部。而 30 个省份均不是“全能省份”，即没有哪个省份的各类细分生产率均高于全国平均水平。

(2)从政府支持程度这一因素来进行分析，其对全要素生产率的负向影响正在逐渐减小。但是市场化程度对该产业的全要素生产率的提升作用显著，且在 2009 年之后作用更为明显。产业竞争强度和企业平均规模对该产业的全要素生产率促进作用明显，但是在不同阶段提升的路径不同。人力资源水平对该产业的全要素生产率的推动作用逐渐显现，第二阶段(2010—2014)的显著性更强；相反，经济发展水平的推动作用则逐渐减弱，第一阶段中促进作用明显，第二阶段(2010—2014)中该因素的提升并不能推进该产业下全要素生产率的发展。

(3)2006 年到 2014 年整个观察期内，我国战略性新兴产业的 TFP 变化率一直处于波动的状态，整个观察期内，该产业下公司的 TFP 累积提升了

5.01%；从地区的角度来看，中、西部区域企业的 TFP 呈上行趋势，但是东部区域则呈现下行趋势；从产权性质的角度来看，国有和民营企业的 TFP 整体上都表现为增长的趋势，尤其是国有企业增长状态较为明显；从企业规模的角度来进行分析，不同规模企业的 TFP 都表现为上行趋势，增长速度由慢到快依次是大型企业、小型企业、中型企业。

(4)TFP 增长的主要动力是技术效率指数和残余混合效率指数，除了大型企业这一子样本外，总体和其他子样本提升生产率的主要途径都是这两个因素。但是，规模效率和技术进步在一定程度上对全要素生产率的发展有着明显的抑制性。

(5)通过分析不同生产层次下企业 TFP 发展的影响因素，发现企业规模对于战略性新兴产业下企业的 TFP 发展有显著的正向作用，且作用程度随着分位数的提升出现先下降后增加的趋势；而资产周转率对于该产业下企业全要素生产率的影响将随着分位数的增加而逐渐增强；资产负债率因素则对生产水平较高和较低的企业有显著的促进作用，对中等企业的影响较小；资本密集度对该产业下企业的全要素生产率发展有明显的抑制作用。外部影响中，人力资源水平和金融发展水平对于企业的全要素生产率发展有明显的推动作用，但是市场化水平和政府补贴对企业的全要素生产力的发展作用不大。

## (四)中国工业绿色全要素生产率增长研究

(1)测算结果表明，本书以 $CO_2$ 排放量作为环境污染非期望产出，运用基于非径向、非角度包含非期望产出的 DEA-SBM 模型，结合 GML 生产率指数重新精确测算了 2001—2015 年中国 30 个省份的工业绿色全要素生产率，从中发现：在不考虑环境污染非期望产出的情形下，中国工业传统全要素生产率年均增长 7.4%，效率变化年均增长-0.5%，技术进步年均增长 8%；而在考虑环境污染非期望产出的情形下，中国工业绿色全要素生产率年均增长 5.8%，绿色技术效率变化年均增长-0.2%，绿色技术进步年均增长 6.1%。在不考虑和考虑环境污染非期望产出这两种情形下，都表明中国工业全要素生产率增长主要来源于技术进步。考虑环境污染非期望产出在一定程度上降低了中国工业绿色全要素生产率的增长速度。综上所述，在考虑环境污染非期望产出情形下的工业绿色全要素生产率指数及其绿色技术变化因子低于工业传统全要素生产率指数及其技术变化因子，而绿色技术效率改善略有小幅上升。忽视环境污染非期望产出会高估中国的工业绿色全要素生产率增长，技术进步是其增长变动的主要来源。这充分揭示了中国传统的粗放型工业经济增长方式特征，表明中国各地区普遍存在以能源消耗和污染排放为代价换取经济增长的情况，同时也表明在测算中国工业全要素生产率时，非常有必要纳入环境污染非期望产出情形，以准确反映中国工业绿色全要素生产率的真实水平。

（2）本书分别以正式、非正式环境规制强度作为转换变量，采用 PSTR 模型对环境规制与中国工业绿色全要素生产率之间的非线性效应关系进行了实证检验。研究表明，正式、非正式环境规制与中国工业绿色全要素生产率之间存在非线性的效应关系，并表现出单一门槛特征。正式、非正式环境规制均对工业绿色全要素生产率存在负向的抑制效应，随着环境规制强度的不断增强，会弱化其对工业绿色全要素生产率负向影响的边际效应，然而正式环境规制对工业绿色全要素生产率增长的促进作用最为明显。这从侧面得出，目前正式环境规制在中国发挥着主导作用，非正式环境规制的促进作用有待进一步提升。在样本期内，中国还处于“创新补偿效应”小于“遵循成本”的阶段，但二者差距在不断缩小。从长期来看，随着环境规制强度的不断增强，中国存在实现“波特假说”的可能性。从耦合协调互动视角来看，正式环境规制与非正式环境规制之间具有较高耦合协调度的地区往往具有较高的工业绿色全要素生产率增长。在中国工业的发展历程中，除了加大环境规制强度，也可以通过协调正式环境规制和非正式环境规制的相互作用，来达到推进中国工业绿色全要素生产率连续且稳定增长的目的。

## 二、主要启示

结合前文的研究结论，笔者提出以下几点建议。

(1)从国家整体角度，在协调环境、资源和GDP之间的关系，保证可持续发展时，尤其需要关注以下三点。第一，重视资源投入和环境污染在经济发展中的地位。我国目前正处于城市化和工业化发展过程中，产业结构亟待升级，经济增长速度快，能耗刚性需求高，但是在维持经济发展的同时需要兼顾能源管理和环境污染的防范，重新考量和评估经济发展水平以及资源使用效率。第二，重视资本投入和能源结构的优化，提高能源的利用效率，引导清洁能源的使用，实现经济可持续发展不仅需要优化产业结构和投入结构，也需要基于能源的结构优化，这样才能实现经济与资源环境协调可持续的发展。第三，重视国际贸易结构的优化，对于资本引进和对外出口对经济的作用需要正确看待。首先，需要通过税收和政策干预出口产品的结构调整，减少高污染、高能耗、低端的产品，积极推动知识密集型产品的出口。其次，对于外资引入的选择需要进行筛选，同样要限制高能耗、高污染企业的准入标准，倡导和吸引更多高技术含量和附加值的产业，通过加大交流力度，使其带动国内企业技术的发展。

(2)从区域角度，在评价省份(城市)区域经济绩效和社会效率水平的时候，应充分考虑资源环境因素，高度重视资源投入和环境污染对经济发展的影响。第一，从制约因素来看，经济发展水平的提高未必能提升TFP，在工业化、城镇化快速推进，经济增长的环境约束日趋强化的大环境下，不必盲目追求人均GDP的增加，要兼顾经济发展方式转型的要求；要合理配置资本劳动比，从微观上提高劳动力的劳动生产率，从而促进TFP增长；要优化能源结构、增加清洁能源在消费总量中的使用比例，充分有效地利用能源，改善环境污染；理性看待外资因素对经济增长的作用，确保引进外资的质量，设置高能耗、高污染产业的进入门槛，以带动中国企业学习先进的生产技术、管理经验，促进技术进步。第二，从促进TFP增长的因素看，要优化产业结构，优先发展资源节约型产业、加快经济发展方式向“高效率、低能耗、低排放”转变；还要激发经济主体加强有效的科技研发力量，加强环境友好技术的创新，推动技术进步，促进效率改善。

(3)从战略性新兴产业角度，针对现阶段我国战略性新兴产业全要素生产率水平值依然比较低的事实，要加快战略性新兴产业的扶持力度，加大科技投入，促进技术进步和技术效率的提升。此外，由前文分析可知，地区人力资本水平、市场化程度等因素都对战略性新兴产业 TFP 产生了不同程度的影响，而且各因素对不同地域和不同类型企业的影响存在显著性差异。结合前文的分析，笔者提出以下几点建议：第一，要加快市场化进程，为战略性新兴产业发展提供良好的市场环境；第二，需要提高各地区的人力资本水平，为战略性新兴产业发展提高素质的人才储备；第三，需要提高行业内企业的人力资本水平，以保证企业在技术和管理创新上有足够的支撑；第四，需要适当扩大企业规模，发挥规模优势；第五，要提升政府补贴对战略性新兴产业生产率的促进作用；第六，需要考虑区域差异和空间相关性，因地制宜地发展战略性新兴产业。

(4)从工业角度，针对上述研究结论可以提出如下建议。第一，在“中国制造 2025”的战略背景下，牢固树立绿色发展理念，在工业发展过程中，应更加注重工业发展的内在质量，尤其是工业绿色全要素生产率水平的整体提升，加快推动工业绿色转型，向工业强国迈进。第二，在借助环境规制促进工业绿色全要素生产率增长时，应该重点关注环境规制与工业绿色全要素生产率之间的门槛特征以及发生区制转换的条件。就环境规制类型而言，正式环境规制发挥着主导作用，且非线性转换函数的转换速度较大，当正式环境规制强度接近门槛值时，政府环境规制政策制定者需要对此迅速作出反应。非正式环境规制对提高工业绿色全要素生产率的影响不容忽视，今后应进一步提升非正式环境规制的影响作用。第三，各地区应根据自身的禀赋特征，不断提高环境规制强度，通过正式与非正式环境规制之间的协同性和互补性关系，最大限度地发挥环境规制的效果，激励企业不断开展绿色技术创新，使得企业所产生的“创新补偿效应”尽早弥补“遵循成本”，努力实现工业绩效和环境改善双赢的“波特假说”。

# 参考文献

[1]包群，邵敏，杨大利．环境管制抑制了污染排放吗？[J]．经济研究，2013，48(12)：42-54.

[2]包群，许和连，赖明勇．贸易开放度与经济增长：理论及中国的经验研究[J]．世界经济，2003(2)：10-18.

[3]包群，许和连，赖明勇．出口贸易如何促进经济增长？——基于全要素生产率的实证研究[J]．上海经济研究，2003(3)：3-10.

[4]曾婧婧，胡锦绣．中国公众环境参与的影响因子研究——基于中国省级面板数据的实证分析[J]．中国人口·资源与环境，2015(12)：62-69.

[5]陈超凡．中国工业绿色全要素生产率及其影响因素——基于 ML 生产率指数及动态面板模型的实证研究[J]．统计研究，2016，33(3)：53-62.

[6]陈芳．西部地区省际旅游产业效率研究[D]．重庆工商大学，2013.

[7]陈菁泉，刘伟，杜重华．环境规制下全要素生产率逆转拐点的空间效应——基于省际工业面板数据的验证[J]．经济理论与经济管理，2016(5)：57-67.

[8]陈菁．我国地方政府性债务对经济增长的门槛效应分析[J]．当代财经，2018(10)：33-44.

[9]陈诗一．能源消耗、二氧化碳排放与中国工业的可持续发展[J]．经济研究，2009(4)：41-55.

[10]陈诗一．中国的绿色工业革命：基于环境全要素生产率视角的解释(1980—2008)[J]．经济研究，2010，45(11)：21-34，58.

[11]程杰贤．中小板上市制造企业融资效率研究[D]．西北农林科技大学，2010.

[12]程中华，张立柱．产业集聚与城市全要素生产率[J]．中国科技论坛，2015(3)：112-118.

[13]崔文娇．基于环境视角的中国全要素生产率的测度与分析[D]．辽宁大学，2015.

[14]董敏杰，李钢，梁泳梅．中国工业环境全要素生产率的来源分解——基于要素投入与污染治理的分析[J]．数量经济技术经济研究，2012，29(2)：3-20.

[15]董旭，吴传清．中国城市全要素生产率的时空演变与影响因素研究——来自35个主要城市2000—2014年的经验证据[J]．学习与实践，2017(5)：5-16.

[16]方福前，张艳丽．中国农业全要素生产率的变化及其影响因素分析——基于1991—2008年Malmquist指数方法[J]．经济理论与经济管理，2010(9)：5-12.

[17]傅京燕，胡瑾，曹翔．不同来源FDI、环境规制与绿色全要素生产率[J]．国际贸易问题，2018(7)：134-148.

[18]傅京燕，李丽莎．环境规制、要素禀赋与产业国际竞争力的实证研究——基于中国制造业的面板数据[J]．管理世界，2010(10)：87-98，187.

[19]傅京燕，产业特征、环境规制与大气污染排放的实证研究——以广东省制造业为例[J]．中国人口·资源与环境，2009(2)：73-77.

[20]郭海红，张在旭，方丽芬．中国农业绿色全要素生产率时空分异与演化研究[J]．现代经济探讨，2018(6)：85-94.

[21]郭庆旺，贾俊雪．中国全要素生产率的估算：1979—2004[J]．经济研究，2005(6)：51-60.

[22]郭庆旺，赵志耘，贾俊雪．中国省份经济的全要素生产率分析[J]．世界经济，2005(5)：46-53，80.

[23]郭亚军．一种新的动态综合评价方法[J]．管理科学学报，2002(2)：49-54.
[24]郭妍，张立光．环境规制对全要素生产率的直接与间接效应[J]．管理学报，2015(6)：903-910.
[25]韩海彬，赵丽芬．环境约束下中国农业全要素生产率增长及收敛分析[J]．中国人口·资源与环境，2013，23(3)：70-76.
[26]韩晶，陈超凡，施发启．中国制造业环境效率、行业异质性与最优规制强度[J]．统计研究，2014(3)：61-67.
[27]韩克勇，李繁荣．经济增长理论的生态反思[J]．云南财经大学学报，2014，30(3)：3-9.
[28]胡鞍钢，郑京海，高宇宁，张宁，许海萍．考虑环境因素的省级技术效率排名(1999—2005)[J]．经济学(季刊)，2008(3)：933-9.
[29]胡晓琳．中国省际环境全要素生产率测算、收敛及其影响因素研究[D]．江西财经大学，2016. 60.
[30]胡宗义，苏静，唐李伟．基于PSTR模型的财政金融支农效应研究．统计与决策，2014(1)：133-136.
[31]黄永春，石秋平．中国区域环境效率与环境全要素的研究——基于包含R&D投入的SBM模型的分析[J]．中国人口·资源与环境，2015，25(12)：25-34.
[32]蒋伏心，王竹君，白俊红．环境规制对技术创新影响的双重效应——基于江苏制造业动态面板数据的实证研究[J]．中国工业经济，2013(7)：44-55.
[33]江涛涛，郑宝华．低碳经济下中国区域全要素生产率的收敛性研究[J]．经济问题，2011(12)：31-35，78.
[34]姜永宏，蒋伟杰．中国上市商业银行效率和全要素生产率研究——基于Hicks-Moorsteen TFP指数的一个分析框架[J]．中国工业经济，2014(9)：109-121.
[35]邝嫦娥，田银华，李昊匡．环境规制的污染减排效应研究——基于面

板门槛模型的检验[J]. 世界经济文汇, 2017(3): 84-101.
[36]李斌, 彭星, 欧阳铭珂. 环境规制、绿色全要素生产率与中国工业发展方式转变——基于36个工业行业数据的实证研究[J]. 中国工业经济, 2013(4): 56-68.
[37]李谷成. 中国农业的绿色生产率革命: 1978—2008年[J]. 经济学(季刊), 2014, 13(2): 537-558.
[38]李静, 沈伟. 环境规制对中国工业绿色生产率的影响——基于波特假说的再检验[J]. 山西财经大学学报, 2012(2): 56-65.
[39]李玲, 陶锋. 中国制造业最优环境规制强度的选择——基于绿色全要素生产率的视角[J]. 中国工业经济, 2012(5): 70-82.
[40]李平. 环境技术效率、绿色生产率与可持续发展: 长三角与珠三角城市群的比较[J]. 数量经济技术经济研究, 2017, 34(11): 3-23.
[41]李胜文, 李新春, 杨学儒. 中国的环境效率与环境管制——基于1986—2007年省级水平的估算[J]. 财经研究, 2010, 36(2): 59-68.
[42]李胜文, 李大胜. 中国工业全要素生产率的波动: 1986—2005——基于细分行业的三投入随机前沿生产函数分析[J]. 数量经济技术经济研究, 2008(5): 43-54.
[43]李小平, 陈勇. 劳动力流动、资本转移和生产率增长——对中国工业"结构红利假说"的实证检验[J]. 统计研究, 2007(7): 22-28.
[44]李小平, 卢现祥, 朱钟棣. 国际贸易、技术进步和中国工业行业的生产率增长[J]. 经济学(季刊), 2008(2): 549-564.
[45]李小平, 卢现祥. 国际贸易、污染产业转移和中国工业 $CO_2$ 排放[J]. 经济研究, 2010(1): 15-26.
[46]李小平, 朱钟棣. 中国工业行业的全要素生产率测算——基于分行业面板数据的研究[J]. 管理世界, 2005(4): 56-64.
[47]李小胜, 余芝雅, 安庆贤. 中国省际环境全要素生产率及其影响因素分析[J]. 中国人口·资源与环境, 2014, 24(10): 17-23.
[48]李占风, 赵琼. 资源环境约束下全要素生产率的影响因素分析——基

于中国与 OECD 国家的数据[J]. 数量经济研究，2017，8(2)：66-76.
[49]李占风，张建. 资源环境约束下中国工业环境技术效率的地区差异及动态演变[J]. 统计研究，2018，35(12)：45-55.
[50]李占风，郭小雪. 城市全要素生产效率的测度：基于 275 个城市的实证[J]. 统计与决策，2019，35(10)：111-115.
[51]林春，孙英杰. 环境规制与全要素生产率：水平效应与增长效应[J]. 现代财经(天津财经大学学报)，2019，39(3)：52-67.
[52]刘华军，杨骞. 资源环境约束下中国 TFP 增长的空间差异和影响因素[J]. 管理科学，2014，27(5)：133-144.
[53]刘瑞翔，安同良. 资源环境约束下中国经济增长绩效变化趋势与因素分析——基于一种新型生产率指数构建与分解方法的研究[J]. 经济研究，2012，47(11)：23-24.
[54]刘瑞翔. 探寻中国经济增长源泉：要素投入、生产率与环境消耗[J]. 世界经济，2013，36(10)：123-141.
[55]刘战伟. 资源环境约束下的中国农业全要素生产率增长与分解[J]. 科技管理研究，2015，35(1)：83-87.
[56]鲁晓东，连玉君. 中国工业企业全要素生产率估计：1999—2007[J]. 经济学(季刊)，2012，11(2)：541-558.
[57]陆旸. 环境规制影响了污染密集型商品的贸易比较优势吗？[J]. 经济研究，2009(4)：28-40.
[58]吕静韦. 战略性新兴产业发展动力机制及创新模式研究[D]. 河北工业大学，2017.
[59]马晓龙. 2000—2011 年中国主要旅游城市全要素生产率评价[J]. 资源科学，2014，36(8)：1626-1634.
[60]梅国平，甘敬义，朱清贞. 资源环境约束下我国全要素生产率研究[J]. 当代财经，2014(7)：13-20.
[61]潘丹，应瑞瑶. 资源环境约束下的中国农业全要素生产率增长研究[J]. 资源科学，2013，35(7)：1329-1338.

[62]潘丹．基于资源环境约束视角的中国农业绿色生产率测算及其影响因素解析[J]．统计与信息论坛，2014，29(8)：27-33.

[63]庞瑞芝，李鹏，路永刚．转型期间我国新型工业化增长绩效及其影响因素研究——基于"新型工业化"生产力视角[J]．中国工业经济，2011(4)：64-73.

[64]彭星，李斌．不同类型环境规制下中国工业绿色转型问题研究[J]．财经研究，2016(7)：134-144.

[65]齐峰，项本武．中国战略性新兴产业经济绩效实证检验[J]．统计与决策，2015(14)：110-114.

[66]屈小娥，席瑶．资源环境双重规制下中国地区全要素生产率研究——基于1996—2009年的实证分析[J]．商业经济与管理，2012(5)：89-97.

[67]屈小娥．考虑环境约束的中国省际全要素生产率再估算[J]．产业经济研究，2012(1)：35-43，77.

[68]任保全，任优生．长三角战略性新兴产业发展的演变趋势及增长质量研究[J]．现代经济探讨，2016(9)：77-81.

[69]任保全，王亮亮．战略性新兴产业存在规模效应吗？——基于产业分类、政策和产权层面的分析[J]．产业经济研究，2014(3)：42-50，90.

[70]宋莉瑶．人口老龄化对我国工业全要素生产率的影响研究[D]．浙江财经大学，2019.

[71]沈能，刘凤朝．高强度的环境规制真能促进技术创新吗？——基于"波特假说"的再检验[J]．中国软科学，2012(4)：49-59.

[72]沈能．中国制造业全要素生产率地区空间差异的实证研究[J]．中国软科学，2006(6)：101-110.

[73]滕泽伟．环境约束视角下中国服务业双向FDI的生产率效应研究[D]．武汉理工大学，2016.

[74]万煊．交通基础设施与制造业生产率[D]．浙江工商大学，2018.

[75]汪锋，解晋．中国分省绿色全要素生产率增长率研究[J]．中国人口科

学，2015(2)：53-62，127.

[76]王兵，吴延瑞，颜鹏飞．中国区域环境效率与环境全要素生产率增长[J]．经济研究，2010，45(5)：95-109.

[77]王凯风，吴超林．绿色效率视角下环境库兹涅茨曲线的再检验——基于285个中国城市的面板数据与GML指数[J]．管理现代化，2017，37(6)：64-68.

[78]王凯风，吴超林．收入差距对中国城市环境全要素生产率的影响——来自285个地级及以上级别城市的证据[J]．经济问题探索，2018(2)：49-57.

[79]王凯风．环境与资源约束下城市全要素生产率的测算与分解——基于方向性距离函数和Global Malmquist-Luenberger指数[J]．科技与经济，2017，30(6)：16-20.

[80]王伟，孙芳城．金融可得性及其空间变化——基于31个省际面板数据[J]．当代经济管理，2018，40(9)：90-97.

[81]王小鲁，樊纲，刘鹏．中国经济增长方式转换和增长可持续性[J]．经济研究，2009，44(1)：4-16.

[82]王欣，姚洪兴．国际R&D对区域技术创新的非线性溢出效应——基于长三角数据的PSTR模型分析[J]．国际经贸探索，2017，33(1)：60-78.

[83]吴建新，黄蒙蒙．中国城市经济的绿色转型：基于环境效率和环境全要素生产率的分析[J]．产经评论，2016，7(6)：98-115.

[84]吴军．环境约束下中国地区工业全要素生产率增长及收敛分析[J]．数量经济技术经济研究，2009，26(11)：17-27.

[85]吴明娥，曾国平，曹跃群．资源环境约束下基于资本服务的全要素生产率增长研究[J]．中国人口·资源与环境，2015，25(5)：83-91.

[86]徐圆．源于社会压力的非正式性环境规制是否约束了中国的工业污染？[J]．财贸研究，2014(2)：7-15.

[87]徐晶晶．沿海地区绿色全要素生产率测度、收敛及影响因素研究[D].

浙江理工大学，2015.

[88]许江红．我国互联网产业全要素生产率测度及影响因素分析[D]．东南大学，2018.

[89]杨俊，邵汉华．环境约束下中国工业增长状况的实证研究[J]．数量经济与技术经济研究，2009(9).

[90]杨震宇．我国战略性新兴产业产能过剩程度的测度[J]．管理现代化，2016，36(1)：23-25.

[91]杨震宇．战略性新兴产业全要素生产率的测算及其收敛性分析[J]．科技管理研究，2016，36(15)：114-121.

[92]易纲，樊纲，李岩．关于中国经济增长与全要素生产率的理论思考[J]．经济研究，2003(8)：13-20，90.

[93]尹向飞，刘长石．环境与矿产资源双重约束下的中国制造业全要素生产率研究[J]．软科学，2017，31(2)：9-13.

[94]于君博．前沿生产函数在中国区域经济增长技术效率测算中的应用[J]．中国软科学，2006(11)：50-59.

[95]原鹏飞，何枫．中国制造业生产效率变迁实证研究[J]．软科学，2005(6)：50-59，31-36.

[96]原毅军，谢荣辉．环境规制与工业绿色生产率增长——对“强波特假说”的再检验[J]．中国软科学，2016(7)：144-154.

[97]张江雪，蔡宁，杨陈．环境规制对中国工业绿色增长指数的影响[J]．中国人口·资源与环境，2015(1)：24-31.

[98]张永强，周宁，张晓飞，蒲晨曦．我国农业全要素生产率及其影响因素研究——基于资源环境约束视角[J]．资源开发与市场，2017，33(6)：672-677，720.

[99]赵良仕，孙才志．基于 Global-Malmquist-Luenberger 指数的中国水资源全要素生产率增长评价[J]．资源科学，2013，35(6)：1229-1237.

[100]赵伟，马瑞永，何元庆．全要素生产率变动的分解——基于 Malmquist 生产力指数的实证分析[J]．统计研究，2005(7)：37-42.

[101]赵伟，李淑贞．出口与产业生产率：基于中国高技术产业的检验[J]．技术经济，2008(5)：34-40.

[102]郑京海，胡鞍钢．中国改革时期省际生产率增长变化的实证分析(1979—2001年)[J]．经济学(季刊)，2005(1)：263-296.

[103]郑丽琳，朱启贵．纳入能源环境因素的中国全要素生产率再估算[J]．统计研究，2013，30(7)：9-17.

[104]郑强．对外直接投资促进了母国全要素生产率增长吗——基于金融发展门槛模型的实证检验[J]．国际贸易问题，2017(7)：131-141.

[105]郑强，冉光和，邓睿，谷继建．中国FDI环境效应的再检验[J]．中国人口·资源与环境，2017，27(4)：78-86.

[106]中国社会科学院工业经济研究所课题组，李平．中国工业绿色转型研究[J]．中国工业经济，2011(4)：5-14.

[107]钟世川．技术进步偏向与中国工业行业全要素生产率[J]．经济学家，2014(7)：46-54.

[108]朱晓芬．中国信托公司全要素生产率测度及其影响因素研究[D]．广东财经大学，2014.

[109]A Charnes W W, Cooper E, Rhodes. Measuring the Efficiency of Decision Making Units [J]. European Journal of Operational Research, 1978(2).

[110] Aigner D J. Lovell, C A K, Schmidt P. Formulation and Estimation of Empirical Application Function Models [J]. Journal of Econometrics, 1997(6).

[111]Aigner D J, S F Chu. On Estimation the Industry Production Function [J]. American Economic Review, 1968(58).

[112]Aw B Y, S Chung, M J Roberts. Productivity and Turnover in the Export Market: Micro-level Evidence from the Republic of Korea and Taiwan (China) [J]. The World Bank Economic Review, 1999, 14(1): 65-90.

[113] Bauer P W, Berger A N, Humphrey D B. Efficiency and Productivity

Growth in US banking [M]. New York : Oxford University Press, 1993.

[114] Chambers R G, R Fare, Grosskopf S. Productivity Growth in APEC Countries[J]. Pacific Economic Review, 1996(1).

[115] Ching-Ren Chiu, Je-Liang Liou, Pei-Ing Wu et al. Decomposition of the Environmental Inefficiency of the Meta-frontier with Undesirable Output [J]. Energy Economics, 2012, 34(5): 1392-1399.

[116] Chung Y H, Fare R, Grosskopf S. Productivity and Undesirable Outputs: A Directional Distance Function Approach[J]. Microeconomics, 1995, 51(3): 229-240.

[117] Chung Y H, R Fare, S Grosskopf. Productivity and Undesirable Outputs: A Directional Distance Function Approach [J]. Journal of Environmental Management, 1997(51).

[118] Colletaz G, Hurlin C. Threshold Effects of the Public Capital Productivity: An International Panel Smooth Transition Approach [J]. Christophe Harlin, 2006.

[119] Dension E F. The Sources of Economic Growth in the Unites States and the Alternatives before U. S [M]. New York: Committee for Economic Development, 1962.

[120] Eberhardt M, Teal F. No Mangoes in the Tundra: Spatial Heterogeneity in Agricultural Productivity Analysis[J]. Oxford Bulletin of Economics & Statistics, 2013.

[121] Färe R, Grosskopf S, Lindgren B, et al. Productivity Developments in Swedish Hospitals: A Malmquist Output Index Approach [M]. Data Envelopment Analysis: Theory, Methodology, and Applications, 1994.

[122] Färe R, Grosskopf S, Norris M, et al. Productivity Growth, Technical Progress, and Efficiency Change in Industrialized Countries [J]. American Economic Review, 1994, 84(5): 1040-1044.

[123] Färe R, Grosskopf S, J R CAP. Accounting for Air Pollution Emissions in

Measures of State Manufacturing Productivity Growth [J]. Journal of Regional Science, 2001, 41(3): 381-409.

[124]Färe R, Grosskopf S, Lovell C A K. Prodiuxion Frontiers [M]. Cambridge: Cambridge University Press, 1994.

[125]Francois Quesnay, Economic[A]. 1758.

[126] Fujita M, Krugman P, Venables A J. The Spatial Economy: Cities, Regions, and International Trade[J]. Cambridge, MA: MIT Press, 1999.

[127]Fukuyama H, William L, Weber. A Directional Slacks-based Measure of Technical Inefficiency [J]. Socio-Economic Planning Sciences, 2009.

[128]Gonzalez A, Terasvirta T, Dijk D V. Panel Smooth Transition Regression Models [J]. Research Paper, 2005.

[129] Gray W B. The Cost of Regulation: Osha, Epa and the Productivity Slowdown [J]. American Economic Review, 1987, 77(77): 998-1006.

[130]Hailu A, VEEMAN TS. Environmentally Sensitive Productivity Analysis of the Canadian Pulp and Paper Industry, 1959-1994: An Input Distance Function Approach [J]. Journal of Environmental Economics & Management, 2000, 40(3): 251-274.

[131] Hall R E, Jones C I. Why do Some Countries Produce So Much More Output Per Worker than Others? [J]. The Quarterly Journal of Economics, 1999, 114(1): 83-116.

[132] Hansen B E. Threshold Effects in Non-dynamic Panels: Estimation, Testing, and Inference [J]. Journal of Econometrics, 1999, 93(2): 345-368.

[133]Jorgenson, Dale W, Zvi Grillches. The Explanation of Productivity Change [J]. Review of Economic Studies, 1967(34).

[134] Kaoru Tone, Miki Tsutsui. An Epsilon-based Measure of Efficiency in DEA: A Third Pole of Technical Efficiency [J]. European Journal of Operational Research, 2010, 207(3) : 498-509.

[135] Kendrick J. Productivity Trends in the United States [M]. New York: NBER, 1961.

[136] Kim S. Factor Determinants of Total Factor Productivity Growth for the Japanese Manufacturing Industry [J]. Contemporary Economic Policy, 2016.

[137] Kim Sangho, Gwangho Han. A decompositon of total factor productivity growth in Korean manufacturing industry [J]. Journal of Productivity Analysis, 2001.

[138] Kumar S, Russell R R. Technological Change, Technological Catch-up, and Capital Deepening: Relative Contributions to Growth and Convergence [J]. American Economic Review, 2002, 92(3): 527-548.

[139] Kumar S. Environmentally Sensitive Productivity Growth: A Global Analysis Using Malmquist-Luenberger Index [J]. Ecological Economics, 2006(56): 280-293.

[140] Kyunam Kim, Yeonbae Kim. International Comparison of Industrial CO2 Emission Trends and the Energy Efficiency Paradox Utilizing Production-based Decomposition[J]. Energy Economics, 2012.

[141] Levinson A. Environmental Regulations and Manufacturers' Location Choices: Evidence From the Census of Manufactures [J]. Journal of Public Economics, 1996, 62(1): 5-29.

[142] Lindenberger D. Measuring the Economic and Ecological Performance of OECD Countriesp [C]. EWI Working Paper, 2004.

[143] Managi S, Jena PR. Environmental Productivity and Kuznets Curve in India [J]. Ecological Economics, 2008, 65(2): 432-440.

[144] Meeusen W, Julien V D B. Efficiency Estimation from Cobb-Douglas Production Functions with Composed Error [J]. International Economic Review, 1977, 18(2): 435.

[145] Miller S M, Upadhyay M P. The Effects of Openness, Trade Orientation,

and Human Capital on Total Factor Productivity [J]. Journal of Development Economics, 2000, 63(2): 399-423.

[146]Muker. TFP in Bank of American and the Advantage of Small Scale Companies [J]. Journal of Comparative Economics, 2012(13): 48.

[147] Mullen J K. Long-Run Technical Change and Multifactor Productivity Growth in US Manufacturing[J]. Applied Economics, 2001.

[148] Mulwa R, Emrouznejad A, Nuppenau E. An Overview of Total Factor Productivity Estimations Adjusted for Pollutant Outputs: An Application to Sugarcane Farming [M]. International Journal of Environmental Technology & Management, 2012, 15(2).

[149]Nikey, High-tech industry TFP in American with Production Function[J]. A View of Economics, 2011(11): 21.

[150]Oh D H. A Global Malmquist-Luenberger Productivity Index [J]. Journal of Productivity Analysis, 2010(3).

[151] Oh D H, Heshmati A. A Sequential Malmquist-Luenberger Productivity Index: Environmentally Sensitive Productivity Growth Considering the Progressive Nature of Technology [J]. Energy Economics, 2010, 32(6): 1345-1355.

[152] Pargal S, Wheeler D. Informal Regulation of Industrial Pollution in Developing Countries: Evidence From Indonesia [J]. Social Science Electronic Publishing, 1995, 104(4): 1314-1327.

[153] Pittman R W. Multilateral Productivity Comparisons with Undesirable Outputs [J]. The Economic Journal, 1983, 93(372): 883-891.

[154]Porter M E, Linde C V D. Toward a New Conception of the Environment-competitiveness Relationship [J]. Journal of Economic Perspectives, 1995, 9(4): 97-118.

[155]Porter M E. America's Green Strategy [J]. Scientific American, 1991: 0-246.

[156] R. Fare, Grosskopf, Shawna et al. Accounting for Air Pollution Emissions in Measures of State Manufacturing Productivity Growth [J]. Journal of Regional Science, 2001.

[157] Robert E, Hall, Charles I, Jones. Why Do Some Countries Produce So Much More Output per Worker than Others? [J]. The Quarterly Journal of Economics, 1999(6).

[158] Rolf Fare, Shawna Grosskopf, Mary Norris et al. Productivity Growth, Technical Progress, and Efficiency Change in Industrialized Countries [J]. The American Economic Review, 1994, 84(1).

[159] Shan Y, Guan D, Zheng H, et al. China $CO_2$ Emission Accounts 1997-2015[J]. Scientific Data, 2018(5).

[160] Solow R M. Technical Change and the Aggregate Production Function [J]. Review of Economics and Statistics, 1957, 39(3): 312-320.

[161] Susan Sunila Sharma. The Relationship Between Energy and Economic Growth: Empirical Evidence from 66 Countries [J]. Applied Energy, 2010, 87(11): 3515-3574.

[162] Timmer. Effect of Structure Change in the Interpretation of European Manufacturing toward Productivity [J]. Journal of Economics Viewing, 2012(14): 47.

[163] Tone K A. Slacks-based Measure of Efficiency in Data Envelopment Analysis[J]. European Journal of Operational Research, 2001, 130(3): 498-509.

[164] Young A. The Tyranny of Numbers: Confronting the Statistical Realities of the East Asian Growth Experience [J]. The Quarterly Journal of Economics, 1995, 110 (3): 641-680.

[165] Young, Alwyn. Gold into Base Metals: Productivity Growth in the People's Republic of China During the Reform Period [J]. Journal of Political Economy, 2003, 111(6): 1220-1261.

[166]Zhou P, Ang B W, Poh K L. A Survey of Data Envelopment Analysis in Energy and Environmental Studies[J]. European Journal of Operational Research, 2008, 189(1): 1-18.

[167]Zofio J L, Malmquist Productivity Index Decompositions: A Unifying Framework[J]. Applied Econimics, 2007, 39(18): 2371-2387.

[168]Zofio J L, Preto A M. Environmental Efficiency and Regulatory Standards: The Case of $CO_2$ Emissions from OECD Industries[J]. Resource and Energy Economics, 2001, 23(1): 63-83.